BIBLIOTHÈQUE

DE L'ÉCOLE

DES HAUTES ÉTUDES

PUBLIÉE SOUS LES AUSPICES

DU MINISTÈRE DE L'INSTRUCTION PUBLIQUE

SCIENCES PHILOLOGIQUES ET HISTORIQUES

TRENTE-SEPTIÈME FASCICULE

HISTOIRE CRITIQUE DES RÈGNES DE CHILDERICH ET DE CHLODOVECH,
PAR W. JUNGHANS ; TRADUITE PAR M. GABRIEL MONOD,
DIRECTEUR ADJOINT A L'ÉCOLE DES HAUTES ÉTUDES, ET AUGMENTÉE
D'UNE INTRODUCTION ET DE NOTES NOUVELLES

PARIS

F. VIEWEG, LIBRAIRE-ÉDITEUR

67, RUE DE RICHELIEU, 67

1879

BIBLIOTHÈQUE DE L'ÉCOLE PRATIQUE DES HAUTES ÉTUDES, publiée sous les auspices du Ministre de l'Instruction publique.

1er fascicule: La Stratification du langage, par Max Müller, traduit par L. Havet, élève de l'Ecole des Hautes Etudes. — La Chronologie dans la formation des langues indo-germaniques, par G. Curtius, traduit par A. Bergaigne, répétiteur à l'Ecole des Hautes Etudes. 4 fr.

2e fascicule: Etudes sur les Pagi de la Gaule, par A. Longnon, élève de l'Ecole des Hautes Etudes. 1re part.: l'Astenois, le Boulonnais et le Ternois, av. 2 cartes. Epuisé.

3e fascicule: Notes critiques sur Colluthus, par Ed. Tournier, directeur d'études adjoint à l'Ecole des Hautes Etudes. 1 fr. 50

4e fascicule: Nouvel Essai sur la formation du pluriel brisé en arabe, par Stanislas Guyard, répétiteur à l'Ecole des Hautes Etudes. 2 fr.

5e fascicule: Anciens glossaires romans, corrigées et expliqués par F. Diez. Traduit par A. Bauer, élève de l'Ecole des Hautes Etudes. 4 fr. 75

6e fascicule: Des formes de la conjugaison en égyptien antique, en démotique et en copte, par G. Maspero, répétiteur à l'Ecole des Hautes Etudes. 10 fr.

7e fascicule: la Vie de Saint Alexis, textes des XIe, XIIe, XIIIe et XIVe siècles, publiés par G. Paris, membre de l'Institut, et L. Pannier. Epuisé.

8e fascicule: Etudes critiques sur les sources de l'histoire mérovingienne, par Gabriel Monod, directeur adjoint à l'Ecole des Hautes Etudes, et par les membres de la Conférence d'histoire. 6 fr.

9e fascicule: Le Bhâminî-Vilâsa, texte sanscrit, publié avec une traduction et des notes par Abel Bergaigne, répétiteur à l'Ecole des Hautes Etudes. 8 fr.

10e fascicule: Exercices critiques de la Conférence de philologie grecque, recueillis et rédigés par E. Tournier, directeur d'études adjoint. 10 fr.

11e fascicule: Etudes sur les Pagi de la Gaule, par A. Longnon. 2e partie: les Pagi du diocèse de Reims, avec 4 cartes. 7 fr. 50

12e fascicule: Du genre épistolaire chez les anciens Egyptiens de l'époque pharaonique, par G. Maspero, répétiteur à l'Ecole des Hautes Etudes. 10 fr.

13e fascicule: La Procédure de la Lex Salica. Etude sur le droit Frank (la fidejussio dans la législation franke; — les Sacebarons; — la glosse malbergique), travaux de M. R. Sohm, professeur à l'Université de Strasbourg, traduits par M. Thévenin, répétiteur à l'Ecole des Hautes Etudes. 7 fr.

14e fascicule: Itinéraire des Dix mille. Etude topographique par F. Robiou, professeur à la faculté des lettres de Rennes, avec 3 cartes. 6 fr.

15e fascicule: Etude sur Pline le jeune, par Th. Mommsen, traduit par C. Morel, répétiteur à l'Ecole des Hautes Etudes. 4 fr.

16e fascicule: Du C dans les langues romanes, par Ch. Joret, ancien élève de l'Ecole des Hautes Etudes, professeur à la faculté des lettres d'Aix. 12 fr.

17e fascicule: Cicéron. Epistolæ ad Familiares. Notice sur un manuscrit du XIIe siècle par Charles Thurot, membre de l'Institut, directeur de la Conférence de philologie latine à l'Ecole pratique des Hautes Etudes. 3 fr.

18e fascicule: Etude sur les Comtes et Vicomtes de Limoges antérieurs à l'an 1000, par R. de Lasteyrie, élève de l'Ecole des Hautes Etudes. 5 fr.

19e fascicule: De la formation des mots composés en français, par A. Darmesteter, répétiteur à l'Ecole des Hautes Etudes. 12 fr.

20e fascicule: Quintilien, institution oratoire, collation d'un manuscrit du Xe siècle, par Emile Châtelain et Jules Le Coultre, licenciés ès-lettres, élèves de l'Ecole pratique des Hautes Etudes. 3 fr.

21e fascicule: Hymne à Ammon-Ra des papyrus égyptiens du musée de Boulaq, traduit et commenté par Eugène Grébaut, élève de l'Ecole des Hautes Etudes, avocat à la Cour d'appel de Paris. 22 fr.

22e fascicule: Pleurs de Philippe le Solitaire, poème en vers politiques publié dans le texte pour la première fois d'après six mss. de la Bibliothèque nationale par l'abbé Emmanuel Auvray, licencié ès-lettres, professeur au petit séminaire du Mont-aux-Malades. 3 fr. 75

23e fascicule: Haurvatât et Ameretât. Essai sur la mythologie de l'Avesta, par James Darmesteter, élève de l'Ecole des Hautes Etudes. 4 fr.

24e fascicule: Précis de la Déclinaison latine, par M. F. Bücheler, traduit de l'allemand par L. Havet, répétiteur à l'Ecole des Hautes Etudes, enrichi d'additions communiquées par l'auteur, avec une préface du traducteur. 8 fr.

25e fascicule: Anîs el-'Ochchâq, traité des termes figurés relatifs à la description de la beauté, par Cheref-eddin Râmi, traduit du persan et annoté par Cl. Huart, élève de l'Ecole des Hautes Etudes et de l'Ecole des Langues orientales vivantes. 5 fr. 50

26e fascicule: Les Tables Eugubines. Texte, traduction et commentaire, avec une grammaire et une introduction historique, par M. Bréal, membre de l'Institut, professeur au Collège de France. Accompagné d'un album de 13 planches photogravées. 30 fr.

27e fascicule: Questions homériques, par F. Robiou, professeur d'histoire à la Faculté de Rennes, ancien directeur à l'Ecole des Hautes Etudes, avec 3 cartes. 6 fr.

28e fascicule: Matériaux pour servir à l'histoire de la philosophie de l'Inde, par P. Regnaud, élève de l'Ecole des Hautes Etudes. 1re partie. 9 fr.

29e fascicule: Ormazd et Ahriman, leurs origines et leur histoire, par J. Darmesteter. 12 fr.

BIBLIOTHÈQUE

DE L'ÉCOLE

DES HAUTES ÉTUDES

PUBLIÉE SOUS LES AUSPICES

DU MINISTÈRE DE L'INSTRUCTION PUBLIQUE

SCIENCES PHILOLOGIQUES ET HISTORIQUES

TRENTE-SEPTIÈME FASCICULE

HISTOIRE CRITIQUE DES RÈGNES DE CHILDERICH ET DE CHLODOVECH
PAR W. JUNGHANS; TRADUITE PAR M. GABRIEL MONOD,
DIRECTEUR ADJOINT A L'ÉCOLE DES HAUTES ÉTUDES, ET AUGMENTÉE
D'UNE INTRODUCTION ET DE NOTES NOUVELLES

PARIS

F. VIEWEG, LIBRAIRE-ÉDITEUR

67, RUE DE RICHELIEU, 67

1879

HISTOIRE CRITIQUE

DES RÈGNES

DE

CHILDERICH

ET DE

CHLODOVECH

PAR W. JUNGHANS

———

TRADUITE PAR M. GABRIEL MONOD, DIRECTEUR ADJOINT
A L'ÉCOLE PRATIQUE DES HAUTES ÉTUDES
ET AUGMENTÉE D'UNE INTRODUCTION ET DE NOTES NOUVELLES

PARIS

F. VIEWEG, LIBRAIRE-EDITEUR

67, RUE DE RICHELIEU, 67

1879

PRÉFACE DU TRADUCTEUR

Le livre dont nous donnons aujourd'hui la traduction au public français, est l'œuvre d'un jeune érudit allemand enlevé à l'âge de 31 ans à sa famille et à la science. M. August Wilhelm Junghans était né le 3 mai 1834, à Lunebourg (Hanovre). Après avoir suivi, en 1853, à Bonn, les leçons de Ritschl, de Dahlmann et d'O. Abel, il se rendit en 1854 à Gœttingen, où l'enseignement de Waitz décida de sa vocation historique. Il devint un des meilleurs élèves de ce maître excellent qui a exercé une si puissante influence sur le développement des études historiques en Allemagne, et qui a su mieux qu'aucun autre enseigner à ses disciples les règles d'une critique exacte et minutieuse, tout en les prémunissant entre les erreurs aventureuses où peut entraîner l'excès de la critique. La dissertation qui valut en 1856 à M. Junghans le titre de docteur, avait pour sujet l'histoire de Childerich et de Chlodovech. Il la remania et en fit en 1857 le livre que nous publions aujourd'hui. Il fut appelé en 1856 à Hambourg, auprès de Lappenberg, et s'occupa de l'étude des sources de l'histoire de la Basse-Saxe ; puis il aida Lappenberg dans la préparation des *Recès de la ligue Hanséatique* pour la commission historique de Munich. Il fit à cette occasion des voyages dans les villes Hanséatiques, à Londres (1860), à Copenhague (1860-61), et en Hollande ; mais il est mort avant que la première feuille de l'ouvrage ait pu être imprimée[1]. Appelé en 1852 à l'Université de Kiel comme successeur de

1. Le recueil n'a paru qu'après la mort de Lappenberg par les soins de M. Koppman. Quatre volumes ont été publiés successivement, depuis 1870, et s'étendent de 1256 à 1400 : *Die Recesse und andere Akten der Hansetage von* 1256-1430.

Nitzsch, il s'occupa désormais presque exclusivement de l'histoire locale, bien que comme professeur il ait enseigné successivement l'histoire d'Allemagne au moyen âge, l'histoire du Schleswig-Holstein, l'histoire de la France et l'histoire de la Révolution française. Son essai *Der Eiserne Heinrich von Holstein*, son rapport sur les archives du Schleswig-Holstein, publié dans les *Jahrbücher für die Landes-Kunde der Herzogthümer Schleswig, Holstein und Lauenburg*[1], montrent quels services il pouvait rendre à la société historique pour le Schleswig-Holstein-Lauenbourg, qui l'avait choisi pour secrétaire. Très aimé des élèves qu'il faisait travailler dans des conférences privées *(Seminarium)* ; très apprécié de ses collègues, très heureux dans sa vie intime par le mariage qu'il avait contracté en 1863, la mort foudroyante dont il fut frappé le 7 janvier 1865, enlevé en 3 jours par une angine, causa une vive émotion et de profonds regrets.

Nous avons pensé que son ouvrage sur Childerich et Chlodovech avait un intérêt particulier pour ceux qui s'occupent des origines de notre histoire, et nous avons pu apprécier, dans nos conférences de l'école des Hautes Etudes, combien l'exposition à la fois précise et élégante de Junghans, était propre à faire comprendre aux jeunes gens s'occupant du moyen âge, la méthode d'après laquelle doit procéder la critique historique.

Nous avons conservé le texte de M. Junghans, même sur les points peu nombreux où ses conclusions nous paraissent pouvoir être contestées, et nous nous sommes contentés d'ajouter quelques notes assez rares pour le rectifier ou le compléter. Nous avons même respecté l'orthographe qu'il donne aux noms propres parce qu'elle est conforme à la vérité historique et philologique, et nous avons pensé qu'on accepterait plus aisément dans une traduction, une innovation que nous n'eussions pas osé peut-être risquer en parlant en notre nom. Nous avons même sur un point rétabli une forme que M. Junghans n'avait pas conservée et nous avons donné aux *Burgundes* leur vrai nom de *Burgundions*. Nous pensons qu'Aug. Thierry avait raison de vouloir revenir aux formes anciennes des noms franks ; mais il faut alors prendre ces noms tels qu'ils se trouvent dans les textes les

1. Band VIII. 1866.

plus anciens de Grégoire de Tours : *Chlodovech, Chrotechilde, Chlotachar* ; et non, comme il l'a fait, en forger d'hypothétiques, tels que *Hlodowig, Chlothilde, Hlother*.

Nous avons cru qu'il ne serait pas inutile de placer en tête de l'ouvrage de Junghans une courte introduction sur les sources des règnes de Childerich et de Chlodovech.

La traduction de l'œuvre de Junghans avait été terminée avant l'année 1870 par MM. G. Monod, répétiteur, et Ch. de Coutouly, élève à l'école des Hautes-Etudes. Une partie de cette traduction ayant été perdue, M. Roy, répétiteur à l'école des Hautes Etudes, a bien voulu retraduire les chapitres qui avaient été détruits.

INTRODUCTION DU TRADUCTEUR

———

Nous ne possédons que des documents très incomplets sur les règnes de Childerich et de Chlodovech, et il importe pour arriver à déterminer ce que nous pouvons savoir sur les origines du royaume frank, de connaître exactement la nature et la valeur de ces documents.

Notre source capitale est l'*Histoire des Franks* de Grégoire de Tours[1]. On ne saurait estimer trop haut l'importance et l'autorité du témoignage du saint évêque, qui était certainement l'homme le plus instruit, le plus intelligent et le plus éclairé en même temps qu'un des plus nobles caractères de son époque; mais on ne peut accorder une confiance égale à toutes les parties de son œuvre. Il l'a écrite de 578 à 593, c'est-à-dire un siècle après la mort de Childerich et l'avénement de Chlodovech; et malgré son désir de savoir et de dire la vérité, il vivait à une époque où l'esprit des hommes les plus éminents était trop affaibli et obscurci par la barbarie envahissante, pour qu'il lui fut possible de faire un choix raisonné parmi les renseignements qu'il recueillait pour les transmettre à la postérité. Lorsqu'il parle de ce qu'il a vu, son intelligence et sa sincérité sont pour nous des garanties de son exactitude; mais lorsqu'il s'agit d'époques plus anciennes qu'il ne pouvait connaître que par des intermédiaires, il est bien évident qu'il devait chercher à faire un récit aussi complet que possible, en se servant indifféremment soit de documents écrits, quand il en avait, soit de

---

1. Voy. nos *Etudes critiques sur les sources de l'Histoire mérovingienne* qui forment le 8e fasc. de la *Bibliothèque de l'Ecole des Hautes Etudes*. Paris, 1872.

traditions orales, quand les documents écrits faisaient défaut.

A la simple lecture des chapitres 12, 18 et 19 du livre ii de l'*Historia Francorum*, consacrés à Childerich, et des chapitres 27 à 43 du même livre, consacrés à Chlodovech, on reconnaît à de brusques changements dans le style et dans l'allure générale du récit, que l'on est en présence de renseignements de nature très diverse. M. Junghans s'est attaché, dans l'ouvrage que nous traduisons, à noter à propos de chaque événement la source à laquelle Grégoire de Tours a puisé ce qu'il nous rapporte, et le 8e appendice contient une classification des diverses sources dont il s'est servi. On y verra que la part empruntée à des documents écrits contemporains est très petite, tandis que la part empruntée à la tradition ecclésiastique ou populaire est très grande. Les deux chapitres 18 et 19 sur Childerich, quelques faits et quelques dates pour le régne de Chlodovech, voilà tout ce que, d'après M. Junghans, Grégoire de Tours aurait trouvé dans ces annales consulaires (*consulares, consularia — fasti, chronica*)[1] qu'il possédait et qui ne sont pas parvenues jusqu'à nous. Il faut y ajouter encore, (ce que M. Junghans n'a pas reconnu), le fond du récit de la guerre de Burgundie en l'an 500, aux chapitres 31 et 33. Nous avons montré dans notre étude sur Marius d'Avenche[2], les rapports de texte incontestables qui existent entre le récit de Grégoire de Tours et celui de Marius dans sa chronique; mais nous avons soutenu à tort que Marius s'était servi de l'*Historia Francorum*. M. Arndt, en rendant compte de nos *Etudes critiques sur l'Histoire mérovingienne*, a montré que Marius et Grégoire avaient puisé à une source annalistique commune[3]. Voilà donc un fragment important du récit de Grégoire qui revêt un caractère de certitude beaucoup plus grand. Quelques traits de la guerre contre Syagrius, au chapitre 27, et de la guerre contre Alarich, en particulier le second paragraphe du chapitre 37[4], peuvent encore avoir une semblable origine; le récit du baptême de Chlodovech au

1. « Nam et *in consularibus* legimus..., etc. » ii, 9, sub fine.
2. *Etudes critiques*, etc. p. 160.
3. *Historische Zeitschrift*. xviii, 415.
4. Voy. en particulier les mots : « Chlodovechus rex cum Alarico rege Gothorum in campo Vogladense decimo ab urbe Pictava miliario convenit. »

chapitre 31, emprunté à l'ancienne *Vita S. Remigii*[1], offre
encore le caractère d'un texte presque contemporain ; mais,
malgré ces exceptions, l'apport de la tradition orale reste
très considérable. Ce n'est pas à dire sans doute que tout soit
à rejeter ou à mettre en suspicion dans la tradition orale.
Elle contient souvent une part, un fond de vérité, et elle
peut servir quelquefois à éclaircir ou à compléter les renseignements précis mais insuffisants des sources écrites ;
toutefois la rapidité de la transformation légendaire est telle
qu'on ne saurait se montrer trop réservé, et que tout en
acceptant les faits transmis par la tradition, lorsqu'ils ne
sont ni en contradiction avec les événements attestés avec
certitude, ni inconsistants en eux-mêmes, nous devons
signaler leur origine. Il faut d'ailleurs bien distinguer entre
les diverses sortes de traditions orales. Le récit de certains
faits peut être transmis avec une exactitude suffisante, d'une
génération à une autre, et sans subir de transformation légendaire et poétique ; ainsi ce que nous dit Grégoire au
chapitre 38 du retour de Chlodovech à Tours après la guerre
wisigothique, peut évidemment être presque entièrement
vrai ; des vieillards qui avaient assisté à ce retour dans leur
enfance, peuvent l'avoir raconté à Grégoire. D'autres fois,
l'imagination populaire a fait subir tout un remaniement
aux faits, en a développé, dramatisé et systématisé l'ordonnance. Ainsi la peinture du rôle d'Aridius auprès de Gundobad au ch. 32, le récit du meurtre par Chlodovech des petits rois franks aux ch. 41 et 42, surtout l'histoire de la
fuite de Childerich en Thuringe, et de son mariage avec
Basine au ch. 12, portent la marque de ce travail poétique,
peut-être inconscient. Il faut une certaine délicatesse de
sens critique et une assez grande habitude de la lecture des
textes du moyen âge, pour distinguer ces sources diverses,
pour reconnaître la présence de documents annalistiques à
la brièveté sèche des phrases, à l'absence de liaison entre
elles, à la mention de phénomènes physiques, d'indications
géographiques et de dates précises ; pour voir que le chroniqueur reproduit des traditions orales plus ou moins légendaires, quand il met des discours étudiés dans la bouche

1. Il faut noter toutefois que les récits hagiographiques, même
contemporains, arrangent toujours les faits en vue de certaines
préoccupations religieuses ou édifiantes.

de ses personnages, quand sa narration prend une allure ample et soutenue, quand il multiplie les détails anecdotiques, quand les événements sont disposés avec la symétrie d'une composition littéraire; pour discerner enfin dans ces traditions orales ce qui offre des garanties de vraisemblance ou même de vérité, et pour séparer de la légende pure les souvenirs précis transmis de vive voix. On ne peut donner de préceptes ni de recettes infaillibles pour faire ce travail; il y faut non-seulement de l'expérience et de l'attention, mais aussi du tact et une certaine dose de divination. C'est ce qui fait que la critique historique aussi bien que l'histoire est, par certains côtés, un art en même temps qu'une science.

D'après ce que nous venons de dire, on comprendra que les chroniqueurs postérieurs à Grégoire de Tours qui n'ont eu sous les yeux que son histoire comme source écrite, et qui n'y ont ajouté que ce que la tradition orale pouvait leur apprendre, ne peuvent pas accroître beaucoup la somme de nos connaissances positives. Ils ne sont intéressants que parce qu'ils nous apprennent comment le travail de cristallisation légendaire s'est développé avec le temps et diversifié suivant les pays; et si l'on est obligé d'en parler, c'est surtout pour montrer combien les historiens modernes ont eu tort de s'en servir, comme ils l'ont fait trop souvent, pour donner de la couleur et de la vie à leurs récits. On verra par le livre de M. Junghans que Frédégaire et les *Gesta regum Francorum* ne sont d'aucun secours à l'historien de Childerich et de Chlodovech.

La moine inconnu de Saint-Marcel de Chalon, à qui on a donné le nom de Frédégaire[1], et qui a composé entre 660 et 663 une compilation où figure un abrégé des six premiers livres de Grégoire de Tours connu sous le nom d'*Historia Epitomata*[2], possédait, il est vrai, quelques notes annalistiques burgundes, relatives au vi⁰ siècle, mais aucune qui se rapportât

---

1. Voy. notre dissertation : *Du lieu d'origine de la Chronique dite de Frédégaire* dans le *Jahrbuch fur schweizer. Geschichte* 1878, p. 141.

2. La compilation dite de Frédégaire contient six parties dont l'*Historia Epitomata* est la 5⁰. La 6⁰ et dernière, la Chronique de 584 à 641, est la plus importante. Le reste est une série de notes chronologiques et une transcription avec quelques additions des chroniques de saint Jérôme, d'Idace et d'Isidore de Séville.

au règne de Chlodovech. Ce qu'il a ajouté au récit de Grégoire n'est que superfétations légendaires ou anecdotes sans valeur. Le chapitre sur les relations de Chlodovech et d'Alarich qui se trouve placé dans sa compilation à la suite de la chronique d'Idace, a un caractère d'invraisemblance encore plus fortement marqué.

L'auteur des *Gesta regum Francorum*, qui était un moine wisigoth, écrivant à Saint-Germain-des-Prés ou à Saint-Denis, entre 720 et 726, ajoute encore plus d'inventions arbitraires au récit de Grégoire que ne le fait Frédégaire. Tandis que celui-ci nous donne des anecdotes burgundes, celui-là nous fournit les anecdotes neustriennes. Ni l'un ni l'autre n'enrichissent en rien l'histoire [1]. Ce que nous disons ici des *Gesta* nous le dirons aussi, et à plus forte raison, des chroniqueurs postérieurs, de Roricon, d'Aimoin, des chroniques de Saint-Denis.

N'y aurait-il pas du moins quelque chroniqueur étranger à la Gaule, mais contemporain des premiers rois franks, qui pourrait fournir quelques renseignements nouveaux, d'autant plus intéressants qu'ils proviendraient d'un témoin absolument désintéressé. Quelques historiens modernes se sont imaginés qu'on possédait un témoin de ce genre dans le byzantin Procope qui, dans ses *Histoires*, parle des Franks à plusieurs reprises. Il donne des détails qui ne se trouvent pas ailleurs sur la conquête du pays des Arboryques par les Franks (*Tractus Armoricanus*, le pays d'entre Seine-et-Loire), sur la guerre de Chlodovech en Burgundie, et sur la guerre wisigothique [2]. Mais Procope qui écrivait vers 562, n'avait aucun renseignement précis sur les événements qui s'étaient passés 80 ou 60 ans auparavant si loin de Constantinople. Ce qu'il dit de la conquête du pays entre Loire et Seine, n'a pas d'autre importance pour nous que de nous faire connaître l'idée que se faisaient les Grecs de la manière dont les Germains avaient soumis les Gallo-Romains; ses renseignements de la guerre de Burgundie proviennent d'une confusion

---

1. Voy. notre étude sur *les Origines de l'historiographie à Paris* dans les *Mémoires de la Société pour l'histoire de Paris* 1877. — Les *Gesta* sont un abrégé des six premiers livres de Grégoire de Tours (— 584), mêlé de beaucoup de fables et suivi d'une chronique de Neustrie jusqu'en 720.

2. *De bello Gothico*, liv. I.

de la campagne de l'année 500 avec celle de l'année 523 ;
enfin, dans son récit sur la guerre wisigothique, il entasse
les inexactitudes et les erreurs ; il ignore la bataille de
Vouillé, fait d'un siége de Carcassonne, inconnu des sources occidentales, le centre des opérations militaires, et
met à la tête de l'armée ostrogothique Theoderich, qui n'a
pas quitté l'Italie. Le témoignage de Procope a une grande
valeur pour l'histoire des successeurs de Chlodovech, parce
qu'il nous renseigne sur les campagnes d'Italie où ils ont été
en lutte avec les généraux de l'empire grec, événements sur
lequel Procope a pu être renseigné de première main ; mais
sur le règne de Chlodovech, il n'est que l'écho de rumeurs
lointaines et incohérentes.

On voit donc qu'en fait de chroniques développées, celle
de Grégoire de Tours est la seule dont l'histoire puisse tenir
compte. Possédons-nous du moins quelques-uns de ces
textes annalistiques qui, sans fournir de grandes lumières
sur les faits eux-mêmes, donnent du moins une base à
la chronologie et quelques points de repère absolument certains ?

Ces textes ne nous font pas entièrement défaut, mais ils
sont loin cependant d'être aussi nombreux que nous le souhai-
terions, et le petit nombre qui sont parvenus jusqu'à nous
ne nous fournissent guère de renseignements que sur le
midi de la Gaule. Les seules annales qui paraissent avoir été
écrites dans le nord, sont celles que Grégoire de Tours trans-
crit aux chapitres 17 et 18 du livre II. Elles avaient probablement été composées à Angers. Mais Grégoire ne nous en
a conservé sans doute qu'une faible partie. Cependant, sans
ces Annales, nous ne saurions rien de précis sur le règne de
Childerich, car les Annales de Prosper et la Chronique impé-
riale, qui d'ailleurs s'occupent exclusivement du midi de la
Gaule, de l'Italie et de l'Espagne, s'arrêtent à 455 ; et les
Annales de l'évêque Galicien Idace, qui s'étendent jusqu'à
468, ne contiennent qu'un seul passage relatif à Ægidius qui
peut servir à éclairer un point de l'histoire de Childerich (voy.
plus bas p. 12). Pour le règne de Chlodovech, nous sommes
un peu plus heureux, car des notes annalistiques furent
écrites de son temps dans le midi de la Gaule à Arles. Elles
ne nous sont pas parvenues sous leur forme primitive, mais
elles ont été utilisées par divers chroniqueurs postérieurs,

grâce à qui nous les avons conservées[1]. Un ou deux traits de ces Annales se retrouvent dans la chronique de Marius d'Avenche[2], écrite vers 580. On en reconnaît des fragments plus importants dans des gloses marginales d'un des manuscrits de Victor de Tunnuna, gloses que Junghans désigne sous le nom d'*Appendice de Victor*[3], mais qui en réalité, comme l'a prouvé M. Hertzberg[4], proviennent de la chronique perdue de l'évêque Maxime de Saragosse; dans l'*Historia Gothorum* d'Isidore de Séville, terminée en 621, et qui nous fournit de si utiles détails sur Alarich et Gesalich; enfin, dans une chronique écrite en Espagne, en l'an 733, sous le nom usurpé de Sulpice Sévère[5], et où nous trouvons un texte important emprunté à ces annales d'Arles, sur la guerre de Chlodovech contre Alarich, et un autre moins important sur la guerre de Childerich contre les Wisigoths[6].

La plus importante de ces chroniques est pour nous celle de l'évêque Marius d'Avenche, qui écrivait vers 580, parce qu'il avait à sa disposition des annales burgundes et les annales d'Arles, et surtout parce qu'il accorde une attention toute particulière à la chronologie. Il note les années d'abord par les fastes consulaires ; puis à partir de 522, il y ajoute les indictions. Nous montrerons dans l'appendice 9, que c'est grâce à la chronique de Marius que l'on peut fixer la chronologie du règne de Chlodovech.

Nous possédons en outre un certain nombre de documents contemporains relatifs au temps de ce roi, et quelques-

---

1. Voy. sur ce sujet : Holder-Egger, *Ueber die Weltchronik des sog. Sulpicius Severus und Sudgallischen Annalen des fünften Jahrh.* Gœttingen 1875. — Id. *Untersuchungen ueber einige annalistischen Quellen fur die Geschichte des 5ten und 6ten Jahrh.*, dans le *Neues Archiv der Gesellschaft fur aeltere deutsche Geschichtskunde* T. i. fasc. 1 et 2 ; T. ii, fasc. 1.

2. Voir nos *Etudes critiques...* etc, p. 159.

3. Publ. par Roncalli, *Vetustiora Latinorum chronica* ii, 337 et par Schott, *Hispania illustrata* T. iv, 121.

4. *Die Historien des Isidorus von Sevilla.* Gœttingen 1874, p. 65 et ss. —Maxime était présent aux conciles de Barcelone en 599 et d'Egara en 614. — Isidore dit de Maxime dans son *De viris illustribus*, ch. 46 : « Scripsit et brevi stilo historiolam de iis quae temporibus Gothorum in Hispaniis acta sunt. »

5. Publiée dans Florez, *Espana Sagrada*, T. iv, p. 430-456.

6. Voy. Appendice 6 et dans les *Addenda et corrigenda* la n. de la p. 12.

uns de ces documents fournissent des dates précises. Ce n'est pas le cas pour les deux uniques diplômes parvenus jusqu'à nous et portant le nom de Chlodovech, car l'un de ces diplômes, celui pour saint Jean de Réomé, s'il n'est pas tout entier apocryphe, l'est en tous cas quant à la date et aux souscriptions ; l'autre, celui pour Euspicius et Maximin de Micy, est une simple lettre non datée[1]. Par contre nous possédons deux textes conciliaires importants et datés d'une manière précise ; ce sont les canons et les souscriptions du concile d'Agde, du 11 septembre 506 ; les canons et les souscriptions du concile d'Orléans en 511, avec une lettre adressée le 10 juillet à Chlodovech par les pères du concile[2]. Les canons sont précieux pour l'histoire ecclésiastique, les dates pour la chronologie, et les souscriptions des évêques pour la géographie politique non moins que pour l'histoire des diocèses, car c'est par elles que nous connaissons l'étendue du royaume d'Alarich avant la guerre contre Chlodovech, et l'étendue des conquêtes de Chlodovech en 511. Un autre texte du même genre qui offre le plus haut intérêt, pour l'histoire politique non moins que pour l'histoire religieuse, est le récit rédigé sinon par Avit, évêque de Vienne, du moins sous son influence, du colloque d'évêques catholiques et d'évêques ariens, tenu à Lyon en présence de Gundobad, en l'année 499[3]. Les lettres de ce même évêque[4], bien qu'elles roulent pour la plupart sur des sujets théologiques, jettent cependant une vive lumière sur les causes qui facilitèrent la conquête de la Gaule par Chlodovech. Les lettres du pape Anastase et de saint Remi à Chlodovech, celle de Chlodovech aux évêques de la Gaule[5], nous fournissent, comme nous le verrons, un intéressant commentaire de certains faits historiques. Enfin les lettres de Theoderich qui nous ont été conservées par le recueil de Cassiodore, son ministre, apportent

1. Voy. Bouquet iv, 615 ; Pardessus, *Diplomata* i, 30.

2. *Conciliorum Galliae collectio* i, p. 833 et ss.

3. *Collatio episcorum, praesertim Aviti Viennensis, coram Gundebaldo Burgundionum rege, adversus Arianos.* Bouquet, iv, 99 ; d'Achery, *Spicilegium*, v, 10. — Cf. plus loin p. 76.

4. *Aviti opera*, éd. Sirmond. Paris 1643 in-18. Cf. plus loin p. 63.

5. Bouquet iv. 50, 51, 54. Cf. plus loin p. 64 et appendice 2. M. Junghans n'admet qu'une seule lettre adressée à Chlodovech par saint Remi, celle sur la mort de sa sœur.

les renseignements les plus précieux sur la guerre de Chlodovech contre les Alamans comme sur la guerre wisigothique. Il y a tout un côté de cette dernière guerre, le rôle d'arbitre joué par Theoderich avant Vouillé et son intervention
victorieuse après Vouillé, qui serait presque ignoré sans
ces lettres. Grâce à elles, ces événements nous sont connus
avec exactitude, et quelques nouveaux points de repère
chronologiques nous sont fournis [1].

A côté des chroniques et des annales, des diplômes, des
conciles et des lettres, il est une dernière source de renseignement que l'historien ne doit pas négliger, mais qu'il ne
doit consulter qu'avec une extrême circonspection, ce sont
les Vies de Saints. Très importantes pour l'histoire des idées
et des mœurs, ces œuvres hagiographiques apportent rarement quelque lumière sur l'histoire politique ; on peut même
difficilement se fier à elles pour connaître les vrais rapports
entre le pouvoir civil et l'église. La critique de ces Vies de
Saints est extrêmement difficile. La plupart ont été composées assez longtemps après la mort des personnages dont
elles parlent, non d'après des documents écrits, mais d'après
des récits oraux, amplifiés par l'enthousiasme, la superstition,
ou même la supercherie. Un très grand nombre ne nous sont
pas parvenus sous leur forme originale, mais dans des remanie-
ments postérieurs, embellis et interpolés. Enfin même lorsqu'elles sont écrites par des contemporains, elles n'en sont
pas toujours pour cela plus exactes. Elles sont d'ordinaire
l'œuvre de disciples qui cherchent à grandir leur maître, ou de
compilateurs sans scrupules qui pour écrire une vie de saint
trouvent tout simple de copier la vie d'un autre saint. Pour
l'édification des fidèles, qui est après tout le principal but des
hagiographes, le résultat ne sera-t-il pas le même ?

Les deux Vies de Saints les plus développées que nous pos-
sédions pour l'époque de Chlodovech n'ont aucune valeur
historique. L'une est celle de saint Remi par Hincmar, dans
laquelle le fameux archevêque de Reims (mort en 881) a mêlé
un fond historique, pris à Grégoire de Tours, avec des légendes
locales et des inventions personnelles [2]; l'autre est celle de
Chrotechilde qui est une fabrication des xe-xie siècles, faite

1. Voy. plus loin p. 104 et appendice 7.
2. Vita S. Remigii. *Acta Sanctorum*, 1 octobre.

d'après les *Gesta regum Francorum*[1]. La vie de sainte Geneviève semble au premier abord avoir une beaucoup plus grande valeur, car elle a été écrite dans les premières années du vi[e] siècle, c'est-à-dire peu d'années après la mort de la sainte[2], et il est certain que nous ne pouvons refuser toute créance à ce qu'elle rapporte des deux rencontres de Geneviève avec Childerich et avec Chlodovech[3]; mais la liberté avec laquelle l'hagiographe a copié la vie de saint Germain d'Auxerre et celle de saint Martin par Sulpice Sévère, la durée évidemment imaginaire qu'il assigne au siége de Paris par les Franks, nous inspirent des doutes sur sa véracité.

La plupart des passages des Vies de Saints relatifs à Chlodovech n'ont pas d'ailleurs d'autre but que de montrer l'influence exercée par tel ou tel pieux personnage sur le fondateur de la monarchie franque et la faveur dont il fut l'objet. Il ressort de tous ces récits une impression d'ensemble qui est vraie : c'est que Chlodovech a recherché l'appui du clergé catholique, qu'il a été soutenu par l'Église, et qu'elle a puissamment contribué à l'établissement de la monarchie franque. Mais pris isolément, ces récits éveillent plus d'un soupçon, et il semble que ce fût un lieu commun parmi les hagiographes quand ils avaient à raconter la vie d'un saint contemporain de Chlodovech, de le montrer se rencontrant avec le roi, en donnant à ce récit des variantes plus ou moins heureuses. Le miracle raconté dans la vie de saint Regulus[4], la rencontre de saint Déodat avec Chlodovech au moment de la guerre wisigothique, rencontre qui aurait déterminé la conversion du roi[5], la protection accordée par Chlodovech à saint Arnulf, à qui il donne en mariage sa nièce Scariberge[6], la visite de Chlodovech à saint Eleuthère qui l'amène à confesser ses péchés[7], l'appui donné par Chlodovech à saint Fridolin quand celui-ci va partir pour la Germanie[8], semblent des faits légendaires que la crédulité ou l'esprit inventif des

1. Vita S. Chrothildis, *Acta SS. ordinis S. Benedicti*, I, 98.
2. Vita S. Genovefae, *AA. SS.* 3 janvier.
3. Cf. plus loin, p. 16 et 21.
4. Vita S. Reguli, episcopi Silvanectensis, *AA. SS.* 30 Mars.
5. Vita S. Deodati abbatis Blesensis, *AA. SS.* 24 Avril.
6. Vita S. Arnulfi martyris et forte episc. Turonensis, *AA. SS.* 18 Juillet.
7. Vita S. Eleutheri ep. Tornacensis, *AA. SS.* 20 Février.
8. Vita S. Fridolini abb. Seckingae ad Rhenum, *AA. SS.* 6 Mars.

hagiographes ont imaginés. D'autres faits analogues semblent mériter un peu plus de créance parce que les Vies, dont ils sont tirés sont plus anciennes. Il en est ainsi de la participation de Chlodovech à l'élection de Sacerdos [1] comme évêque de Limoges, des donations faites à saint Germer [2] et à saint Maixent [3], du rôle joué auprès de Chlodovech par saint Melanius [4]. D'autres vies ont un caractère d'antiquité et de véracité plus marqué encore et nous apprennent des faits plus importants. Telle est la vie de saint Eptadius où nous lisons que Chlodovech demanda à Gundobad la permission de nommer Eptadius qui était de Langres à l'évêché d'Auxerre [5]; la vie de saint Séverin par son disciple Fauste qui nous montre le saint venant à Paris auprès de Chlodovech pour le guérir d'une fièvre persistante [6]; la vie de saint Maximin et de saint Euspicius qui nous donne sur la fondation de Micy par Euspicius et Maximin des détails parfaitement concordants avec l'acte de donation de Chlodovech qui nous a été conservé [7].

Enfin nous possédons pour l'époque de Chlodovech deux Vies de Saints qui ont une véritable valeur historique. L'une de ces vies est celle de saint Césaire d'Arles, dont le premier livre écrit par son disciple Cyprien nous fournit des détails très circonstanciés sur le rôle de l'évêque pendant le siège de la ville par les Franks [8]; l'autre vie est celle de saint Vaast qui a été écrite vers le milieu du vi° siècle, et qui contient sur la guerre de Chlodovech contre les Alamans, sur la rencontre du roi et de Vaast, et sur l'apostolat de celui-ci au nord de la Gaule, des détails qui portent le cachet de l'authenticité [9].

Telles sont les sources que nous possédons pour les règnes

---

1. Vita S. Sacerdotis ep. Lemovicensis, *AA. SS.* 5 Mai. Cette vie est de Hugues de Fleury, mais c'est un remaniement d'une vie ancienne.

2. Vita S. Germerii ep. Tolosae. *AA. SS.* 16 Mai.

3. Vita S. Maxentii abb. Pictavensis. *AA. SS.* 26 Juin.

4. Vita S. Melanii ep. Rhedonensis. *AA. SS.* 6 Janvier. L'auteur avait entre les mains les actes du Concile d'Orléans.

5. Vita S. Eptadii presb. ap. montem Tolonum. *AA. SS.* 24 Août.

6. Vita S. Severini abbatis Agaunensis. *AA. SS.* 11 Février.

7. Vita S. Maximini abb. Miciacensis, *AA. SS. Ord. S. Ben.* I, 58.

8. Vita S. Caesarii ep. Arelatensis, *AA. SS.* 27 Août.

9. Vita S. Vedasti ep. Atrebatensis, *AA. SS.* 6 Février. Voy. plus loin p. 42.

de Childerich et de Chlodovech, et les bibliothèques de l'Europe sont aujourd'hui trop explorées pour qu'il soit permis d'espérer la découverte de documents nouveaux. Ces sources ont été utilisées par M. Junghans, à l'exception du faux Sulpice Sévère, et l'on verra dans nos *addenda,* que le texte de c t annaliste ne fait que confirmer et rendre certain ce que M. Junghans avait avancé comme très-vraisemblable. Ces sources avaient été utilisées avant lui en Allemagne par Mascou[1], Huschberg[2], Leo[3], en France par Dubos[4], Fauriel[5], Pétigny[6], mais tous ces auteurs avaient cherché à concilier les documents entre eux par des combinaisons arbitraires et à les fondre dans un tableau complet où les éléments légendaires se se mêlaient aux éléments historiques, plutôt qu'à déterminer par un examen critique la valeur de chaque document et le degré de crédibilité de chacun des faits qu'ils nous ont transmis. Le livre de M. Junghans est le premier qui marque un progrès réel sur les résultats auxquels était arrivé Adrien Valois[7], dont l'ouvrage sur les origines de notre histoire conserve encore aujourd'hui une réelle valeur. Il nous a même semblé que M. Junghans avait déterminé avec assez de précision, dans l'histoire de Childerich et de Chlodovech, ce qui doit être affirmé comme certain, ce qui doit être accepté comme probable, ce qui doit être rejeté comme douteux et comme faux, pour qu'il fut inutile de refaire son travail, et pour qu'il valut mieux nous contenter de le traduire. Mais dans notre pensée, cette *Histoire critique de Childerich et de Chlodovech* doit être le début d'une série de travaux critiques sur l'histoire de France, travaux originaux, exécutés par les élèves de l'Ecole des Hautes Etudes. [8]

G. MONOD.

1. *Geschichte der Teutschen.* Vol. ii. Leipzig, 1737.

2. *Geschichte der Allemannen und Franken.* Sulzbach, 1840.

3. *Vorlesungen ueber die Geschichte des deutschen Volks und Reichs.* Vol. i. Halle, 1854.

4. *Histoire critique de l'établissement de la monarchie française.* 3 vol. Paris, 1734.

5. *Histoire de la Gaule méridionale.* 4 vol. Paris, 1836.

6. *Etudes sur l'époque mérovingienne.* 3 vol. Paris, 1842-44.

7. *Rerum Francicarum usque ad Chlotarii secundi mortem libri* VIII. Paris, 1646.

8. M. Richter a publié à Halle, en 1873, un répertoire critique très-utile des sources de l'Histoire mérovingienne sous le titre d'*Annalen des fraenkischen Reichs im Zeitalter der Merovinger.*

AVANT-PROPOS

De tous les royaumes germaniques qu'on voit s'élever, dans le courant des premiers siècles de notre ère, sur le territoire de l'Empire romain, le plus important est le royaume frank. Là, l'élément romain et l'élément germain se fondirent complétement l'un dans l'autre et se combinèrent dans d'égales proportions ; là, se développa, sous ·l'influence du christianisme, une puissance destinée à prendre un haut ascendant, à jouer un grand rôle en Europe. Chlodovech, roi d'une partie des Franks Saliens, en est le fondateur : avec lui commence l'histoire du royaume des Franks en Gaule. Nous n'avons, sur les temps antérieurs à ce prince, que des données fort incomplètes. La loi salique nous fournit, à vrai dire, des renseignements positifs sur l'organisation intérieure des Franks Saliens aux époques les plus reculées de leur histoire ; mais elle ne dit rien du développement extérieur de ce peuple. Tout ce que nous savons, c'est qu'après s'être fixés en Toxandrie, sous le règne de Julien, les Saliens s'étendirent peu à peu vers le Sud, et que Chlojo finit par s'emparer, les armes à la main, de Cambrai et de tout le pays jusqu'à la Somme. Nos sources d'informations ne deviennent plus abondantes que lorsqu'on arrive au temps de Childerich, père et prédécesseur de Chlodovech : c'est par lui que nous commencerons nos recherches.

LIVRE I

CHILDERICH D'APRÈS LA LÉGENDE ET D'APRÈS L'HISTOIRE

Grégoire de Tours, notre source capitale[1], nous présente Childerich comme le fils de Merovech. Ce dernier appartenait, s'il faut en croire certaines traditions, à la race de Chlojo ; en d'autres termes, il sortait de la famille, éminente par son rang et sa noblesse, dans laquelle les Franks Saliens choisirent leurs rois, après avoir franchi le Rhin[2].

Les informations que nous donnent, sur la vie et les actions de Childerich, Grégoire de Tours, les *Gesta regum Francorum*, ainsi que la chronique dite *Historia epitomata*, de Frédégaire[3], — c'est-à-dire les sources franques, — se divisent en deux grandes catégories d'un caractère parfaitement distinct : un récit développé sur les débuts du règne ; notices succinctes, et en apparence incohérentes, sur certains événements qui, venant après les autres dans l'ordre du récit, doivent nécessairement être regardés comme postérieurs. On trouvera entre ces deux catégories une autre différence encore, si l'on compare l'œuvre de Grégoire avec les sources postérieures. Tandis que celles-

1. Grégoire de Tours, *Historia Francorum*, ii, 9 : « De hujus (Chlogionis) stirpe quidam Merovechum regem fuisse adserunt, cujus fuit filius Childericus. »
2. « De prima et ut ita dicam nobiliori suorum familia, » dit Grégoire, ii, 9.
3. Voir Bouquet, *Rerum Gall. et Francic. scriptores*, ii. Roricon, Aimoin, et les Chroniques de Saint-Denis n'entrent évidemment pas en ligne de compte. (Bouquet, *op. cit.* iii.)

ci sont plus riches que celles-là en renseignements de la première espèce, au contraire, en ce qui concerne ceux de la seconde, elles ne nous apportent aucun fait nouveau, omettent certains détails, ou intervertissent l'ordre suivi par Grégoire.

Il importe au point de vue critique, de bien noter cette différence.

Commençons par la première catégorie de documents. Voici ce que raconte Grégoire [1] : « Childerich était adonné à une luxure effrénée ; il régnait sur la nation des Franks et déshonorait leurs filles. Les Franks, indignés, le détrônèrent ; et comme il apprit qu'ils en voulaient même à sa vie, il se réfugia en Thuringe, laissant sur les lieux un homme dévoué qui pût par de douces paroles apaiser les esprits furieux. Un moyen convenu devait lui faire savoir quand il pourrait revenir dans le pays, c'est-à-dire qu'ils divisèrent entre eux un sou d'or ; Childerich en emporta une moitié avec lui, son ami garda l'autre, et dit : « Lorsque je t'enverrai cette moitié, et que les deux parties réunies reformeront la pièce entière, alors tu pourras sans crainte revenir dans ces lieux. » Le roi partit aussitôt pour la Thuringe, et se cacha chez le roi Bisin et chez Basine sa femme. Après l'expulsion de Childerich, les Franks se choisirent unanimement pour roi cet Ægidius que la République, comme nous l'avons dit plus haut, avait envoyé dans les Gaules en qualité de chef de l'armée [2]. Ægidius était dans la huitième année de son règne, lorsque l'ami fidèle dont nous venons de parler, ayant en secret apaisé les Franks, envoya des messagers à Childerich avec la portion du sou d'or qu'il avait gardée. Celui-ci, certain par cet indice que les Franks le désiraient, revint de Thuringe sur leurs propres instances et fut rétabli dans son royaume. Pendant que ces princes régnaient simultanément [3], la reine Basine, dont il vient d'être fait mention, abandonna son mari et se

---

1. Grég. II, 12. J'ai suivi presque constamment Lœbell, *Gregor von Tours und seine Zeit*, p. 534. (Note de l'auteur.) Nous suivons ici et ailleurs la traduction de MM. Guadet et Taranne, en y faisant quelques légers changements. (N. du T.)

2. C'est bien ainsi qu'il faut traduire *Magister militum*.

3. « His ergo regnantibus simul, Basina, relicto viro suo ad Childericum venit. » Lœbell, p. 512, voit avec raison dans les

rendit près du roi des Franks. Lorsque celui-ci lui demanda avec empressement par quel motif elle était venue le trouver de si loin[1], on prétend qu'elle répondit : « Je connais ton mérite et ton grand courage ; voilà pourquoi je suis venue pour vivre avec toi ; car sache bien que si j'avais connu au-delà des mers un homme qui valût mieux que toi, j'aurais cherché de même à vivre avec lui. » Childerich, plein de joie, l'épousa. Ayant conçu, elle donna naissance à un fils, qui reçut le nom de Chlodovech. Ce fut un grand homme et un éminent guerrier. »

Passons à nos deux sources postérieures, les *Gesta* et l'*Historia epitomata*[2]. Leurs récits ont pour base celui de Grégoire. La marche générale du drame est la même ; ici encore, nous retrouvons ces quatre péripéties principales : détrônement et fuite de Childerich ; séjour qu'il fait à l'étranger tout en entretenant des intelligences dans son royaume ; retour ; mariage et naissance de Chlodovech.

Mais on trouve entre ces deux récits et celui de Grégoire de si notables différences, soit dans le développement des détails, soit dans la conception de l'ensemble, qu'il faut en les plaçant à côté du sien, reconnaître qu'ils sont pourtant indépendants. Un trait commun à ces deux récits, c'est leur prolixité ; ce caractère est plus prononcé dans l'*Historia epitomata* ; il l'est moins dans les *Gesta*. En général, ceux-ci suivent de très près encore la narration de Grégoire ; les différences de fond qui les séparent n'ont pas grande importance, et, en plus d'un endroit, la forme est textuellement la même. Néanmoins, dans la forme comme dans le fond, les *Gesta* présentent certains caractères propres et distinctifs : l'élément épique y apparaît dans les discours et les répliques, dans le choix calculé des épithètes[3] ; on sent

---

« regnantes » Childerich et Bisin, et non pas Childerich et Ægidius, comme l'a cru Giesebrecht dans sa traduction de Grég. I, p. 73, n° 5. (N. de l'A.) — MM. Guadet et Taranne ainsi que M. Bordier, sont tombés ici, dans la même erreur que M. Giesebrecht. (N. du T).

1. « De tanta regione. » Lœbell traduit « d'un si grand royaume. » (N. de l'A.)

2. Voir le sommaire dans l'appendice I.

3. C'est ainsi que Childerich est appelé « utilis atque strenuus, » par opposition à Ægidius, qualifié de « crudelis, iratus atque superbus. »

une tendance à rendre individuel ce qui était général, à motiver ce qui n'était pas motivé, à rattacher les uns aux autres des faits qui étaient mal liés chez Grégoire [1] ; enfin on ne peut nier ni sa tendance à juger les événements en moraliste [2], ni son aversion pour les Romains [3].

Le récit de l'*Historia epitomata* n'offre pas des particularités aussi caractéristiques. Entre ce récit et celui de Grégoire, les différences de faits sont plus nombreuses ; quant aux détails que Grégoire s'était contenté d'indiquer, ils sont développés ici d'une manière plus régulière et plus réfléchie que dans les *Gesta* : aussi l'exposition prend-elle un aspect plus complet et mieux composé. Ce qu'il faut noter, c'est l'art vraiment remarquable avec lequel les événements, dans l'*Historia epitomata*, sont rattachés à leurs causes. Dans les discours et les répliques, l'élément épique atteint son complet développement. Un épisode d'une grande beauté, et d'un effet saisissant, c'est la vision de Childerich. Fondateur d'une dynastie nouvelle, il voit d'avance, pendant la chaste veillée de sa nuit de noces, les tragiques destinées de sa race ; il la voit, après un éclat éphémère, tomber toujours, toujours plus bas.

Il est à remarquer que l'auteur burgunde de l'*Historia epitomata* tourne ses regards vers le lointain Orient, vers Constantinople : naturellement, il ne connaît que d'une façon très-imparfaite les rapports de ces contrées avec l'Occident [4].

On se posera maintenant la question suivante : l'histoire doit-elle s'emparer de ces deux récits, et s'en servir comme

1. Quand nous voyons Childerich devenir, en Thuringe, l'amant adultère de Basine, nous comprenons comment celle-ci a pu abandonner son mari pour suivre le roi des Franks. C'est encore afin d'expliquer l'enchaînement des faits que l'auteur met en relief les efforts de Wiomad pour apaiser les Franks, et qu'il raconte le détrônement d'Ægidius : deux choses qui rendent possible le retour de Childerich.

2. « Tenentes consilium non bonum, nimisque inutile atque absurdum ; — sine consilio hoc fecistis, non bene sed male hoc egistis ; » — autant de jugements portés sur l'expulsion de Childerich.

3. Voy. la note 1 ; et ces paroles de Wiomad : « Non reminiscimini nec recordatis qualiter ejecerunt Romani gentem vestram de terra eorum ? »

4. Voir l'appendice.

de précieux matériaux pour compléter la narration plus simple de Grégoire[1] ? La réponse ne peut être que négative. Les deux documents étendent et développent le récit antérieur, plutôt qu'ils ne le complètent ; les faits qu'ils y ajoutent n'offrent aucun des caractères propres à la vérité historique[2]. Aussi ne pouvons-nous voir dans leurs deux relations que de poétiques amplifications du thème fourni par Grégoire. Sans doute ces auteurs ont pu donner à leurs récits la forme qu'ils ont aujourd'hui ; mais il est évident, d'après le caractère même de ces deux morceaux, que nos chroniqueurs ont suivi en général la tradition populaire, telle qu'elle avait cours de leur temps, et que, par conséquent, ils se sont inspirés d'elle quand ils ont développé le texte de Grégoire, ou quand ils ont cru devoir s'en écarter.

Ainsi, on ne peut se servir de ces deux récits pour contrôler celui de Grégoire, et ce dernier doit être jugé d'après lui-même. Une question qui se pose naturellement est celle-ci : faut-il attribuer à ce récit un caractère strictement historique[3] ? Il y a, pour répondre négativement, deux sortes de raisons, les unes tirées de la forme et les autres du fond de la narration. En ce qui touche les raisons de fait, personne ne contestera que la relation de Grégoire ne renferme de grandes invraisemblances. Dans tous les cas, il y a quelque chose d'étrange à voir les Franks choisir pour roi le Romain Ægidius. Ce choix est contraire à toutes les habitudes germaniques et n'a pas encore été expliqué d'une manière satisfaisante[4]. D'où vient que les Franks n'ont pas mieux aimé prendre, dans la famille royale, un autre souverain ? Savaient-ils que Childerich reviendrait si tôt ? Le retour

1. L'opinion émise par Fauriel, (*Hist. de la Gaule méridionale*, I, 273), opinion d'après laquelle Grégoire n'aurait fait que résumer des récits plus étendus, ne repose sur aucun fondement.

2. Pétigny, *Etudes sur l'époque mérovingienne*, II, 69, et ss. ; 95, et ss. ; a beaucoup puisé dans ces sources postérieures.

3. Grégoire emploie lui-même le mot « fertur. » Il conserve donc l'indépendance de son jugement vis-à-vis de sa source.

4. Fauriel (I, 275) pense qu'Ægidius, à force d'intrigues, réussit à se faire nommer roi ; d'après Lœbell (p. 538) les Franks privés de roi s'attachèrent à Ægidius après le départ de Childerich, et le premier, devenu chef des Franks, parut presque leur souverain. Mais cette manière d'interpréter les textes ne laisse pas que de soulever quelques doutes. (N. de l'A.) Ajoutons à cela qu'Ægidius fut

même de Childerich, après que les Franks sont apaisés, ne s'explique pas facilement[1] ; l'arrivée de Basine, combinée avec le séjour de Childerich en Thuringe, ne ressemble pas davantage à un événement historique.

Assurément on pourra nous objecter que ce sont là des doutes purement subjectifs; ces doutes ne prouvent pas, dira-t-on, que la source où Grégoire a puisé les éléments de son récit ne doit pas être regardée comme une source historique. Mais nous reconnaissons dans la forme du récit les indices d'une origine légendaire. Nous y retrouvons, en effet, les particularités caractéristiques que nous avons déjà signalées dans les relations postérieures, écrites sous l'influence de la tradition populaire : ampleur toute épique de l'exposition, détails, discours développés. Et ces particularités doivent nous paraître d'autant plus frappantes, qu'elles appartiennent en propre à notre premier groupe de renseignements concernant Childerich ; le second groupe n'en offre aucune trace. D'une part, manque absolu de précision, mais tendance à insister longuement sur les circonstances personnelles, ainsi qu'aime à le faire la légende ; de l'autre, récit des faits saillants en traits rapides et précis, sans développement d'aucune espèce [2]. Il est donc hors de doute que Grégoire, lui aussi, a tiré sa narration de quelque ancien chant, qui de son temps circulait de bouche en bouche [3]. La forme latine donnée à ce poëme n'a pu lui faire

élevé au poste de maître de la milice par Majorien (457-461), qu'il mourut en 464, que de 461 à 463 il fut constamment occupé au midi de la Gaule et que par conséquent, Childerich ayant d'ailleurs commencé à régner en 457, il est impossible de comprendre à quelle époque devaient être placés les huit années de règne d'Ægidius sur les Franks ni comment Childerich serait devenu plus tard l'allié d'Ægidius. Voy. plus bas p. 12. (N. du T.)

1. Fauriel (I, 280) a combiné le retour de Childerich avec l'expédition des Franks Ripuaires contre Trèves, mais sans aucune espèce de fondement ; Lœbell se contente de dire que la situation était devenue intenable. — Les sources postérieures font combattre Childerich avec Ægidius, ou supposent que ce dernier fut renversé par les Franks.

2. Lœbell, p. 538.

3. Waitz, *Deutsche Verfassungsgeschichte*, II, 47, n. 3; — Giesebrecht, *op. cit.* p. 74, n. 1; — c'était déjà l'opinion de Lüden (II, 446) que Grégoire avait suivi des « légendes et des contes. »

perdre sa physionomie propre. Il se termine par la mention de la naissance de Chlodovech, et par une allusion à sa future renommée [1]. Nous pouvons donc, sans crainte de nous tromper, voir dans le récit de Grégoire un chant populaire sur la naissance de Chlodovech conservé chez les Franks par la tradition orale. Ce chant, Grégoire l'a adopté sans le juger: il prenait ses matériaux où il les trouvait. De plus, il y a une chose qu'on ne peut révoquer en doute: c'est que la religion et la mythologie des anciens Germains ont dû influer sur la formation d'une poëme tel que celui-ci, que le récit de Grégoire, emprunté à des traditions populaires contemporaines, ne devra être admis par l'historien comme véridique, soit dans son ensemble, soit dans ses détails, qu'après avoir été examiné et jugé d'après les règles de critique de la mythologie comparée.

L'histoire de la fuite et du retour de Childerich rappelle en plusieurs points, et de fort près, une série de légendes dont la tradition populaire a perpétué le souvenir dans toutes les parties de l'Allemagne, et que l'on s'accorde à regarder comme les formes diverses d'un mythe de Wuotan, mythe qui, dans des temps comparativement peu éloignés de nous, a été souvent rattaché à de grands personnages historiques, rois, princes, ou héros célèbres [2]. Il y a sans doute, dans les récits auxquels nous faisons allusion, une circonstance caractéristique du mythe de Wuotan qui ne se retrouve pas dans l'histoire de Childerich : le héros ou le roi qui, d'après ces traditions, se rend en Orient, est marié, et sa femme le trompe durant son absence. Mais Childerich, lui aussi, lorsqu'il est expulsé par les Franks, se dirige vers l'Orient, c'est-à-dire vers la Thuringe [3] ; et, pendant son absence,

1. « Hic (Chlodovechus) fuit magnus et pugnator egregius. » Sauf de légères différences, cette conclusion est répétée sous la même forme dans tous les récits postérieurs, notamment dans ceux de l'*Hist. epit.* et des *Gesta.*

2. Müller, *Die Fahrt in den Osten,* (dans : *Niedersæchsische Sagen und Mærchen,* par Schambach et Müller, p. 389, et ss.)

3. Si le poëme fait allusion aux Thuringiens établis sur la rive occidentale du Rhin, Childerich, en quittant Tournai, s'enfuit dans la direction du N.-E. — Comp. Waitz, *Das alte Recht der salischen Franken,* p. 40, et ss. — On voit qu'en faisant séjourner Childerich à Constantinople, au fond de l'Orient, l'*Hist. epit.* reste tout à fait dans l'esprit de la légende.

un autre règne à sa place [1]. Il reste éloigné pendant huit années; puis, il revient dans sa patrie, à l'instigation d'un ami. La pièce d'or partagée joue au fond, dans cette histoire, le même rôle que l'anneau divisé dans les traditions dont nous avons parlé. Quant au mariage de Childerich avec Basine, mariage dont il est question dans la seconde partie du poëme, on peut hésiter à le rapprocher de l'incident du héros qui retrouve sa compagne, après avoir été séparé d'elle. Ce mariage, en effet, a son importance propre, en dehors du chant sur la naissance de Chlodovech; et ce qui le prouve, c'est que l'*Historia epitomata* y rattache la vision dont nous avons parlé plus haut. Un mythe de Wuotan est-il venu, ici encore, s'implanter sur le terrain de l'histoire? C'est ce que nous n'avons pas à rechercher en ce moment. Il nous suffira d'avoir montré que si, en nous plaçant au point de vue historique, nous avons dû signaler comme invraisemblables et inadmissibles certaines circonstances du récit de Grégoire, ces mêmes circonstances se trouvent pleinement justifiées et s'expliquent tout naturellement quand on se place au point de vue de la légende.

Notre première catégorie d'informations concernant Childerich ne saurait donc être prise en sérieuse considération par l'historien, même à ne l'envisager que dans son ensemble, comme l'ont fait quelques critiques, d'ailleurs circonspects. L'expulsion et le retour de Childerich, la royauté donnée à Ægidius, aucun de ces événements ne rentre dans le domaine de l'histoire positive. Les relations de Childerich avec le roi des Thuringiens, Bisin, personnage qui d'ailleurs paraît avoir réellement existé [2], restent elles-

---

1. Que cet autre soit Ægidius, c'est ce qui ne surprendra personne, puisque les Franks de Childerich étaient alors assujettis à la domination romaine. C'est à quoi ce passage de notre poëme fait précisément allusion. Comp. Giesebrecht, *op. cit.*, i, 73. n° 4.

2. La *Vie de Sainte Radegunde* (*Acta SS. Ord. S. Bened.* sæc. i, p. 319; — Bouquet; iii, p. 56.) fait mention d'un roi nommé Basinus, grand'père de Radegunde, qui elle-même épousa Chlothachar, fils de Chlodovech. « Beatissima igitur Radegundis, natione barbara, de regione Thoringa, avo rege Bassino, patruo Hermenfrido, patre rege Berethario. » — L'*Edictum Rotharis regis* (Neigebauer : *Edicta regum Langobardorum*, p. 2, c. 5) indique aussi un roi de ce nom : « Wacho habuit uxores tres, una Ratecunda, filia Pisen regis Thoringorum. »

mêmes enveloppées d'une certaine obscurité : nous serions aussi fort embarrassés de dire de quelle manière Basine est devenue la femme de Childerich et la mère de Chlodovech. Il nous paraît, en effet, indubitable, que la Basine dont parle le poëme a bien réellement donné le jour à Chlodovech : comment supposer qu'un faux nom ait pu se répandre, quand le véritable était connu ? Comment admettre surtout que celui de la mère de Chlodovech puisse être tombé dans l'oubli dès le temps de Grégoire ?

Nous arrivons maintenant à la seconde partie de nos renseignements sur Childerich [1]. Il est manifeste que Grégoire suit ici des sources romaines. Rien de plus conforme au style des annales latines de son temps que sa manière brève et précise d'exposer les faits. C'est textuellement, à ce qu'il semble, qu'il emprunte ses informations à des sources de ce genre [2] ; par malheur, il omet l'indication des années [3]. Toutefois il n'entasse pas les événements au hasard ; on peut, au contraire, distinguer dans son récit trois portions principales, parfaitement reconnaissables à ce qu'il n'y a entre elles ni particule conjonctive ni liaison d'aucune espèce [4]. Nous étudierons séparément chacune de ces trois sections.

La première portion [5] se divise en événements antérieurs et événements postérieurs à la mort d'Ægidius, qui arriva en 464 [6]. Grégoire mentionne d'abord un combat livré par

1. Grég. ii, 18, 19. — L'auteur de l'*Hist. epit.* a gravement mutilé Grégoire. Les *Gesta* ne reproduisent pas le texte de Grégoire d'une manière plus exacte.

2. Lœbell, p. 544, adopte l'opinion de Dubos, opinion en vertu de laquelle Grégoire de Tours n'aurait fait que nous donner ici une série de sommaires ; mais il n'est pas nécessaire de recourir à cette supposition. Voir aussi Giesebrecht, pour l'interprétation de Grégoire, (*op. cit.*, i, 77.)

3. Il s'en est conservé pourtant quelque chose, c. 19 : « Eo anno mense nono. »

4. Les trois sections commencent ainsi : « Igitur Childericus..... Britanni de Biturica... Adovacrius cum Childerico... »

5. « Igitur Childericus Aurelianis pugnas egit. Adovacrius vero cum Saxonibus Andegavos venit. Magna tunc lues populum devastavit. Mortuus est autem Ægidius et reliquit filium, Syagrium nomine. Quo defuncto, Adovacrius de Andegavis et aliis locis obsides accepit. »

6. V. Idace, ap. Roncalli, *Vetustiora Latinorum Chronica*, ii, p. 49. « Ægidius moritur alii dicunt insidiis, alii veneno deceptus. »

Childerich auprès d'Orléans. Deux annalistes latins qui ont raconté, chacun de leur côté, les événements accomplis pendant l'année 463, nous renseignent sur ce combat d'une façon plus précise [1]. Ils nous parlent en effet d'une expédition dirigée par les Wisigoths contre Ægidius, expédition dans laquelle le chef wisigothique, Friederich, frère du roi Theoderich, perdit à la fois la bataille et la vie. D'après l'un de ces auteurs, le choc des deux armées eut lieu dans la province armoricaine ; l'autre indique Orléans comme l'endroit précis de la province où se livra le combat. On ne peut guère supposer que Grégoire ait eu en vue un autre événement [2]. Nous ignorons sans doute si c'est comme ennemi ou comme ami des Romains que Childerich parut sous les murs d'Orléans [3] ; toutefois la dernière supposition est la plus probable [4]. Nous admettrons donc que Childerich combattit victorieusement les Wisigoths sous les murs d'Orléans, en qualité d'allié d'Ægidius.

Il est un autre événement que Grégoire rapporte comme s'étant accompli en même temps que le précédent : c'est l'arrivée, devant Angers, d'une bande de Saxons commandée par Adovakrius [5]. Était-elle venue par la voie de mer ou par celle de terre ? Nous l'ignorons [6]. Angers se trouve à

1. Idace, ap. Roncalli, II, p. 47. « Adversus Ægidium Comitem utriusque militiae, virum ut fama commendat Deo bonis operibus complacentem, in Armoricana provincia Fretericus frater Theuderici regis insurgens, cum his cum quibus fuerat superatus occiditur. »

Marius, éd. W. Arndt. « Basilio et Bibiano. (463). His coss. pugna facta est inter Egidio et Gothos inter Legere et Legerecino juxta Aurilianis ibique interfectus est Fridiricus rex Gothorum. »

2. Dubos (*Histoire critique de l'établissement de la monarchie française*, L. III, p. 8), est le premier qui ait attiré l'attention sur ce point; Lœbell, p. 545, est d'accord avec lui.

3. Les *Gesta* font de Childerich un ennemi des Romains, c. 8. (N. de l'A.)

L'opinion des *Gesta* a pour elle la tradition populaire qui faisait d'Ægidius et de Childerich deux ennemis. Mais l'alliance des Franks et des Romains sous la conduite du comte Paul (c. 18), est une présomption très-forte en faveur de l'opinion de M. Junghans. (N. du T.)

4. Lœbell, *loc. cit.*

5. L'*Hist. epit.* l'appelle *rex*; les *Gesta* le nomment *dux*; Grégoire ne lui donne aucun titre.

6. Les *Gesta* suivent la seconde hypothèse.

l'embouchure d'un affluent de la Loire. Jusqu'à cette hau-
teur, le fleuve était certainement assez profond pour les
petits navires des Saxons. L'apparition de ces derniers dans
ces contrées semblerait donc concorder avec le rôle de
hardis coureurs de mers qu'ils jouent en général à cette
époque. Mais de ce que leur arrivée a coïncidé avec l'expédition des Wisigoths, on ne saurait induire que les
deux bandes se fussent concertées pour une action commune [1] ; nous ne savons pas davantage si Ricimer, ennemi d'Ægidius, avait poussé contre celui-ci le chef des Saxons [2].

Avant de mentionner la mort d'Ægidius, Grégoire nous
apprend qu'une grande épidémie ravagea le pays. Ægidius
ne fut pas emporté par cette maladie : il succomba à d'insi-
dieuses embûches, ou au poison [3], laissant un fils nommé
Syagrius, que nous trouverons plus tard en possession de
Soissons. Cette mort ne resta pas sans influence sur l'état
des choses en Gaule : les Romains durent céder là où, du
vivant d'Ægidius, ils avaient réussi à se maintenir. C'est ainsi
qu'on voit Angers et d'autres villes livrer des otages au chef
saxon Adovakrius, quand Ægidius a disparu de la scène. Il
faut, à n'en pas douter, rattacher ce dernier fait aux précé-
dents ; nous voyons qu'ici le chef des Saxons atteint son but ;
il ne quitte pas le pays.

La seconde portion du récit de Grégoire [4] nous montre les
Wisigoths et les Saxons persévérant dans les mêmes entre-

1. Voir Dubos, *loc. cit.*

2. Lœbell, p. 545.

3. Voir ci-dessus, p. 12, note 3. (N. de l'A.) Il est pourtant à remarquer qu'on a souvent attribué au poison les morts fou-
droyantes des temps d'épidémie. (N. du T.)

4. « Britanni de Biturica a Gothis expulsi sunt multis apud
Dolensem vicum peremtis. Paulus vero comes cum Romanis ac
Francis Gothis bella intulit et praedas egit. Veniente vero Adova-
rio Andegavis, Childericus rex sequenti die advenit, interemtoque
Paulo comite civitatem obtinuit. Magno ea die incendio domus
ecclesiae concremata est. His itaque gestis, inter Saxones atque
Romanos bellum gestum est : sed Saxones terga vertentes multos
de suis, Romanis insequentibus, gladio reliquerunt : insulae eorum
cum multo populo interemto a Francis captae atque subversae sunt.
Eo anno mense nono terra tremuit. »

prises et les mêmes efforts. Les Wisigoths cherchent à s'a-
vancer du côté du Nord et à faire de la Loire la limite de
leur empire ; les Saxons, à ce qu'il semble, veulent s'établir
solidement à Angers ; les uns et les autres ont en face d'eux
les Romains, aidés par les Franks. Les Wisigoths parvien-
nent à chasser les Bretons du pays de Bourges ; beaucoup de
ces derniers sont tués à Déols [1], où les deux armées en
vinrent aux mains. Nous savons par une autre source que
ces Bretons, venus de l'Armorique, à ce qu'il semble, avaient
été établis auprès de Bourges par Anthemius, au nombre de
12,000 hommes, avec leur roi Riothimus, à titre de colons
chargés de défendre la ville romaine ; cette même source
nous apprend qu'Eurich lui-même les combattit victorieusement [2]. Grégoire raconte ensuite que le comte Paulus,
avec des Romains et des Franks, attaqua les Wisigoths, et
leur enleva du butin. Childerich n'est pas nommé à propos
de ces entreprises : s'il y prit part, nous l'ignorons [3]. Ce
qui suit est difficile à comprendre ; le texte dit : « Adovakrius
étant venu à Angers, Childerich arriva le jour suivant, et
prit la ville après que le comte Paulus eût été tué. Ce
jour même la maison commune fut détruite par un grand
incendie [4]. » Nous avons affaire ici à une nouvelle tentative des Saxons contre Angers. En admettant que la campagne de Paulus contre les Wisigoths et l'expédition d'Adovakrius n'aient pas été séparées par un trop grand intervalle
de temps [5], on peut expliquer de la manière suivante l'enchaînement de tous les faits : Adovakrius, voyant les Romains
engagés avec toutes leurs forces contre les Wisigoths [6],

1. M. Junghans imprime Dôle, ce qui est une erreur. Il s'agit ici
de Déols (Indre, arrondissement de Châteauroux.)] (N. du T.)

2. Jordanis, *de rebus Geticis*, c. 45.

3. Lœbell suppose que Childerich y prit part, il paraît déduire ceci
de l'apparition commune, devant Angers des Romains commandés
par Paulus et des Franks commandés par Childerich.

4. Voir, pour l'interprétation de ce passage, Lœbell, p. 547. Pétigny, ii. 236, s'accorde avec celui-ci. (N. de l'A.) M. Bordier traduit:
la maison épiscopale. Je crois en effet qu'il s'agit de l'Église et de
ses dépendances. (N. du T.)

5. La particule *vero* est évidemment favorable à cette interprétation.

6. Lœbell fait d'Adovakrius l'allié des Wisigoths.

marche sur Angers, avec l'intention évidente de s'emparer de la ville par un coup de main. Mais Childerich paraît le lendemain ; les Romains se présentent à leur tour sous les ordres de Paulus ; une bataille a lieu ; le comte Paulus est tué dans sa lutte avec les Saxons ; Childerich, vainqueur d'Adovakrius, reste maître de la ville. De là une guerre entre les Romains et les Saxons ; les Saxons prennent la fuite, poursuivis par les Romains ; beaucoup d'entre eux succombent ; leurs îles, qu'on ne sait trop où placer [1], sont conquises et dévastées par les Franks avec un grand carnage. Ici comme plus haut, Childerich n'est pas nommé. Cette même année, au mois de septembre, il y eut un tremblement de terre.

Enfin, dans la troisième portion du récit, Grégoire nous apprend qu'Adovakrius, ayant fait alliance avec Childerich, assujettit les Alamans, qui venaient de parcourir une partie de l'Italie. Ce dernier fait n'a aucune connexion avec ceux qui précèdent [2] ; cependant nous n'avons pas le droit de le révoquer en doute, sous prétexte que nous sommes incapables de l'expliquer. Toujours est-il que les Saxons paraissent avoir eu sous Adovakrius une forte position en Gaule.

Tels sont les renseignements que nous fournit Grégoire concernant Childerich. De la première moitié de ces renseignements, nous n'avons pu tirer aucune conclusion historique certaine ; au contraire, les informations de la seconde catégorie, quoique sans lien entre elles, ont un prix inestimable. Voici ce qu'elles nous apprennent sur Childerich : dans le courant de l'année 463, uni à Ægidius, il défait les Wisigoths ; allié à un général romain, Paulus, il repousse un chef saxon qui menaçait Angers ; Paulus mort, il occupe la ville au nom des Romains. Enfin il entreprend, conjointement avec le chef saxon, une campagne contre les Alamans. En

---

1. Lœbell, p. 548, pense que ce sont les « Veneticae insulae, » situées sur la côte méridionale de la Bretagne. On pourrait aussi les prendre pour les îles qui se trouvent à l'embouchure de la Loire. (N. de l'A.) Les îles de la Loire probablement, ce qui confirme dans l'hypothèse que les Saxons sont venus par mer. (N. du T.)

2. Luden ii, 599, voit naturellement dans notre Adovakrius cet Odovakar, qui mit fin à l'existence de l'empire romain ; Dubos, iii, 16, se perd en imaginations gratuites.

outre, nous retrouvons les Franks combattant contre les Wisigoths, côte à côte avec des Romains, sous les ordres du général que nous avons nommé, Paulus; nous les voyons, séparés de leurs alliés, ravager les îles saxonnes, quand les Romains ont déjà vaincu des Saxons, les mêmes à coup sûr, que ceux avec lesquels Childerich s'était mesuré devant Angers. Dans ces deux derniers cas, Childerich n'est pas cité comme ayant pris part aux événements.

Ainsi, dans les pays situés au nord de la Loire, Childerich tend à la puissance romaine expirante une main secourable[1], et la protége contre les agressions des Germains; seul en Gaule, il nous apparaît comme l'allié des Romains. Aussi ne devons-nous pas nous étonner si nous voyons ce chef païen traiter la religion catholique en ami plutôt qu'en ennemi. Une vie de saint[2] vante le respect dont il se plut à entourer une vierge consacrée à Dieu, Geneviève. Un jour, craignant que la sainte fille ne lui arrachât la grâce de certains captifs dont il avait résolu la mort, il sortit de Paris, s'il faut en croire cette source, ordonnant qu'on fermât derrière lui les portes de la cité. Mais Geneviève est informée des intentions du roi; pour sauver la vie des prisonniers, elle part sans perdre un instant. La porte de la ville s'ouvre devant elle, elle parvient jusqu'à Childerich et se fait écouter. Cette histoire montre assez la bonne entente qui régnait entre le roi des Franks et l'Eglise catholique; mais il est un autre fait plus significatif encore[3]. La terrible renommée du nom

---

1. Remarquez que les Burgundions tinrent une conduite analogue dans le Midi en faveur des Romains et contre les Wisigoths, qui aspiraient à commander à la Gaule entière. Voy. Binding: *Das Burgundisch-romanische Kœnigreich*, i. 78. 80. M. Junghans se trompe quand il attribue ce rôle à Childerich seul. (N. du T.)

2. *Vita Genovefae*, Bouquet, iii, 370. « Cum esset insignis Hildericus, Francorum rex, venerationem qua eam dilexit affari nequeo; adeo ut vice quadam, ne vinctos quos interimere cogitabat Genovefa abriperet, egrediens urbem Parisiorum portam claudi praeceperit; at ubi ad Genovefam per fidum internuntium regis deliberatio pervenit, confestim ad liberandas animas properans, iter direxit. Non minimum admirantis populi fuit spectaculum quemadmodum se porta civitatis inter manus ejus sine clave reseravit. Sicque regem consecuta, ne vinctorum capita amputarentur, obtinuit. »

3. Grég. ii, 23. « Interea cum jam terror Francorum resonaret in his partibus, et omnes eos amore desiderabili cuperent regnare. »

frank s'étant répandue autour de Langres, la population toute entière se mit à désirer avec ardeur la domination des Franks. Qu'il s'agissse ici des Franks Saliens de Childerich, c'est ce qui ne fait aucun doute. Voilà donc des Gallo-Romains catholiques, sujets d'un roi Burgunde [1] sectateur de l'arianisme, dont les regards et les espérances se tournent vers la peuplade germaine qui avait secouru les Romains, assaillis de toutes parts.

Bref, nous voyons ici un roi germain entretenant des rapports amicaux avec les Romains des Gaules. Qu'une telle alliance ait exercé sur la situation politique de Childerich une influence décisive, on ne saurait en douter ; seulement, il faut se garder d'attacher à ce fait une trop grande importance. On a prétendu [2] que la puissance] de ce prince avait eu pour fondement, non pas la qualité de roi du peuple salien, mais sa liaison avec Ægidius. A l'origine, Childerich n'aurait été que l'*Ancien* d'une insignifiante tribu germanique ; plus tard, il serait entré au service des Romains, et il aurait réussi, comme général romain, à tenir en respect ses propres compatriotes, affluant de tous côtés. Il aurait obtenu ainsi, non pas précisément un territoire complet et cohérent, ou une concession à titre d'hôte de l'Empire, mais du moins un poste dans les pays situés au nord de la Loire [3], soumis à la suprématie romaine.

Ce que nous savons de Childerich ne justifie pas cette conjecture. S'il combat les Wisigoths et les Saxons, c'est comme allié des chefs romains au nord de la Loire, et nullement comme fonctionnaire de l'Empire, chargé de défendre une

1. On est étonné de ce vœu chez les sujets des Burgundions qui ne paraissent pas avoir jamais été persécutés pour leur foi ni avoir été très-avides de la domination des Franks. On le comprend mieux chez les sujets des rois Wisigoths ariens et persécuteurs. V. au ch. 36, la même phrase beaucoup mieux placée. Au ch. 23, la phrase citée par Junghans n'appartient qu'à la seconde rédaction de Grégoire (Voir : *Etudes critiques sur les sources de l'histoire Mérovingienne* dans la *Bibliothèque de l'Ecole des Hautes Etudes*. p. 46 et ss.) et a été ajoutée probablement après coup à l'imitation de celle du chap. 36 qui se comprend beaucoup mieux. (N. du T.)

2. Sybel, *Entstehung des deutschen Kœnigthums*, p. 179-184.

3. Leo, *Vorlesungen über deutsche Geschichte*, I, 313 et suiv.) pense que de ce poste dépendaient tous les pays situés entre la Loire et la Seine, et bornés à l'Est par la frontière burgunde.

grande circonscription territoriale. Après la mort de Paulus, il s'empare d'Angers dans l'intérêt des Romains ; nous ignorons s'il en conserva longtemps la possession. Dans la vie de saint que nous avons citée plus haut, nous trouvons sans doute Childerich à Paris, où l'avait probablement amené une des expéditions qu'il faisait dans ces contrées; nous voyons aussi qu'il fait fermer les portes de la ville. Mais on ne saurait conclure de là que le roi frank ait été investi dans ce pays de durables fonctions officielles. Enfin, l'on ne comprend pas comment les vœux des habitants de Langres en faveur de la domination des Franks à la place de celle des Burgundions ariens , pourraient démontrer que Childerich avait depuis longtemps, dans les districts voisins, montré son aptitude au gouvernement [1].

D'après une autre opinion, plus ancienne en date que la précédente, Childerich, après la mort d'Ægidius, aurait exercé la charge de *magister militum*, charge dont, en tous cas, le fils d'Ægidius n'avait pas hérité. Nos sources ne confirment pas plus cette seconde hypothèse que la première. Une pareille opinion n'a pu prendre naissance que parce qu'on se figurait que Chlodovech, fils de Childerich, avait été lui-même *magister militum*; or c'est là une erreur [2]. Si donc nous voyons Childerich dans une partie de la Gaule qui, de son temps, autant que nous pouvons en juger, était encore romaine, cela ne prouve pas que sa puissance ait été fondée sur celle de Rome. Pour tout esprit non prévenu, la puissance de Childerich repose au contraire sur sa qualité de petit souverain local [3]. Assurément son royaume n'embrassait pas une aussi vaste étendue que le poste dont on pourrait le doter, en le soumettant à la suprématie romaine ; il ressort même de l'histoire de Chlodovech [4] qu'il y avait dans les pays occupés par les Franks Saliens, plusieurs souverainetés locales. La résidence de Childerich était Tournai; nous le savons puisque son tombeau a été découvert dans cette ville [5]. C'est là, dans ces contrées devenues avec le

---

1. Comp. Sybel, p. 182.

2. Voir Waitz, *op. cit.* ii, 51 n. 3; voir aussi plus bas, p. 20; n. 3.

3. *Gaukoenigthum* : souveraineté de District. (N. du T.)

4. Voir plus bas, p. 20.

5. Chifflet, *Anastasis Childerici regis.*

temps la seconde patrie de sa race, qu'il exerça le pouvoir royal [1] ; car nos informations sur son expulsion et sur sa fuite ne rentrant pas dans le domaine de l'histoire positive, il serait impossible d'établir que, de son temps, la royauté a été remplacée par le gouvernement de l'assemblée populaire [2]. C'est dans son petit royaume local que Childerich trouve son véritable point d'appui pour toutes ses entreprises ; il peut même y rallier des Franks, appartenant à des régions qui ne lui sont pas directement soumises. A leur tête, on le voit se mêler aux luttes et aux mouvements qui ébranlaient alors la Gaule. Il ne tient aux généraux romains que par un lien relativement peu étroit, celui de confédéré. Quant à la suzeraineté romaine, qui nominalement existe encore, ce n'est plus en réalité qu'un mot assez insignifiant.

Ainsi, à sa qualité de petit souverain frank, Childerich sut réunir celle d'allié du lieutenant romain dans le nord de la Gaule ; et, au moment du danger, il prêta aux Romains un utile secours. Cette alliance dut lui révéler clairement la profonde faiblesse de l'Empire, surtout quand Ægidius fut mort. C'est de là que partira Chlodovech ; c'est sur ces bases qu'après la mort de son père Childerich (481) [3], il fondera l'édifice de sa fortune.

---

1. Toutes les sources le nomment *Rex*. L'épithète « *d'ancien* », que lui donne Sybel, s'accorde assez mal avec ce titre.
2. Lœbell, p. 549, conclut cela du chap. 12 de Grégoire.
3. *Gesta*, c. 9. « Eo tempore mortuus est Childericus rex Francorum regnavitque annos xxiv ; » — d'après ce passage, le règne de Childerich aurait commencé en 457. Ce renseignement manque dans Grégoire.

LIVRE II

CHAPITRE I

Avénement de Chlodovech. — Situation politique de la Gaule.

Après la mort de Childerich (481), son fils Chlodovech, âgé de quinze ans seulement, hérita de son pouvoir à Tournai. Il n'est pas ici question d'élection; c'est en vertu du droit d'hérédité qu'il règne à la place de son père [2]. Childerich n'ayant été ni *magister militum*, ni chef d'un poste placé sous la dépendance de Rome, dans les pays situés au Nord de la Loire, il n'y a pas de raison pour admettre que Chlodovech ait joué un rôle de ce genre [3]. Les limites de son autorité et de son territoire ne dépassent pas les régions occupées par les Franks Saliens; en dehors de ces barrières,

1. Grég. II, 43. Chlodovech mourut la cinquième année qui suivit la bataille de Vouglé (507) c'est-à-dire en 511; il régna 30 ans; son règne commença donc en 481, et, comme il mourut à l'âge de quarante-cinq ans, il avait quinze ans lors de son avénement; d'après ce calcul, il serait né en 466.

2. Grég. II, « His ita gestis, mortuo Childerico, regnavit Chlodovechus filius eius *pro eo.* »

3. Pétigny, II, 362, à la suite d'autres historiens, a revendiqué pour Chlodovech la charge de *magister militum.* Leo, *Vorlesungen,* I, 338, pense également que Syagrius dut laisser à Chlodovech la fonction de général romain. Comparer Waitz, *Verfg.* II, 51 n. 1. Voir aussi plus bas le passage de l'appendice relatif à la lettre de saint Remi.

il ne saurait prétendre, dans les pays romains, à l'exercice d'un pouvoir officiel [1].

Dans les contrées dont les Franks Saliens s'étaient rendus maîtres, en s'avançant de plus en plus vers le Sud, depuis l'époque où Julien les avait établis en Toxandrie jusqu'au jour où Chlojo avaient atteint la Somme, il y avait encore du temps de Chlodovech plusieurs souverainetés indépendantes, auxquelles la désignation de *royaumes locaux* ou *royautés de district* [2], conviendrait assez. Ragnachar est nommé expressément, comme le chef d'un de ces royaumes ; il avait pour résidence Cambrai [3]. Il était parent de Chlodovech. Nous connaissons aussi deux frères de ce Ragnachar, appelés Richar et Rignomir. Ces derniers ne paraissent pas avoir eu de territoires leur appartenant en propre ; ils semblent plutôt avoir régné en commun avec Ragnachar, mais celui-ci avait une situation privilégiée [4]. Après eux vient Chararich, également désigné comme le possesseur d'un royaume ; il est, lui aussi, parent de Chlodovech ; quant au siége de sa souveraineté, il n'est pas indiqué d'une manière formelle [5]. A une époque plus rapprochée de nous, on voit apparaître la Flandre, le Hainaut, et le Brabant, comme trois domaines positivement définis et distincts : ces domaines répondent peut-être aux trois royaumes locaux de Chararich, de Ragnachar et de Chlodovech. Outre les rois que nous venons de citer, Grégoire

---

1. L'opinion émise par Pétigny, ii, 379, opinion d'après laquelle Remi se serait maintenu au nom de Chlodovech à Reims, à Châlons, et dans les cités de la Belgique-Première qui n'étaient pas tombées entre les mains des Ripuaires, ne repose par conséquent sur aucun fondement.

2. *Gaukœnigthum.*

3. Grég. ii, 42. « Erat autem tunc Ragnacharius rex apud Camaracum. » Grégoire emploie souvent les termes de *parens, propinquus ;* Chlodovech lui-même désigne Ragnachar comme appartenant à son *genus.*

4. Grég. ii, 42, dit à propos de Rignomir : « Apud Cenomannis... interfectus est. » Il ne s'ensuit pas de là que ce prince ait régné au Mans. Quant à la question de savoir si l'on peut conclure de ces mots de Grégoire ii, 47 : « quia et ipsa regnum tenebat, » que Ragnachar régnait *seul,* elle doit rester indécise.

5. Grég. ii, 41. Il n'est pas dit expressément que Chararich fût parent de Chlodovech, mais celui-ci paraît avoir été son successeur naturel.

en indique un grand nombre d'autres, tous parents de Chlodovech [1]. On ne peut se figurer ces princes comme entièrement dépourvus de possessions territoriales. Le domaine des Franks Saliens était, on le voit, morcelé à l'infini. Attribuer ce morcellement au partage des terres, c'est faire une simple conjecture [2] : les souverains de district, tels que nous les trouvons chez les Saliens d'alors, sont évidemment les successeurs des chefs germains d'autrefois ; c'est ce qui nous explique pourquoi nous rencontrons à cette époque tant de petits royaumes. Entre ces petites souverainetés, il n'y avait pas de lien bien étroit ; on chercherait vainement les traces d'une suprématie exercée. par Chlodovech [3]. Toutefois la race des Saliens, qu'il commandait, paraît avoir été la plus importante de toutes.

Quand on étudie la situation de la Gaule à cette époque, on voit un changement radical produit par la chute de l'empire d'Occident. En 476, Odovakar devint roi des Germains en Italie ; en 480, Nepos, le dernier empereur nominal de Rome, mourut assassiné. La suprématie romaine fut alors entièrement détruite en Gaule, car l'influence des empereurs d'Orient ne comptait pour rien à cette époque. Odovakar, absorbé qu'il était par les affaires intérieures de l'Italie, ne tenta pas sérieusement de se maintenir dans les provinces gauloises [4]. Au midi, il laissa les Wisigoths étendre leur empire

---

1. Grég. ii, 42. « Interfectisque et aliis multis regibus vel parentibus suis primis..... »

2. Leo, *Vorlesungen*, i, 335, suppose que les trois frères Ragnachar, Richar et Rignomir, descendaient tous trois d'un frère de Childerich : Chararich ne trouve pas place dans sa table généalogique ; cependant ce prince régnait, lui aussi, sur des contrées situées au nord de la Somme. Pour soutenir son opinion, Leo admet que Chlojo gouvernait le domaine des Franks Saliens tout entier, ce qui n'est pas démontré.

3. Pétigny, ii, 373, pour lequel cette suprématie découle de la charge de *magister militum*, qu'il attribue à Chlodovech, voyant qu'elle n'existait pas en réalité, en est réduit à supposer que la charge en question avait perdu son ancien prestige.

4. Candidus, dans le *Corpus Script. Historiae Byzantinae* P. I, p. 476. Ὡς... Ὀδόακρος Ἰταλίας καὶ αὐτῆς ἐκράτησε Ῥώμης καὶ στασιασάντων αὐτῷ τῶν δυσμικῶν Γαλατῶν διαπρεσβευσαμένων τε αὐτῶν καὶ Ὀδοάκρου πρὸς Ζήνωνα Ὀδοάκρῳ μᾶλλον ὁ Ζήνων ἀπέκλινεν fait peut-être allusion à une première tentative d'Odovakar. Sur l'extension du royaume des Wisigoths, comparer Procope, *de bello Gothico* i, 12 ; sur la fron-

jusqu'à la frontière italienne. Cependant il y avait encore dans les Gaules un reste d'autorité romaine. Ægidius, mort en 464, avait laissé un fils, Syagrius. Celui-ci ne peut avoir succédé à son père dans la position officielle qu'il occupait : la charge de *Magister militum* paraît ne plus avoir été remplie après Ægidius dans la Gaule septentrionale. Le pouvoir de Syagrius, après la chute du gouvernement romain, dut revêtir un caractère territorial. Grégoire dit que ce chef résidait à Soissons, ville qui jadis avait appartenu à Ægidius ; il lui donne le titre de roi des Romains [1]. Quoi que l'on puisse penser de cette expression, il faut reconnaître qu'elle nous donne une juste idée de la position indépendante de Syagrius en Gaule. Son royaume était borné au Nord par la Somme ; de ce côté, il touchait aux possessions des Franks Saliens ; à l'Est, il avait pour limite le territoire des Franks Ripuaires [2], territoire qui comprenait sans doute le pays des Attuariens, et en tous cas le cours inférieur de la Moselle jusqu'à Trèves : quant au cours supérieur de cette rivière, avec les villes de Toul, de Verdun et de Joine, il devait au contraire appartenir à Syagrius [3]. Du côté du Sud, le royaume de Soissons ne descendait pas aussi bas que Langres, car cette ville était burgunde, mais il pouvait aller jusqu'à Auxerre, qui n'appartenait plus à la Burgundie [4]. Enfin, à l'Ouest, il devait avoir pour frontière la Seine [5]. Ici, il venait se relier aux possessions de la ligue armoricaine. Celle-ci était certainement indépendante depuis la mort d'Ægidius. Peut-être aussi dans l'extrême Ouest, c'est-à-dire dans la

tière de ce royaume du côté de la Burgundie. voir plus bas, p. 24.

1. Grég. II, 27. « anno autem quinto regni ejus (Chlodovechi), Syagrius Romanorum rex, Ægidii filius, ad civitatem Suessionas quam quondam supra memoratus Ægidius retinuerat, sedem habebat. »
L'*Historia epitom.*, c. 15, nomme Syagrius *Romanorum patricius.* Voy. Pétigny, II, 378.

2. Comp. Waitz, *op. cit.* II, 52 et 64. Rettberg, *Kirchengeschichte Deutschlands*, I, 264.

3. Verdun appartint à Chlodovech dès les débuts de son règne ; Toul et Joine lui revinrent en 496. V. plus bas.

4. *Vita Eptadii*, Bouquet III, 380. On ne peut affirmer avec certitude qu'Auxerre ait appartenu à Syagrius.

5. *Gesta ;* c. 14. Compar. plus bas, p. 3 n. 30. Les *Gesta* distinguent positivement un territoire borné par la Seine et un autre borné par la Loire.

Bretagne actuelle, des restes de l'ancienne population celtique avaient-ils maintenu leur autonomie sous des princes
indigènes [1]. Il faut croire en outre que dans les pays situés
au Nord de la Loire il y avait encore quelques-uns de ces
postes militaires romains, auxquels la garde des frontières
avait été confiée dans des temps plus prospères [2]; ils vi-
vent dans une complète indépendance politique, en conser-
vant leurs habitudes romaines et leur organisation militaire,
jusqu'au jour où Chlodovech les englobe dans son empire.

Tandis qu'au Nord, la Gaule nous offre ainsi des divisions
multiples, au Midi, deux grands royaumes germaniques
se trouvent en présence; déjà même ils s'étendent, l'un à
l'Est et l'autre à l'Ouest, au delà des frontières naturelles du
pays. Au moment où Chlodovech commença son règne, le
royaume des Wisigoths venait d'être porté par Eurich à
l'apogée de sa puissance; Eurich lui-même vivait encore.
Son empire allait de la Loire aux Pyrénées, de l'Océan
atlantique aux confins de la Burgundie; au Sud, il comprenait la plus grande partie de la péninsule espagnole. Par
l'acquisition de la Provence, les Wisigoths avaient relié
leurs possessions à l'Italie, avantage doublement important
depuis la création du royaume des Ostrogoths. Toulouse
était la capitale de ce vaste empire. Le Sud-Est de la Gaule
appartenait aux Burgundions; leur territoire commençait aux
revers occidentaux des Alpes et des Vosges pour finir au
delà du Rhône; il partait du royaume de Soissons, au Nord,
pour s'étendre vers le Sud dans la direction de la mer; toutefois il n'atteignait pas la Méditerranée; les embouchures du
Rhône, et de plus l'importante cité d'Arles étaient entre les
mains des Wisigoths; par contre, les Burgundions tenaient
Avignon. La frontière méridionale de la Burgundie devait se
trouver dans ces parages, entre Avignon et Arles [3]; il est
vrai qu'une de nos sources cite la province de Marseille
comme faisant partie du territoire Burgunde [4]; mais ces

1. Grég. iv, 4.
2. Procope, de bello Gothico, i, 12. « καὶ στρατιῶται δὲ Ῥωμαίων
ἕτεροι ἐς Γάλλων τὰς ἐσχατιὰς φυλακῆς, ἕνεκα ἐτετάχατο. » V. plus bas,
p. 32. n. 3.
3. Grég. ii, 32, nous montre Gundobad assiégé dans Avignon.
4. Grég. ii, 32. « Tunc (dans l'année 500) Gundobadus et Godegiselus fratres regnum circa Rhodanum aut Ararim (Saône) cum

mots : province de Marseille, s'appliquent sans doute à des contrées qui appartenaient à la *Provincia*, telle que l'entendaient les Romains. Le royaume des Burgundes avait été partagé entre les fils de Gundovech ; parmi eux, Gundobad tenait le premier rang ; sa résidence était Lyon, tandis que son frère Godegisel avait pour capitale Genève [1]. Nous ne savons pas quels étaient les domaines des deux autres frères. Gundobad avait la qualité de Patrice romain ; il créa même un empereur d'Occident, Glycerius ; lors de l'affaiblissement de l'Italie, il descendit dans les régions situées au delà des Alpes pour les piller. Ce fut aussi lui qui parvint à réunir en un seul royaume les différents royaumes burgundes.

Placé en Gaule en face d'Etats de cette importance, le petit royaume de Chlodovech ne semblait guère appelé à une destinée brillante, et, par le fait, c'est grâce à un concours extraordinaire de circonstances heureuses que Chlodovech put accomplir sa grande œuvre. Peut-être l'exiguité même de son patrimoine doit-elle être regardée comme une circonstance favorable, en faisant paraître ses premières entreprises moins importantes qu'elles ne l'étaient en réalité. D'autre part, Chlodovech resta toujours en communication avec la patrie germanique, avec les pays où résidait sa race, tandis que pour les Wisigoths et les Burgundions tout lien de ce genre était rompu. Enfin Chlodovech, à ses débuts, était encore païen, ou pour mieux dire il n'était pas arien ; par là furent évités, dans son naissant empire, les inconvénients du schisme qui chez les Wisigoths et les Burgundions, divisait les Gallo-Romains catholiques et les Germains sectateurs de l'arianisme.

Massiliensi provincia retinebant. » (N. de l'A.). Après la mort d'Eurich (485) les Burgundions purent faire un retour offensif vers le Sud. Cela explique la guerre de Gondobad en Ligurie et la présence des évêques d'Arles et de Marseille au Concile de Lyon en 499. Rien ne prouve que la Burgundie ait été partagée entre les quatre fils de Gundovech. (N. du T.)

1. *Vita Epiphanii,* Bouquet III, 371. « Fuit (Epiphanius) Genevae ubi Godegiselus germanus regis larem statuerat. » Les renseignements plus détaillés que nous donne la *Vie de Sigismund* (Bouquet, III, 402), reposent sur des compilations et des inventions toutes gratuites.

CHAPITRE II

Défaite de Syagrius. — Extension du royaume de Chlodovech
dans la Gaule septentrionale.

Nous n'avons aucun renseignement sur les premières
années de Chlodovech; mais on peut se les figurer, de
même que les dernières années de Childerich, comme une
période de repos, pendant laquelle se préparèrent les premières grandes entreprises. Il y a plus : nous savons par un
témoignage formel que les Franks de Tournai vécurent longtemps dans une paix complète [1]. Parvenu à la cinquième
année de son règne, à la vingtième de son âge, Chlodovech
se tourna contre les restes encore subsistants de la domination romaine dans la Gaule septentrionale.

Nos informations sur ce grave événement sont des plus
incomplètes ; il importe donc de les apprécier à leur juste
valeur. Gardons-nous toutefois de vouloir en tirer, par des
combinaisons trop hardies, plus de choses qu'elles n'en contiennent réellement.

Selon toutes les apparences, Chlodovech rechercha pour
son entreprise l'appui des petits rois saliens dont il était le
parent. Ragnachar de Cambrai lui vint positivement en
aide [2] ; d'autre part Chararich fut invité à lui porter se-

1. Theoderich le Grand écrit (Cassiodore, *Variarum* III, 4) à
Chlodovech, en l'invitant à faire la paix avec Alaric II : « Ut gentes
vestrae, quae sub parentibus vestris longa pace floruerunt, subita
non debeant concussione vastari ; » par *parentes*, il entend Childerich et Eurich. Je n'attacherai pas la même importance à cet autre
passage : (Ib. II, 41) « Gloriosa quidem vestrae virtutis affinitate
gratulamur, quod gentem Francorum prisca aetate residem feliciter
in nova praelia concitastis et Alamannicos populos,.... subdidistis. »
Evidemment Theoderich oppose ici l'ancienne condition sédentaire
des Franks, installés en Toxandrie, aux récentes entreprises de
Chlodovech, qui les avaient conduits au delà de leurs frontières
primitives. Comp. Pétigny II, 353. Waitz. *Vfg*, II, 52.

2. Grég. II, 27.

cours, mais il ne prit point part à la guerre ; il en attendit
l'issue, afin de nouer amitié avec le vainqueur [1]. Ce qui est
certain, c'est que Chlodovech appela autour de lui tout ce
que son royaume renfermait d'hommes en état de porter les
armes. Syagrius, lui, ne paraît pas avoir eu à sa disposition
d'autres ressources que celles de ses propres domaines [2].
Quant au motif invoqué par Chlodovech pour commencer la
guerre, il est inutile de le chercher, car sur ce point les renseignements nous font absolument défaut [3]. Peut-être est-
il bon de rappeler qu'en 486 l'empire d'Occident avait déjà
pris fin, et avec lui la suprématie à laquelle les Etats germaniques fondés sur le territoire romain avaient théoriquement
été assujettis jusqu'alors.

Voyons d'abord le récit de Grégoire [4]. « Pendant la
« cinquième année du règne de Chlodovech, Syagrius, roi
« des Romains, fils d'Ægidius, faisait sa résidence dans la
« ville de Soissons, qu'Ægidius, dont nous avons parlé plus
« haut, avait autrefois occupée. Chlodovech ayant marché
« contre lui avec son parent Ragnachar, qui était aussi en
« possession d'un royaume, lui demanda de fixer un champ
« de bataille. Syagrius n'hésita pas et craignit de résister à
« cette demande [5]. Mais pendant la mêlée, voyant son

1. Grég. ii, 42. « Quando autem cum Siagrio pugnavit, hic Cha-
raricus evocatus ad solatium eminus stetit, neutram adjuvans
partem, sed eventum rei exspectans, ut cui eveniret victoria, cum
illo et hic amicitiam conligaret. » Huschberg, *Geschichte der Ala-
mannen und Franken*, p. 624, explique ce passage par une trahison
de Chararich, à la bataille de Soissons.

2. C'est ce qu'a montré Dubos, iii, 20.

3. Les considérations de Dubos, fondées sur un passage des lettres
de Sidoine (v. 5) n'ont pas besoin d'être réfutées ; il en est de même
de l'opinion de Pétigny (ii, 384), d'après laquelle Syagrius préten-
dait à la charge de *Magister militum*, tandis que Chlodovech, possesseur de cette charge par droit de naissance, combattait les prétentions de son rival.

4. Grég. ii, 27. L'*Historia Epitomata* suit presque textuellement
le récit de Grégoire ; elle ne s'en écarte qu'une seule fois. Voy. p. 23;
n. 1. Les *Gesta* c. 9. suivent Grégoire de moins près ; l'auteur, pour
abréger, omet des points importants. La *Vita Remigii* (Bouquet iii,
374) procède tout-à-fait d'après la méthode éclectique. Elle emprunte quelques détails à la tradition locale de Reims, qui n'offre pas
de grandes garanties ; dans l'ensemble, elle repose sur les *Gesta*.

5. « Sed nec iste distulit (sc. pugnam) ac resistere metuit ». (N.

« armée rompue, il lâcha pied, et d'une course précipitée,
« il se réfugia auprès du roi Alarich à Toulouse. Chlodovech
« envoya dire à Alarich de lui livrer Syagrius, s'il ne vou-
« lait attirer la guerre sur lui-même. Alarich craignant de
« s'exposer, pour Syagrius, à la colère des Franks, car la
« crainte est naturelle aux Goths, livra le Romain enchaîné
« aux envoyés de Chlodovech. Quand celui-ci l'eut en son
« pouvoir, il le fit garder avec soin, et après avoir été
« investi de son royaume, donna ordre de le tuer en
« secret. »

Ce récit de Grégoire semble emprunté à des sources romaines. Il est, à n'en pas douter, parfaitement digne de foi ;
cependant, nous ne saurions accepter sans restriction le
sévère jugement porté par notre historien sur les Wisigoths
et sur leur prétendue lâcheté [1]. Personne n'admettra qu'Alarich, en se montrant docile aux vœux de Chlodovech, ait
obéi à un sentiment de faiblesse ; ce qui paraît beaucoup
plus probable, c'est que lui-même n'assistait pas sans plaisir
à la ruine de Syagrius, soit qu'il voulût satisfaire la vieille
haine héritée de son père, soit que, prince arien, il redoutât
moins le voisinage du roi frank païen que celui du chef romain
catholique [2]. A dire vrai, c'était là un mauvais calcul, car
cette complaisance devait nécessairement pousser Chlodovech à de plus grandes entreprises. Nous remarquerons encore, toujours en nous plaçant au point de vue critique, que
la succession des événements rapportés par Grégoire ne peut
guère avoir été aussi rapide qu'il le dit. On compte en ligne
droite entre Toulouse et Soissons, ville aux environs de la-

de l'A.) — Nous avons reproduit ici la traduction de M. Junghans,
mais il nous paraît plus juste de traduire comme s'il y avait « nec
resistere metuit ; » « Syagrius ne refusa pas le combat, et ne craignit pas de résister aux Francs. » — (N. du T.)

1. Nous retrouvons, dans le récit de la bataille de Vouglé, ce
même esprit d'hostilité envers les Wisigoths, (II, 37) : « cumque
secundum consuetudinem Gotthi terga vertissent, etc. » Il est probable que Grégoire a personnellement ajouté cette réflexion et ce
fait à son récit. Comp. la « detestabilis consuetudo » qu'ont les
Goths de tuer leurs rois. Grég. III. 30.

2. Pétigny adopte la première explication (II, 389), Leo la seconde (Vorlesungen, I, 339.)

quelle la bataille a dû se livrer, plus de 90 milles [1] ; ainsi, il faut bien qu'un certain laps de temps se soit écoulé entre la défaite et la mort de Syagrius.

Si nous suivons Grégoire un peu plus loin, nous voyons que Chlodovech, après sa victoire, ne rencontra plus aucune résistance. Nous apprenons bien encore quelque chose des ravages que les soldats de Chlodovech, altérés de pillage, exercèrent dans les pays conquis ; ils n'épargnèrent rien, pas même les trésors des églises. Remi de Reims ne put empêcher qu'on ne dérobât, dans une des églises de la ville, un vase sacré remarquable par sa grandeur et sa beauté, avec les autres ustensiles du culte [2]. Grâce au respect qu'il ins-pirait à Chlodovech, Remi obtint la restitution de ces objets : bien peu, sans doute, eurent autant de bonheur. Mais, ces détails mis à part, les seuls renseignements que nous donne Grégoire sur la conquête du royaume de Syagrius sont les suivants ; en 486, les vainqueurs se partagent à Soissons le butin fait pendant la guerre ; l'année d'après (487), Chlodo-vech ayant convoqué son armée à l'assemblée du Champ de Mars, les circonstances lui permettent de la renvoyer dans ses foyers [3]. Il est parfaitement clair que ceci se rapporte à la prise de possession par les Franks du royaume de Syagrius ; mais Chlodovech devint-il, par cette conquête, maître de toute la Gaule septentrionale? C'est ce que Grégoire ne nous apprend pas.

Du reste, sur ce point, d'autres sources d'information nous sont ouvertes, et nous pouvons, en les consultant, arriver à des conclusions plus solides. Et d'abord, il est un renseigne-

1. Cent quatre vingts lieues françaises. (N. du T.)

2. Grégoire et les *Gesta* ne désignent ni l'évêque ni la ville; l'*Historia epitomata* au contraire, les nomme l'un et l'autre, ainsi que la *V. Remigii* d'Hincmar, qui ajoute au récit primitif plusieurs détails d'une authenticité douteuse. Le récit de la marche des Franks tout entier semble presque une invention d'Hincmar pour expliquer le nom de *via barbarorum*. Les conclusions que Dubos (*loc. cit.*) a tirées de ce passage au sujet de la campagne de Chlo-dovech contre Syagrius, ont un grave défaut, sans parler de la médiocre autorité d'Hincmar; les faits qu'il raconte comme antérieurs à la bataille, sont postérieurs chez Hincmar.

3. Nous apprécions plus bas la description que nous a laissée Grégoire de cette assemblée, description remarquable à plus d'un titre. Voy. ch. 9.

ment qui mérite d'être pris ici en sérieuse considération ; il
est vrai que, pour en bien saisir le véritable sens, il faut
préalablement le dégager de ce qui l'entoure, de la forme
sous laquelle il nous est parvenu. On sait comment se termine, dans les *Gesta*[1], l'histoire poétiquement embellie du
mariage de Chlodovech : le fidèle Aurélien reçoit le prix de
ses services ; il obtient le duché de Melun. Qu'il faille exclure
de l'histoire et renvoyer à la poésie, non seulement cette
prétendue dotation d'Aurélien, mais encore tout le rôle
attribué à ce personnage, c'est ce qui ne soulève pas à nos
yeux le plus léger doute[2]. Mais l'auteur des *Gesta*, comme
s'il voulait prouver que Chlodovech était réellement en mesure de faire ce royal présent à son serviteur, nous dit un
peu plus haut: « En ce temps là, Chlodovech étendit jusqu'à
la Seine les limites de son empire ; par la suite, il s'empara
de tout le pays jusqu'à la Loire[3]. » Ces deux phrases présentent un tout autre caractère que le reste du récit : évidemment le chroniqueur les a intercalées dans sa narration, pour
le motif que nous venons d'indiquer ; c'est ainsi que nous
les avons conservées. Si maintenant nous les dégageons du
récit qui les entoure, nous serons amenés à les considérer
comme un aperçu rapide sur la conquête de la Gaule septentrionale par Chlodovech ; nous pourrons même, sans trop
nous avancer, les regarder comme empruntées à quelques
annales latines. Quant aux questions de détail, la transition
« in illis diebus, » ou « eo tempore » ne doit pas nous
arrêter : elle émane manifestement de l'auteur des *Gesta*[4].
D'où il résulte qu'on ne saurait déterminer d'une manière
certaine la date des faits énoncés. Notre passage fait

1. V. plus bas le chap. 4, et le passage de l'appendice qui s'y
rapporte.

2. V. plus bas.

3. *Gesta*, c. 14. « In illis diebus dilatavit Chlodovechus amplifi-
cans regnum suum usque Sequanam ; sequenti tempore usque
Ligere fluvio occupavit. » La *V. Remigii* (loc. cit.) dit la même
chose ; elle a dû puiser ces renseignements dans la *Gesta*, car on ne
saurait l'opposer à cette chronique à titre de source originale.
(Lœbell, p. 12 ; Huschberg, p. 627.)

4. Mascou, *Gesch. der Teutschen*, ii, 14 place les deux événements
dont il s'agit en 493 et 494. D'autres ont fait des tentatives semblables pour dater ces mêmes événements. (V. Dubos, iii, 24 ;
Huschberg, 627.)

allusion à l'extension du royaume de Chlodovech ; mais s'agit-il d'un agrandissement obtenu par la force des armes, ou d'un développement pacifique ? Nous ne pouvons décider la chose [1], quoique la première des deux suppositions paraisse la plus vraisemblable. Notre source distingue deux phases principales dans l'histoire de la conquête : extension jusqu'à la Seine ; extension jusqu'à la Loire ; ce qui visiblement veut dire : extension au Sud-Ouest de Tournai, jusque là résidence de Chlodovech. Dans l'extension du royaume de Chlodovech jusqu'à la Seine, il faut voir, à n'en pas douter, le fait rapporté par Grégoire, la conquête du royaume de Syagrius en 486. Il nous donne précisément cet événement comme le plus important de tous. Quant à l'extension jusqu'à la Loire, il n'en parle pas ; on peut se demander si les « nombreuses guerres et victoires de Chlodovech, » auxquelles il fait allusion ailleurs, ne se rapportent pas à cette seconde période de la conquête [2]. En revanche, quelques autres sources nous fournissent un certain nombre de renseignements fragmentaires sur divers combats livrés entre la Seine et la Loire.

C'est ainsi que la *Vie de sainte Geneviève* [3] nous parle d'un siége de dix ans, ou, comme le dit un des manuscrits, de cinq années, soutenu contre les Franks par la ville de Paris. Nantes aussi fut assiégée, s'il faut en croire une source [4], du temps de Chlodovech, et cela pendant soixante jours ; mais une nuit l'armée des assiégeants, effrayée par une apparition miraculeuse, décampa si précipitamment, que le lendemain matin il n'y avait plus un seul ennemi sous les murs de la place. Ces renseignements, il faut l'avouer, sont extrêmement vagues ; tout au plus peuvent-ils servir à corroborer les conclusions que nous avons tirées des informations précédentes ; quant à vouloir en faire sortir, par d'ingénieuses combinaisons, quelque chose de plus

1, Fauriel II, 31, suppose deux campagnes.

2. Lœbell, p. 123, n. 2. pense que le passage de Grégoire (II, 27) « multa bella victoriasque fecit, ». se prête à ce rapprochement ; toutefois cette phrase ne fait que préparer la transition aux exploits ultérieurs de Chlodovech. Peu importe d'ailleurs que l'on conserve le mot « deinde » ou qu'on le supprime.

3. *V. Genocefae*, Bouquet, III, 370

4. Grégoire, *De Gloria martyrum*, I, c. 60.

précis, ce serait prendre une peine inutile. Nous en dirons autant de celui-ci, que nous fournit une ancienne vie de saint [1] : dans les premiers temps du règne de Chlodovech, et tandis qu'il avait à soutenir une foule de luttes et de combats, les habitants de Verdun résolurent de le trahir et de l'abandonner; puis, assiégés par lui, ils obtinrent leur pardon par l'entremise du vieux prêtre Euspicius. Tout cela manque de précision, mais il faut accepter ce renseignement tel quel. Il se peut que ce siége de Verdun se rattache à la guerre de Chlodovech contre Syagrius, comme il se peut aussi que l'histoire toute entière se rapporte à une époque ultérieure [2].

Nous arrivons maintenant au récit de Procope sur l'établissement de la domination franque en Gaule [3]. Procope place la plus ancienne résidence des Franks vers les bouches du Rhin. Tout à côté d'eux, auraient demeuré les Arboryques [4]. A l'époque où le royaume des Wisigoths s'était

1. *V. Maximini. Acta SS. Ord. S. Bened.* Saec. i. App., p. 580, Bouquet iii, 393.

2. On peut croire qu'à cette époque Chlodovech était déjà chrétien, puisque la donation faite par lui à Euspicius et Maximin, donation dont l'acte est encore aujourd'hui entre nos mains (Pardessus, *Diplomata et chartae,* i, p. 57) se rattache directement à cet événement.

3. Procope, *de bello Gothico,* i, 12..... « Ῥῆνος δὲ ἐς τὸν ὠκεανὸν τὰς ἐκβολὰς ποιεῖται. Λίμναι τε ἐνταῦθα οὗ δὴ Γερμανοὶ τὸ παλαιὸν ᾤκηντο, βάρβαρον ἔθνος, οὐ πολλοῦ λόγου τὸ κατ' ἀρχὰς ἄξιον, οἳ νῦν Φράγγοι καλοῦνται. Τούτων ἐχόμενοι Ἀρβόρυχοι ᾤκουν.... Ἐτύγχανον δὲ Ἀρβόρυχοι τότε Ῥωμαίων στρατιῶται γεγενημένοι · οὓς δὴ Γερμανοὶ κατηκόους σφίσιν ἐθέλοντες ἅτε ὁμόρους ὄντας καὶ πολιτείαν ἣν εἶχον πάλαι καταβαλόντας, ποιήσασθαι ἐληΐζοντό τε καὶ πανδημεὶ πολεμησείοντες ἐπ' αὐτοὺς ᾖσαν. Ἀρβόρυχοι δὲ ἀρετήν τε καὶ εὔνοιαν ἐς Ῥωμαίους ἐνδειξάμενοι ἄνδρες ἀγαθοὶ ἐν τῷδε τῷ πολέμῳ ἐγένοντο, καὶ ἐπεὶ βιάζεσθαι αὐτοὺς Γερμανοὶ οὐχ οἷοί τε ἦσαν, ἑταιρίζεσθαί τε ἠξίουν καὶ ἀλλήλοις κηδεσταὶ γίγνεσθαι· ἃ δὴ Ἀρβόρυχοι οὔτι ἀκούσιοι ἐνεδέχοντο· Χριστιανοὶ γὰρ ἀμφότεροι ὄντες ἐτύγχανον. Οὕτω τε εἰς ἕνα λαὸν ξυνελθόντες δυνάμεως ἐπὶ μέγα ἐχώρησαν. Καὶ στρατιῶται δὲ Ῥωμαίων ἕτεροι ἐς Γάλλων τὰς ἐσχατιὰς φυλακῆς ἕνεκα ἐτετάχατο· οἳ δὴ οὔτε ἐς Ῥώμην ὅπως ἐπανήξουσιν ἔχοντες, οὐ μὴν οὔτε προσχωρεῖν Ἀριανοῖς οὖσι τοῖς πολεμίοις βουλόμενοι, σφᾶς τε αὐτοὺς ξὺν τοῖς σημείοις καὶ χώραν ἣν πάλαι Ῥωμαίοις ἐφύλασσον, Ἀρβορύχοις τε καὶ Γερμανοῖς ἔδοσαν ... »

4. Les deux peuples ne devinrent voisins qu'après la conquête du royaume de Syagrius. Procope transporte ce fait dans une époque antérieure.

étendu en Gaule et en Espagne, ces derniers seraient devenus les soldats de Rome. Plus tard, d'après Procope, lorsque
le lien politique qui unissait leurs destinées à celles de
l'empire se fut brisé, les Franks essayèrent de les réduire en
leur pouvoir. A plusieurs reprises, ils portèrent chez eux,
en réunissant toutes leurs forces, le pillage et la guerre.

Mais les Arboryques résistèrent vaillamment à ces attaques,
et les Franks, ne pouvant triompher d'eux par la force, sol-
licitèrent leur alliance ; et le droit pour les deux peuples de
s'unir par des mariages. Les Arboryques y consentirent volontiers, car ils étaient chrétiens comme les Franks, et ainsi
les deux nations se fondirent en un seul peuple, dont la
puissance fut grande. D'autres soldats romains, qui jusqu'alors avaient occupé en Gaule les postes avancés des
frontières, voyant que l'appui de Rome allait désormais leur
manquer, et ne voulant pas tomber entre les mains de leurs
ennemis les Ariens [1], se joignirent à leur tour, avec leurs
enseignes et les pays confiés à leur garde, aux Franks et
aux Arboryques réunis. Jusqu'à l'époque de Procope, ils conservèrent, eux et leurs descendants, leurs enseignes, leur
organisation militaire, et restèrent Romains de mœurs
comme de costume. »·

Procope, on n'en saurait douter, fait allusion dans ce passage aux relations qui s'établirent entre les Franks et la population des provinces gauloises, les habitants du *tractus
Armoricanus*, par conséquent à la conquête des pays situés
entre Seine et Loire, par Chlodovech: la légère différence
de la forme grecque et de la forme latine ne doit pas nous pré-
occuper outre mesure [2]. Ce qu'il dit ne s'applique pas aux
Bretons domiciliés en Bretagne: ceux-ci, en effet, ne passèrent sous la souveraineté des Franks qu'après la mort de
Chlodovech, et continuèrent, même alors, à guerroyer sous

---

1. Dans ces Ariens, il faut naturellement voir les Wisigoths,
peut-être aussi les Burgundions.

2. La forme latine *Armorici* diffère sans doute de celle qu'emploie
Procope, Ἀρβόρυχοι; mais cette différence ne repose peut-être que
sur une erreur de copiste, μ pouvant facilement être pris pour β;
peut-être encore a-t-elle pris naissance de ce que la langue grecque
et la langue latine ont cherché à rendre, chacune de leur côté, un
son indigène intermédiaire entre M. et B. Voy. Lœbell, p. 125.

les ordres de leurs princes contre les rois mérovingiens [1]. Le récit de Procope confirme, on le voit, la seconde des deux phrases que nous avons relevées dans les *Gesta*, et qui nous ont paru empruntées à des annales latines. — Mais, ce récit, il importe avant tout de le bien comprendre. On a cru devoir en tirer cette conclusion, que, dans le nord de la Gaule [2], ou tout au moins dans les pays entre la Seine et la Loire, les Romains s'étaient soumis à Chlodovech par un traité formel [3]. Or, si nous jetons les yeux sur ce que Procope nous donne comme les clauses de ce traité, nous nous trouvons en présence de certains faits qui devaient nécessairement suivre la conquête. Il est permis de croire que Procope [4] aura voulu ramener à un événement unique, ou présenter comme une chose arrivée à jour fixe, ce qui existait de son temps comme conséquence d'un développement historique, c'est-à-dire la réunion des Franks, des Gaulois, et des Romains sous un seul roi, en un seul Etat. Dès lors, l'idée d'un contrat devait naturellement se présenter à son esprit. Il ne faut pas nous étonner si, d'après notre auteur, ce traité ne fut arrêté que lorsque les Franks eurent vainement tenté de subjuguer les Arboryques ; même nos sources d'information, si pauvres pourtant, parlent de combats livrés dans les pays en question ; Procope lui-même devait donc en avoir connaissance, quoique d'une manière vague et incomplète. Peut-être songe-t-il dans ce passage, à la lutte de Chlodovech avec Syagrius.

Une telle interprétation du récit de Procope, enlève la plus grande partie de son importance à cette déclaration, pourtant formelle, de notre auteur : à savoir, que les Arboryques

---

1. Voy. Lœbell, p. 127. Lœbell cite avec raison ce passage de Grégoire, iv, 4 : « nam semper Britanni sub Francorum potestate post obitum regis Chlodovechi fuerunt, et comites, non reges, appellati sunt. » En 511, les évêques du Mans, de Rennes, d'Angers, de Nantes et de Vannes, souscrivent les décisions du concile d'Orléans ; leurs diocèses devaient donc faire partie, à cette époque, du royaume de Chlodovech. Voy. *Conciliorum Galliae collectio*, i, p. 843 ; v. aussi Bouquet, iv, 102.

2. D'après Fauriel, (ii, 35) Procope confond les Bretons d'Armorique avec les Gallo-Romains de Syagrius.

3. Lœbell, p. 128 et ss., suppose qu'un contrat équitable réglait dans ces contrées les droits de propriété et la condition juridique des populations Romanes.

4. Waitz, *Verfassungsgeschichte*, ii, 53.

écoutaient favorablement les propositions des Franks, parce que ces derniers pratiquaient la religion chrétienne, et que d'autres soldats romains se joignirent aux Franks et aux Arboryques réunis, pour ne pas s'unir aux Ariens. Au point de vue de la chronologie, on ne saurait s'aider de ce passage pour déterminer l'époque où les pays entre la Seine et la Loire firent leur soumission [1] ; car il est prouvé que Chlodovech régnait déjà sur ces contrées, quand il se convertit au christianisme. Nous avons bien un témoignage qui rapporte à la même année la conversion de Chlodovech et l'assujettissement de la Gaule, mais il est manifestement entaché d'erreur [2].

Voici quelle est, en résumé, la marche générale des faits, en ce qui concerne la fondation du royaume Frank dans la Gaule septentrionale : en 486, Chlodovech, soutenu par son parent Ragnachar, bat Syagrius dans les environs de Soissons ; à la suite de cette victoire, il réduit en sa puissance tout le pays jusqu'à la Seine. Plus tard, on le voit s'emparer, non sans combat, à ce qu'il semble, du territoire compris entre la Seine et la Loire ; cependant la région de l'extrême Ouest, colonisée par des Bretons, ne se soumet point encore. A partir de ce moment, le point central autour duquel gravite l'empire de Chlodovech se trouve placé, non plus dans les anciens domaines du chef salien, mais dans les provinces gauloises qu'il vient d'acquérir ; ce fait se traduit dans les faits par un changement de résidence : Chlodovech transporte le siége de sa puissance à Soissons [3].

On se demandera peut-être à quel régime la population romaine des pays nouvellement acquis par Chlodovech, se trouva désormais soumise. Pour résoudre cette question, il

1. Pétigny, II, 397 et ss., établit par des raisonnements de fantaisie que les villes sénonaises, entre autres la cité de Paris, assiégée pendant 5 ans (v. p. 31), se soumirent à Chlodovech quand celui-ci, par son mariage avec une chrétienne catholique, leur eut donné l'espoir de sa prochaine conversion. (Pétigny, II, 411.) Les pays entre la Seine et la Loire ne se seraient soumis qu'après cette conversion (p. 419.)

2. Voy. l'appendice, I ; et Waitz, *Verfassungsgesch.* II, 53 ; n. 1.

3. La *V. Remigii* (Bouquet, III, 377 E,) qui affirme expressément le fait, mérite, à vrai dire, peu de créance ; mais ce changement de résidence résulte d'un passage de Grégoire (II, 27), où Soissons est indiqué comme l'endroit où se fit le partage du butin.

faut se reporter à notre interprétation du récit de Procope, ainsi qu'aux paroles par lesquelles Grégoire, rapportant la conquête du royaume de Syagrius, termine sa narration [1]. La portée de ce passage est plus grande qu'on ne serait tenté de le croire au premier abord ; le choix des expressions, la structure de la phrase, ne permettent pas d'en douter. Syagrius, nous dit Grégoire, fut secrètement mis à mort, après que Chlodovech eut été investi de son royaume. Appa- remment ces derniers mots signifient : après que Chlodovech eut été par un acte officiel reconnu comme maître, par les Romains, sujets de Syagrius. Si les choses se sont effective- ment passées de la sorte, il s'ensuit que la situation des Romains par rapport aux Franks, n'a nullement été celle d'un peuple asservi ; et ce qui donne un nouveau poids à cette manière de voir, c'est ce que nous pouvons savoir du régime politique fondé par Chlodovech d'après la condi- tion postérieure des Romains dans le royaume Frank. Or il se trouve que, dans la plupart des cas, les vainqueurs res- pectèrent ce qui était encore debout dans les derniers temps de l'empire [2].

Un fait à noter ici, fait capital et significatif, c'est que le peuple de Chlodovech ne se fixa pas en masse dans les pays qu'il venait de conquérir. La vieille maxime des conquérants germains : les vaincus doivent céder aux vainqueurs, soit leur territoire tout entier, soit une certaine portion de ce territoire, pouvait donc ne pas trouver son application dans la circonstance présente. Chlodovech voulait-il doter ses compagnons ? Assez de terres, en ce cas, n'attendaient que des maîtres : le domaine des empereurs romains, c'est-à- dire de l'État, les possessions des vétérans et des soldats romains, étaient échus en partage au roi frank ; il y avait là de quoi fournir des terres, s'il le fallait, à tous ceux qui

1. « Quem (Syagrium) Chlodovechus receptum custodiae man- cipari praecepit : *regnoque ejus accepto* cum gladio clam feriri man- davit. » comp. Grég. II, 40 ; dans ce dernier passage, la royauté est déférée à Chlodovech par les Ripuaires ; l'auteur emploie la locu- tion « accipere regnum. » Ailleurs (II, 42) nous voyons reparaître la même expression : c'est lorsque Chlodovech, par droit de nais- sance, acquiert le royaume de Ragnachar.

2. Voy. Waitz, *Verfassungsgesch,* II, 60 et ss.; et les auteurs cités dans ce passage.

l'avaient aidé dans son entreprise, et donner au royaume frank une base matérielle indispensable [1]. Une chose prouve, d'ailleurs, que les vainqueurs ne touchèrent pas à la propriété territoriale privée : dans les derniers temps de l'empire romain, nous trouvons en Gaule certaines classes de Romains libres ; et ces mêmes classes, nous les retrouvons dans le royaume frank, du temps de Karl le Grand : d'un côté, les *possessores*, c'est-à-dire les hommes ayant une terre ; de l'autre, les *tributarii*, c'est-à-dire des hommes n'ayant pas de terre [2]. On comprend, d'après cela, que le régime financier romain dut naturellement survivre à la ruine de l'empire. Après comme avant la conquête, le *possessor* paya la contribution foncière, tandis que le *tributarius* acquittait l'impôt personnel : seulement, le produit de ces taxes entrait dans le trésor du roi frank, qui régnait à la place de l'empereur romain. Comme héritiers des empereurs, les souverains franks se trouvaient investis en outre, vis-à-vis des Romains, de certains droits fiscaux, notamment des droits sur les mines, sur les pâturages, sur les forêts : les droits de douane et de péage furent également conservés [3].

Un autre fait de la plus haute importance, c'est la persistance du droit romain après la conquête franque. La *Constitutio* de Chlotachar I déclare que les procès entre Romains doi-

---

1. Guérard, *Comment. sur le Polypt. d'Irminon* i, 503. — Guérard suppose d'ailleurs, sans fournir aucune preuve à l'appui, que le roi Mérovingien avait mis en réserve « une espèce de domaine commun ou public. » Il ne faudrait pourtant pas, sans raison valable, transporter chez les Franks ce que nous trouvons chez les Anglo-Saxons.

2. *Lex emendata* (Pardessus, *Loi salique*, p. 305.) Tit 43. 6. Si quis *Romanum hominem, convivam regis*, occiderit, xii M dinariis, qui faciunt solidos ccc, culpabilis judicetur. — 7. Si *Romanus possessor*, id est, qui res in pago ubi commanet proprias possidet, occisus fuerit, is qui cum occidisse convincitur iv M dinariis, qui faciunt solidos c, culpabilis judicetur. — 8. Si quis *Romanum tributarium* occiderit, mdccc dinariis, qui faciunt solidos xlv, culpabilis judicetur. — Voy. p. l'interprétation de ce passage Savigny, *Zeitschrift für geschichtliche Rechtswissenschaft*, iv, 369 sqq.

3. Schaeffner, *Geschichte der Rechtsverfassung Frankreichs*, i, p. 193, sqq. Voir aussi le diplôme publié par Pardessus (*Diplomata*, i, 57.)

vent être jugés selon les lois romaines [1]. Il résulte des
termes généraux dans lesquels est conçu cet article que le
droit criminel et le droit privé romain restèrent l'un et
l'autre en vigueur. Mais il ne faudrait pas conclure de là que
l'organisation judiciaire de l'empire ait été pareillement maintenue. Les Romains comparaissaient, soit comme deman-
deurs, soit comme défendeurs, devant les mêmes tribunaux
que les Franks, sans excepter les cas où les deux parties
étaient romaines [2]. En un mot, les différends entre Romains
et Franks, aussi bien que les différends entre un Frank et
un autre Frank, se vidaient devant le *Graf* : c'est un point
hors de doute.

Ainsi, la fondation du royaume frank sur le sol de la Gaule
ne changea pas le régime de la propriété territoriale ni le
système d'impositions dont ce régime formait la base; le
droit romain resta en vigueur. En revanche, la condition sociale du Romain fut réglée conformément au droit
germanique. La loi salique voulait que tout Romain possesseur d'une terre libre, mais payant l'impôt foncier, eût
un wergeld égal à celui du lite frank, c'est-à-dire un wergeld de 100 *solidi*. Tel fut le principe qu'on appliqua dans les
pays conquis par Chlodovech. Quand au Romain qui ne possédait pas de terre, ou qui cultivait celle d'autrui moyennant
une redevance, il avait un wergeld de 45 solidi. Au-dessus
de ces deux classes de personnes venait le *conviva regis*,
produit de la civilisation germaine qui n'apparaît qu'avec la
monarchie franque [3]. Il ne faudrait pas voir dans l'assimila-
tion du Romain libre au lite frank sous le rapport du wergeld,
une espèce de dégradation sociale. Le seul fait qu'un wergeld était attribué au Romain, montre assez qu'on voulait
élever celui-ci au niveau du Germain : privé de cette ga-
rantie légale, il n'aurait pu prendre place au sein du nouvel
ordre de choses. Son wergeld, à vrai dire, était moindre
que celui du Frank libre : son origine, considérée comme
moins honorable, motivait la différence [4]. Mais cette circonstance n'a guère influé sur la situation des Romains dans le

1. Pertz, *Legg.* i, p, 1. c, 4, « Inter Romanos negotia causarum
Romanis legibus praecipimus terminari »
2. Waitz, *Verfg.* ii, 367, 468.
3. Savigny, *loc. cit.* et Schœffner i, 107.
4. Lœbell p. 132-155.

royaume frank, car nous voyons plus tard qu'elle n'est inférieure en rien à celle des Franks. Des mariages sont conclus; les Romains servent eux-mêmes dans l'armée; ils prennent part aux guerres intérieures. Nous en trouvons qui occupent, dans l'intimité du roi, les positions les plus influentes, celles de conseillers ou d'ambassadeurs, par exemple; ils deviennent officiers royaux, *herzogs* ou *grafs*, et jouent à ce titre un rôle important pendant la paix comme pendant la guerre [1]. Il serait donc faux de prétendre que la condition sociale du Romain a été moins bonne, sous les souverains franks, qu'elle ne l'était du temps de l'empire: bien au contraire, on voit qu'en entrant dans le royaume frank, les Romains ont obtenu la plénitude des droits civiques.

CHAPITRE III

Premiers combats livrés par Chlodovech à des peuplades germaines. — Soumission des Thuringiens et des Alamans.

En s'emparant des provinces romaines de la Gaule septentrionale, Chlodovech avait ménagé, dans son nouveau royaume, une large place à l'élément roman. Pour conserver à cet empire naissant son caractère primitif, il importait donc singulièrement d'y faire entrer aussi des peuplades d'origine germaine. Une guerre dirigée contre les Thuringiens, et terminée par la soumission de cette tribu, forme le prélude de cette seconde série d'entreprises. L'événement eut lieu, d'après Grégoire [2], la dixième année du règne de Chlodovech (491). Il ne s'agit pas ici des Thuringiens domiciliés dans l'intérieur de l'Allemagne: c'est un point trop bien établi aujourd'hui pour qu'il soit nécessaire d'y revenir [3]. Il ne s'agit pas non plus des habitants de

1. Lœbell, *loc. cit.*
2. Grég. ii, 27. « Decimo regni sui anno Thoringis bellum intulit, eosdemque suis ditionibus subjugavit. »
3. Waitz, *Das alte Recht der salischen Franken*, p. 48-52; et *Vfg.* ii, 68. Dans ce dernier passage l'auteur fait remarquer que les *Gesta* voient déjà dans les Thoringi les Thuringiens d'Allemagne.

Tongres : du moins on ne saurait apporter aucune raison
plausible à l'appui de cette opinion [1]. Une phrase échappée
à Grégoire semble dire implicitement que les Thuringiens
étaient proches voisins de la mer [2], aussi les placerons-
nous, — c'est l'hypothèse la plus vraisemblable, — sur la
rive gauche du Rhin, près des embouchures de ce fleuve et
de la Meuse. Y avait-il, entre ces Thuringiens et les Franks
Saliens, quelque lien de parenté ? Nous manquons des données nécessaires pour résoudre le problème. Evidemment
Grégoire ne considère pas les Thuringiens comme apparentés
aux Franks.

La guerre que Chlodovech soutint contre les Alamans
nous est un peu mieux connue que la précédente ; mais ici
encore la clarté de nos renseignements n'est pas tout-à-
fait aussi grande que nous pourrions le désirer.

Grégoire [3] fait de cette guerre la cause déterminante de
la conversion de Chlodovech. En cela, il se conforme à une
tradition sans doute très répandue de son temps, et à laquelle le clergé catholique en particulier devait être très-
attaché. D'après son récit, les Franks marchèrent contre

De là les modifications apportées au récit de Grégoire : « commoto
exercitu magno valde in Toringiam abiit, ipsosque Toringos plaga
magna prostravit. » (N. de l'A.) Nous ne croyons pas que le royaume
de Thuringe s'étendît sur la rive gauche du Rhin, mais nous pen-
pensons qu'il s'étendait jusqu'au Rhin vers *Dispargum* Duisbourg
(Grég. II. 9) et séparait les Saxons et Frisons au N. des Franks,
Alamans et Bavarois au S. Nous pensons donc que Childerich et
Chlodovech passèrent tous deux le Rhin, le premier pour chercher
asile chez les Thuringiens, le second pour les combattre (N. du T).

1. Huschberg, p. 629 et Pétigny, II, 406, défendent cette manière
de voir.

2. Basine dit à Childerich (Grég. II, 12) : « si in transmarinis partibus aliquem cognovissem utiliorem te..... »

3. Grég. II, 30. Les différences qu'on remarque ici entre le récit
de Grégoire et ceux de l'*Historia epitomata* et des *Gesta*, sont plus
importantes que d'habitude ; nous en tenons compte plus bas. Les
rôle joué par Aurélien dans les *Gesta* n'est certainement pas historique ; il n'est mentionné que dans les poëmes composés sur le
mariage de Chlodovech ; dans tous les cas, nous ne devions pas
mêler cette fable au récit des faits. La *V. Remigii* (Bouquet III,
375) qui embellit çà et là le récit de Grégoire ; la *V. Chrothildis*
(ib. 398) qui l'abrège ; enfin la *V. Arnulfi* (ib. 383.) se servent
toutes les trois des *Gesta*.

les Alamans en 496 [1]. « Les deux armées, en étant venues aux mains, combattent avec acharnement; celle de Chlodovech va être taillée en pièces. Chlodovech, voyant le danger, implore d'un cœur fervent et d'une voix haute le Dieu des chrétiens, le Dieu que révère la reine Chrotechilde. Tandis qu'il prie, les Alamans tournent le dos, commencent à prendre la fuite; puis, voyant leur roi mort, ils se soumettent à la domination de Chlodovech, en disant : « Cesse, de grâce, de faire périr notre peuple, car nous sommes à toi. » Chlodovech, après avoir arrêté la guerre, exhorte le peuple alaman à lui rester fidèle, revient en paix dans son royaume, et raconte à la reine comment, en invoquant le nom du Christ, il a remporté la victoire. »

Où se livra cette bataille décisive, qui fut suivie, d'après notre auteur, de la soumission du peuple alaman? Grégoire ne nous l'apprend pas; toutefois, on a longtemps regardé Zülpich, (Tolbiac) ville située au Sud-Ouest de Cologne, comme le point où s'étaient rencontrées les deux armées [2]. Grégoire, en effet, dit incidemment dans un autre passage [3], que Sigebert, roi des Franks Ripuaires, devint boiteux en combattant contre les Alamans non loin de Zülpich. Mais rien ne prouve que le combat dont il s'agit ici soit celui d'où Chlodovech sortit vainqueur [4]; il semble du moins que, si cela

1. Cette date résulte d'une variante que nous donne un ancien manuscrit de Grégoire; comp. Bouquet II, praef. p. VII. « Bello prohibito, cohortato populo, cum pace regressus narravit reginae qualiter per invocationem nominis Christi victoriam meruit obtinere. Actum anno XV. regni sui. » Les *Gesta* indiquent également cette date; ils l'ont puisée, sans doute, dans d'anciens manuscrits de Grégoire.

2. C'est l'opinion qu'ont adoptée, à la suite de Mascou (II, 14) et de Dubos (IV, 1) la plupart des historiens modernes, entre autres Düntzer, *Jahrbücher des Vereins von Alterthumsfreunden im Rheinlande*, III, 32 et XV, 5o n. 44 ; Merkel lui-même, *De republica Alamannorum*, p. 6, a reproduit cette erreur.

3. Grég. II, 27. « Hic Sigibertus pugnans contra Alamannos apud Tulbiacense oppidum percussus in geniculo claudicabat. » Le changement de *Tulbiacense* en *Tullense* ou *Tulliacense*, adopté par Türk, *Forschungen*, III, 98, n'est pas nécessaire. Sur l'infirmité de Sigibert, comp. Grég. II, 40. Dans ce passage, Chlodovech écrit au fils de Sigebert : « ecce pater tuus senuit et pede debili claudicat. »

4. Voir, pour la réfutation de cette opinion, Luden, III, 649, Sybel, *Jahrbücher*, III, 39, *loc. cit.* et Waitz, *Verfg.* II, 65.

était, l'historien aurait fait quelque allusion à la bataille dont
il avait parlé plus haut. Une autre supposition, non moins
arbitraire que la précédente, consiste à chercher, dans cette
rencontre entre Sigibert et les Alamans, le prétexte invoqué
par Chlodovech pour commencer la guerre[1]. Quant au lieu
où se livra la bataille, les renseignements fournis par Grégoire ne nous permettent pas, comme on voit, de le déterminer avec exactitude : par bonheur, d'autres informations,
ayant leur valeur propre, nous viennent ici en aide ; c'est à
la *Vie de Saint Vaast* que nous les empruntons[2]. L'auteur
raconte que lorsque Chlodovech eut pénétré dans le pays
des Alamans, les deux armées, également avides d'en venir
aux mains, se virent séparées avant de combattre par les eaux
du Rhin[3]. Il semble, d'après cela, que la bataille dut s'engager
au moment où Chlodovech cherchait à passer le fleuve. En
ce qui touche les péripéties de la journée, le récit de notre
hagiographe s'accorde avec celui de Grégoire ; il en diffère
pourtant sur un point : le roi des Alamans, au lieu de tomber
parmi les morts, se soumet avec son peuple au souverain
frank. Cette variante n'a peut-être d'autre fondement qu'une
simple inadvertance[4]. Notre écrivain nous apprend que
Chlodovech, après sa victoire, revint à Reims, en passant
par Toul, le pays de Vouzy, Rilly, et en suivant le cours de
l'Aisne[5]. Il se rencontre ici avec une autre source, qui nous

1. Luden, III, 68 ; Rettberg, *Kirchengeschichte*, I, 205 ; et Düntzer,
op. cit. ont essayé de prouver la réalité de cette hypothèse.

2. Bouquet, III, 372. — Sybel, *Jahrbücher*, III, 40, défend avec
raison la véracité de notre hagiographe, attaquée par Düntzer,
loc. cit.

3. Le texte de cette Vie est certainement moins altéré que ne
l'a dit Düntzer. Celui-ci voulait, en attaquant le texte, se débarrasser d'un renseignement qui le gênait, et qui cependant est des
plus précieux. Le sens général de la phrase n'est pas douteux : la
voici mot pour mot : « Quo cum venisset ab utroque acies et nisi
obvium hostem habuisset Rheni, tam Franci quam Alamanni ad
mutuam caedem inhiarent..... »

4. Nos sources les plus anciennes s'accordent sur ce point avec
Grégoire ; v. plus bas, p. 43, n. 6 ; et p. 45, n. 2.

5. « Victor... ad Tullum oppidum venit... Dum pariter pergerent,
quadam die venerunt in pago Vongiso ad locum qui dicitur Grando-
ponte juxta villam Rilugiago super fluvium Axona. Deinde ad Remorum urbem... perduxit. »

montre le roi des Franks s'arrêtant à Joine, sur son retour [1].
De tout cela nous pouvons conclure avec assez de vraisemblance que le champ de bataille en question se trouvait sur le
cours supérieur du Rhin [2].

La victoire de Chlodovech amena, selon Grégoire, la soumission du peuple alaman. L'exactitude de cette assertion a
été révoquée en doute. Rien de plus injuste. Nous savons
que Theoderich le Grand ne vit pas d'un œil indifférent les
événements qui nous occupent, qu'il s'y mêla même en
qualité de médiateur. Sa lettre à Chlodovech nous a été conservée; on la trouvera dans la collection des lettres de
Cassiodore [3]. Cette lettre fut écrite à l'époque où il y avait
déjà parenté entre les deux princes, et où Chlodovech, selon
toutes les apparences, professait déjà la religion chrétienne [4].
C'est bien à l'occasion de la guerre dont parle Grégoire, et
non à l'occasion d'une guerre postérieure [5], qu'elle fut
composée; pour s'en convaincre, il suffit d'étudier les faits
qui y sont mentionnés. Or, que lisons-nous dans cette épître?
Que les tribus alamannes se sont courbées sous la main victorieuse de Chlodovech; que leur roi est mort; que l'orgueil
de ce peuple a été brisé; que les vaincus ont humblement
supplié le vainqueur de leur laisser la vie sauve [6]. Theode-

1. *V. Arnulfi*, Bouquet III, 383. « Victor (Chlodoveus) ad Juvi-
niacum in pago Suessonico remeavit. »

2. Comment Sybel, *loc. cit.*, en est-il venu à faire de Toul le lieu
où s'était livrée la bataille? Je ne parviens pas à le comprendre.

3. Cassiodore *Var.* II, 41.

4. C'est ce qu'a démontré Düntzer, *Jahrb.* XV, 35 et ss. en s'appuyant
sur des expressions telles que: *affinitas, parentes, gentilitas*.

5. Düntzer, après avoir le premier émis cette opinion, *Jahrb.*
III, 34, l'a maintenue contre Waitz, qui la rejette, *Vfg.* II, 57. n. 4.
L'hypothèse d'une guerre postérieure n'est certainement pas admissible; un passage d'une lettre d'Avit, écrite peu de jours après
Noël en 496, coupe court à tous les doutes en ce qui concerne la
campagne de 496. Voy. plus bas, p. 50, n. 1. La lettre de Theoderich
paraît avoir été composée peu après la fin de la guerre.

6. ..... « Alamannicos populos causis fortioribus inclinatos, victrici
dextera subdidistis..... Memorabilis triumphus est, Alamannum
acerrimum sic expavisse, ut tibi eum cogas de vitae munere sup-
plicare. » L'étroite relation d'un tel langage avec le récit de Grégoire saute aux yeux de prime abord. « Sufficiat illum regem cum
gentis suae superbia cecidisse, sufficiat innumerabilem nationem

rich félicite le souverain frank de son triomphe; mais en même temps il le supplie de ne pas donner suite à ce qu'il appelle *ses mouvements contre des restes épuisés* (à la colère qui l'anime ?) ; en effet, dit-il, ceux qui se sont réfugiés sous la protection de son parent (du parent de Chlodovech) doivent obtenir leur pardon, d'après les lois de la clémence. Oui, Chlodovech épargnera les malheureux qui, chassés de leur pays, sont venus chercher un asile sur son territoire (sur le territoire des Ostrogoths). Car s'il persistait à combattre ceux des Alamans qui survivent encore, on ne croirait jamais qu'il a défait la nation toute entière. Theoderich exprime, en terminant, l'espoir de voir sa prière écoutée, et promet, à cette condition, de ne rien entreprendre contre Chlodo-vech [1].

On voit ce que c'était que ces Alamans qui vinrent trouver Theoderich, lui demandant de les accueillir et de les pro-téger : un reste de combattants épuisés, rien de plus ; — on est presque tenté de les regarder comme une troupe de guer-riers échappés du carnage ; — quant à la masse du peuple, elle avait passé sous le joug de Chlodovech. Ces fugitifs, dont le nombre ne peut avoir été très-considérable, Theo-derich veut les arracher à l'esclavage qui les menace en vertu du droit de conquête. Comme il dit expressément que ces étrangers se sont réfugiés dans son royaume après avoir été chassés de leur patrie, on ne saurait admettre qu'il ait eu l'intention d'enlever à Chlodovech certaines portions du terri-toire alaman.

Ce qui est moins facile à comprendre que l'épître précédente, c'est un passage du panégyrique de Theoderich par l'évêque Ennodius, passage relatif aux circonstances qui nous oc-

---

partim ferro partim servitio subjugatam. » — C'est avec intention que les termes d'*Alamannici populi* et les expressions synonymes de *natio*, de *gens*, sont rapprochés dans cette lettre. Les Alamans se divisaient autrefois en plusieurs tribus gouvernées par des rois différents ; actuellement ils se trouvent réunis sous un seul chef.

1. « Sed..... motus vestros in fessas reliquias temperate, quia jure gratiæ merentur evadere, quos ad parentum vestrorum defen-sionem respicitis confugisse. Estote illis remissi, qui nostris finibus celantur exterriti... Nam si cum reliquis configis, adhuc cunctos superasse non crederis... Cede itaque suaviter genio nostro, quod sibi gentilitas communi remittere consuevit exemplo. »

cupent [1]. S'il faut en croire notre panégyriste, Theoderich
a fait entrer l'Alamannie toute entière dans les limites de
l'Italie, et cela, sans causer aucun dommage aux proprié-
taires romains; de cette manière, les Alamans ont retrouvé
un roi, après avoir perdu leur ancien chef [2]. Eux, les habi-
tuels dévastateurs du territoire de Rome, ils sont devenus
les gardiens de l'empire latin. Et c'est pour leur bonheur
qu'ils ont fui leur patrie : ils ont participé ainsi aux richesses
du sol romain [3]. Ils ont acquis une terre qui se laissera aisément remuer par la houe, bien qu'ils ne puissent oublier
entièrement ce qu'ils ont perdu [4]. On a vu sous Theoderich

1. Ennodii panegyricus, ap. Manso, *Gesch. des ostgothischen
Reiches*, p. 477.
2. « Quid? quod a te Alamanniae generalitas intra Italiae termi-
nos sine detrimento Romanae possessionis inclusa est, cui evenit
habere regem, postquam meruit perdidisse. » On sera sans doute
tenté, à première vue, de regarder le mot *generalitas* comme s'ap-
pliquant à la totalité du peuple alaman ; mais il faut remarquer qu'Ennodius n'emploie nulle part celui de *peuple*. On peut donc porter
ce mot sonore au compte du panégyriste, et le traduire par « communauté » ou par quelque chose d'approchant. On ne saurait dire
au juste comment *inclusa est* doit être compris. Remarquons
qu'Ennodius mentionne la mort du roi des Alamans ; en cela, il est
d'accord avec Grégoire.
3. « Facta est Latiaris custos imperii, semper nostrorum popu-
latione grassata, cui feliciter cessit fugisse patriam suam, nam sic
adepta est soli nostri opulentiam. » — On peut hésiter sur la question de savoir si les mots *custos imperii* signifient que les Alamans
recueillis par Theoderich reçurent la garde d'une frontière, ou s'il
faut simplement les prendre au sens figuré. La première de ces
deux interprétations nous paraît la plus vraisemblable : étant donné
le caractère bien connu du règne de Theoderich, on ne trouvera
pas étrange que la coutume romaine de confier aux barbares la
surveillance des frontières ait été conservée sous ce prince. Les
mots « fugisse patriam » ne laissent aucun doute sur la véritable
signification de ce passage ; il en est de même de ceux qui suivent:
« adepta est soli nostri opulentiam », et « acquisistis terram; » on
ne peut les expliquer qu'en interprétant comme nous l'avons fait la
lettre de Theoderich. Tout le monde voit quelle étroite relation il y
a entre ce « fugisse patriam » et le « qui nostris finibus celantur
exterriti » de la lettre.
4. « Acquisistis, quae noverit ligonibus tellus adquiescere,
quamvis non contigerit damna nescire. » Ici encore on voit clairement que les Alamans avaient abandonné leur patrie. Le territoire
qu'ils reçoivent en dédommagement devait être inculte puisque Ennodius fait remarquer qu'il est *propre à la culture*.

la prospérité naître de la mauvaise fortune. Les Alamans,
enfin échappés à leurs roseaux, s'applaudissent de cultiver
une terre qu'ils aiment, parce qu'habitués à des demeures
mal fermées, ils lui doivent le bienfait d'un jonc plus solide[1].
Ce passage ne confirme en rien l'hypothèse d'après laquelle
Theoderich aurait réuni à ses domaines des territoires alamans. Ce qui paraît en résulter, c'est que le roi des Ostrogoths,
après avoir plaidé avec succès la cause des Alamans fugitifs,
leur assigna un poste fixe sur la lisière septentrionale de son
royaume. Il le fit, nous dit Ennodius, sans nuire aux proprié-
taires romains; il semble, d'après cela, qu'on ait donné aux
nouveaux venus des terres incultes, ou tout au moins délais-
sées, comme il devait tant y en avoir à cette époque. Ces Alamans, dont le nombre, nous le répétons, ne peut avoir été
considérable, se chargèrent probablement, pour payer l'hos-
pitalité qu'on leur accordait, de la défense des frontières: il
importait, en effet, à Theoderich de garantir la limite septentrionale de son empire contre les empiètements possibles de
la monarchie franque, devenue sa proche voisine par suite
des derniers événements. Quant à la question de savoir où
se trouvaient les établissements de ces Alamans fugitifs, et
quelle en était l'étendue, l'insuffisance de nos renseignements ne nous permet pas de la résoudre d'une manière certaine[2].

Tels sont les faits qui découlent, pour tout esprit non prévenu, de nos sources d'information, en ce qui concerne la
médiation de Theoderich. Ils ne contiennent, comme on voit,
rien de contraire aux assertions de Grégoire sur la pleine et

1. « Sub te vidimus eventus optimos de adversitate generari et
fieri secundorum matrem occasionem periculi. Ulvis liberata gra-
tulatur terram incolens, quae hactenus dehiscentibus domiciliis,
solidiori schœni emergebat beneficio. » — Voir, pour l'interprétation de ce passage, les observations de Manso. Ennodius veut dire
que les Alamans trouvèrent dans leur nouvelle patrie des demeures
plus solides, mieux à l'abri du vent et de l'orage, que celles auxquelles
ils étaient habitués.

2. Manso, p. 59, pense que ces Alamans s'établirent dans les
Grisons actuels; suivant Burckhardt, *Archiv für Schweizerische
Gesch.* IV, 49, ils se fixèrent sur les frontières de la Souabe, dans la
partie septentrionale du Vorarlberg (*Bregenzerwald*), la vallée supérieure du Lech et l'Oberinnthal, en Tyrol, pays où de nos jours
encore, si nous en croyons l'auteur, règne le dialecte alaman.

entière soumission du peuple alaman, après la victoire de Chlodovech. Supposer que la partie méridionale de l'Alsace[1], ou tout au moins du territoire alaman[2], échut en partage à Theoderich, c'est émettre une hypothèse que rien ne confirme[3]. Mais cette hypothèse n'est pas la seule qu'on nous propose : certaines fractions de l'Alamannie, nous dit-on encore, conservèrent leur indépendance. En effet, Theudebert, petit-fils de Chlodovech, soumit, lui aussi, des Alamans, à ce que rapporte un historien[4]. Il n'est pas douteux que cet historien n'ait ici en vue l'événement dont il reparle plus bas, lorsqu'il dit que les Ostrogoths, pressés par les Romains d'Orient, abandonnèrent le peuple alaman[5] ; or, dans ce peuple, nous croyons qu'il faut voir précisément notre colonie alamanne, établie sur le territoire des Ostrogoths[6].

Ce passage ne prouve donc pas qu'il y eût encore, du temps de Theudebert, des souverainetés alamannes indépendantes ; en revanche, les informations que nous fournissent certaines sources franques sembleraient presque nous mener à cette supposition. Les Gesta, par exemple, rapportent que Chlodovech entreprit une expédition contre les Alamans et les Suèves[7] ; il n'est pas question de ceux-ci dans ce que l'au-

1. Luden, III, 70.
2. Stælin, *Wirtembergische Gesch.* I, 150 pense que la partie Alamanne de la Suisse échut en partage à Theoderich, avec les pays qui formèrent plus tard les diocèses de Constance et d'Augsbourg.
3. Quand Agathias, I, 6, parle des Alamans soumis par Theoderich : « τούτους δὲ πρότερον Θευδέριχος... ἐς φόρου ἀπαγωγὴν παραστησάμενος κατήκοον εἶχε τὸ φῦλον, » il n'a certainement en vue que notre colonie alamanne. Voy. Waitz, *Verfg.* II, 58, n. 1.
4. Agathias, I, 4 : « παραλαβὼν δὲ τὴν πατρῴαν ἀρχὴν ὁ Θευδίβερτος τούς τε Ἀλαμαννοὺς κατεστρέψατο καὶ ἄλλα ἄττα πρόσοικα ἔθνη. »
5. Agathias, I. 6 : « Γότθοι ὑποθωπεύοντες τοὺς Φράγκους.... ἑτέρων τε πολλῶν ἐξίστανται χωρίων καὶ μὲν δὴ καὶ τὸ Ἀλαμαννικὸν γένος ἀφιέσαν. » Voy. Stælin, 150, n. 4 ; et 152.
6. Stælin voit naturellement dans les territoires alamans conquis ici par les Franks, ceux dont Theoderich, selon lui, s'était emparé autrefois, territoires dont ce prince se serait exagéré l'importance. Voir, sur la façon dont Merkel a compris ces événements, Waitz, dans les *Gœttingische gelehrte Anzeigen*, 1850. p. 398.
7. Gesta. c. 14. Chlodovech refuse de croire au Dieu des chrétiens, « donec tandem aliquando bellum contra Alamannos Suevosque moveret. »

leur dit ultérieurement de cette campagne. En admettant qu'il faille voir dans cette variante autre chose qu'une simple paraphrase du texte de Grégoire [1], on pourrait en induire que les Suèves, c'est-à-dire, les tribus domiciliées un peu au Sud-Est des Alamans, ne partagèrent pas le sort de ces derniers [2]. D'autre part, l'*Historia epitomata* [3] fait mention de territoires alamans, ou, pour parler plus exactement, de bandes alamannes, qui conservèrent temporairement leur indépendance. D'après cette chronique, les Alamans, chassés de leur pays, errèrent pendant neuf ans de côté et d'autre: enfin, n'ayant pu trouver aucun peuple qui consentit à les secourir contre les Franks, ils se soumirent à Chlodovech. Il est bien douteux qu'on parvienne à concilier ces renseignements avec le récit de Grégoire [4] : le mieux est de s'en tenir au témoignage de l'auteur dont l'autorité prévaut en général. Peut-être le rédacteur de l'*Historia epitomata* se conforme-t-il, ici encore, à la tradition populaire, si encline à embellir l'histoire, et songe-t-il aux Alamans qui se réfugièrent auprès de Theodorich.

Nous maintenons donc avec fermeté l'assertion de Grégoire: la victoire de Chlodovech entraîna la soumission du

1. Il est constant que, plus tard, on employa de nouveau le nom de *Suèves* concurremment avec celui d'*Alamans,* et que le premier finit par supplanter le second. Peut-être l'auteur des *Gesta* écrivait-il à une époque où les deux noms servaient à désigner le même peuple, en ce cas, il n'aurait fait que se conformer à l'usage de son temps.

2. Cette induction, il faut le dire, rendrait les contradictions d'Agathias plus faciles à comprendre, mais elle est évidemment forcée. (N. de l'A.) Elle est très-certainement fausse (N. du T.)

3. *Hist. epit.* c. 21, d'après Merkel, p. 32 : » Alamanni terga vertentes in fuga lapsi sunt, Cumque regem suum cernerent interemptum, novem annis exoli a sedibus eorum nec ullam potuerunt gentem comperire qui ei contra Francos auxiliaret, tandem se dicionem Chlodoviae subdunt. » L'interprétation que Luden donne de ce passage est certainement arbitraire, III, 651 ; *exoli* ne peut signifier ce qu'il lui fait dire. Le manuscrit le plus ancien ne justifie pas la correction qu'il propose.

4. Merkel, p. 6. fait deux parts des pays alamans : selon lui, les uns ont été soumis par Chlodovech en 496, après dix ans de luttes; les Ostrogoths se sont emparés des autres en 536. Les premiers ont conservé leurs lois propres : il s'agirait des Suèves. Mais cette distinction est arbitraire. Voy. Waitz, *Gœtt. gel. Anz.* 1850 p. 396.

du peuple alaman tout entier [1]. Reste à examiner la question suivante : le territoire des Alamans eut-il partout, après la conquête, un seul et même sort, ou bien les vainqueurs firent-ils certaines exceptions, certaines différences ? De quelque façon qu'on envisage la chose, il est un fait dont on ne peut s'empêcher d'être frappé : les pays arrosés par le Mein et par le Neckar, pays alamans à l'origine, nous apparaissent, à une époque postérieure de l'histoire allemande, comme entièrement franks, tandis que ceux dont s'est formé plus tard le duché d'Alamannie ont toujours conservé leur caractère national. On cherchera peut-être l'explication de ce phénomène dans la manière dont les Franks traitèrent les contrées tombées entre leurs mains. Il se pourrait fort bien, par exemple, que la partie septentrionale du territoire alaman eût été cédée aux vainqueurs ; en d'autres termes, que la doctrine germanique du droit de conquête, en vertu de laquelle tout peuple vaincu devait sacrifier le tiers ou même les deux tiers de ses domaines, eût été mise une fois de plus en pratique dans la circonstance présente [2]. Dès lors, on comprendrait comment une portion du pays des Alamans put conserver sa nationalité et ses lois, pendant qu'une autre portion du même pays devenait complètement franque. Dans la première, le peuple passa simplement sous la domination d'un nouveau souverain ; dans la seconde, il perdit son autonomie, si même il ne quitta pas la contrée [3]. A vrai dire, nous n'avons pas de témoignage direct qui confirme cette manière de voir [4]. Dans un passage d'une lettre d'Avit,

---

1. L'hypothèse émise par Luden iii, 70, et par Düntzer, xv, 40, d'après lesquels Chlodovech ne conquit que les pays situés sur la rive gauche du Rhin, est entièrement contraire aux sources. Manso p. 59, paraît croire à une conquête générale de tout le territoire alaman.

2. Il y a quelque exagération à parler d'un « doctrine germanique du droit de conquête », car les exemples les plus frappants que nous connaissions de partages de territoires par tiers sont ceux d'Arioviste avec les Séquanes (Caes. de Bell. Gall. i. 31) et des Suèves avec les Saxons (Grég. v, 15) où il n'y avait ni vaincus ni vainqueurs. Le caractère frank des pays du Mein et du Neckar est bien antérieur à la conquête de Chlodovech. (N. du T.)

3. C'est l'avis émis par Waitz, Verfg. ii, 68.

4. La distinction faite par Theoderich dans sa lettre : « sufficiat innumerabilem nationem partim ferro, partim servitio subjugatam » ; ne se rapporte qu'à la défaite et à la soumission des Ala-

évêque de Vienne [1], Chlodovech est loué pour la clémence
dont il a récemment fait preuve, en affranchissant un peuple
devenu son prisonnier de guerre, mais faut-il conclure de là
que ce peuple, dans lequel on ne peut voir que les Alamans,
avait été placé d'abord dans une condition assez dure, et que
son sort s'était radouci ensuite? C'est une question qui nécessairement doit rester indécise.

CHAPITRE IV

Mariage de Chlodovech.

Dans l'intervalle de temps qui sépare la conquête du pays
des Thuringiens et la soumission du peuple alaman, se place
le mariage de Chlodovech avec Chrotechilde, fille d'un roi
Burgunde.

Grégoire raconte cet événement de la manière suivante [2] :
« Gundioch eut quatre fils : Gundobad, Godegisel, Chilperich
et Godomar. Gundobad tua Chilperich son frère par le glaive,
attacha une pierre au cou de la femme du même Chilperich,
et la noya, puis il condamna à l'exil ses deux filles, dont
l'aînée, qui prit l'habit religieux, s'appelait Chrona ; la plus
jeune, Chrotechilde. Comme Chlodovech envoyait souvent
des messagers en Burgundie, ces messagers rencontrèrent la

mans. Quant à la phrase des *Gesta* : « Alamannos cepit, ipsos ter-
ramque eorum sub jugo tributarios constituit ; » il nous paraît bien
difficile d'y voir autre chose qu'une paraphrase du texte de Grégoire.

1. *Ep. Aviti*, apud Bouquet IV, 50 : « an misericordiam (vobis
praedicabimus) quam solutus a vobis adhuc nuper populus captivus
gaudiis mundo insinuat, lacrymis deo ? »

2. Grég. II, 28 : « Huic (Gundeucho) fuerunt quatuor filii, Gundobadus, Godegiselus, Chilpericus, et Godomarus. Igitur Gundobadus
Chilpericum fratrem suum interfecit gladio uxoremque ejus, ligato
ad collum lapide, aquis immersit. Hujus duas filias exsilio condem-
navit : quarum senior mutata veste Chrona, junior Chrotechildis
vocabatur. — Porro Chlodovechus, dum legationem in Burgundiam
saepius mittit, Chrotechildis puella reperitur a legatis ejus. Qui
cum eam vidissent elegantem atque sapientem et cognovissent,
quod de regio esset genere, nuntiaverunt haec Chlodovecho regi.

jeune Chrotechilde. Ayant vu qu'elle était belle et sage, et ayant appris qu'elle était du sang royal, ils en informèrent le roi Chlodovech. Celui-ci envoya sur le champ des députés à Gundobad pour demander Chrotechilde en mariage. Gundobad n'osant refuser, la remit entre les mains des envoyés, qui la conduisirent promptement au roi. Chlodovech, l'ayant vue, fut transporté de joie, et l'épousa. Il avait déjà, d'une concubine, un fils nommé Theoderich. »

Outre ce récit, nous en avons deux de date moins ancienne : celui des *Gesta* et celui de l'*Historia epitomata;* les autres, — car on en pourrait citer d'autres, — n'entrent pas en ligne de compte [1]. La narration de Grégoire est la plus courte des trois; celle de l'*Historia epitomata* a déjà beaucoup plus d'ampleur; la plus explicite est celle des Gesta. Au début, les deux chroniques que nous venons de nommer s'accordent presque textuellement avec l'*Histoire des Franks;* mais elles s'en écartent dès qu'elles arrivent au mariage lui-même; de plus, à partir de ce moment, elles diffèrent sensiblement entre elles. On ne trouve plus, pour ainsi dire, que le squelette du récit de Grégoire dans la double version qu'elles nous en donnent [2]. La minutie, le luxe de détails avec lesquels elles racontent l'événement, ont quelque chose de très-frappant à côté de la brièveté du thème original. Grégoire indique à grands traits, d'un style rapide et simple, les points essentiels; dans les *Gesta* et dans l'*Historia epitomata*, nous trouvons, au contraire, une singulière prolixité,

— Nec moratus ille ad Gundobadum legationem dirigit, eam sibi in matrimonio petens. Quod ille recusare metuens, tradidit eam viris — illique accipientes puellam, velocius regi repraesentant. — Qua visa rex valde gavisus suo eam conjugio sociavit, habens jam de concubina filium nomine Theodoricum. »

1. Voir le sommaire de ces deux récits à l'appendice. La *V. Chrotildis*, Bouquet III, 397 et ss., abrège et arrange arbitrairement à son gré la relation des *Gesta*. Avec une singulière naïveté, l'auteur de cette Vie omet l'un des deux désirs exprimés par Chrotechilde, le désir de vengeance ; il craint en effet de nous montrer sa sainte sous un jour défavorable.

2. Les cinq épisodes principaux sont : la destinée des deux filles du roi Chilperich ; l'envoi d'une ambassade en Burgundie ; la demande en mariage à Gundobad ; le départ et le voyage de la fiancée; la célébration des noces. Tel est l'enchaînement des faits et dans le récit de Grégoire, p. 50. n. 1 et dans ceux que nous donnons à l'appendice.

une tendance marquée à tout individualiser [1], à insister longuement sur telle ou telle circonstance particulière, des discours développés, suivis de répliques étendues. Pour le fond, les récits de nos deux chroniqueurs peuvent à peine se comparer avec celui de Grégoire, qu'ils amplifient à chaque instant. On y rencontre plusieurs faits d'un caractère purement romanesque, tels que le déguisement d'Aurélien en pauvre. A vrai dire, ils en contiennent d'autres qu'on serait plutôt tenté d'admettre; mais ils les présentent d'une façon si peu identique, et les rangent dans un ordre si différent, que cela seul doit suffire pour nous mettre en garde. L'*Historia epitomata*, par exemple, insiste plus spécialement sur la fuite de Chrotechilde et sur la poursuite dont elle fut l'objet ; les *Gesta* s'étendent davantage sur la célébration des noces ; le côté juridique des négociations qui précédèrent le mariage ressort mieux dans l'*Historia epitomata*, et ainsi de suite.

Les deux narrateurs ne mettent pas toujours en scène les mêmes personnages : la demande de Chlodovech est portée à Gundobad, dans les *Gesta*, par Aurélien, dans l'*Historia epitomata*, par d'autres envoyés ; l'*Historia epitomata* qualifie Aurélien de Romain ; les *Gesta* gardent le silence sur sa nationalité. Certaines données sont traitées différemment dans les deux récits : ainsi l'idée du vol auquel Aurélien s'expose, en s'habillant en mendiant. Toute cette histoire, on le sent, bien qu'arrêtée dans ses contours généraux, est encore flottante, et susceptible de se plier à des formes diverses. En outre, nos deux chroniqueurs comprennent chacun d'une manière très-distincte le caractère et la portée de l'événement qu'ils racontent. Selon l'idée qu'ils prennent pour point de départ, ils impriment aux faits tel ou tel tour particulier. Pour les *Gesta*, le mariage de Chlodovech est la cause de sa conversion au christianisme. Dès le début, l'auteur observe que Chrotechilde est chrétienne ; une fois ce point de départ adopté, tout le reste y concorde. Il s'at-

---

1. L'*Historia epitomata*, chose remarquable, s'efforce constamment de rattacher les événements qu'elle raconte à un lieu déterminé. Ces localisations, cela va sans dire, ne sont rien moins que sûres. En ceci, les *Gesta* n'imitent pas l'*Historia epitomata* ; tout y est laissé dans le vague.

tache principalement à mettre en lumière la piété de Chrotechilde : la première pensée qui vienne à celle-ci, quand
elle se voit recherchée par Chlodovech, c'est qu'une chrétienne ne doit pas épouser un païen ; à peine mariée, elle
s'efforce de gagner le souverain Frank à la foi catholique.

D'autre part, l'*Historia epitomata,* source burgunde, considère surtout ce mariage comme ayant amené la ruine du
royaume de Burgundie : en épousant Chrotechilde, Chlodovech épouse aussi sa vengeance ; c'est ce dont Aridius se
rend parfaitement compte ; il le fait comprendre à Gundobad,
mais trop tard ; la fille de Chilperich en quittant le territoire
burgunde, prélude aux représailles futures par un acte symbolique. Il est clair que, sous l'influence de cette double
conception, le récit des *Gesta* et celui de l'*Historia epitomata*
devaient nécessairement revêtir une forme très-différente, et
c'est ce qui est arrivé en effet.[1] Sans doute chacune de
ces manières de voir peut se justifier historiquement[2] ;
mais nos deux chroniqueurs se laissent trop complètement
dominer par elles, pour qu'il ne faille pas se défier de leur
témoignage. De plus, nous trouvons chez eux, et particulièrement dans les *Gesta,* une certaine teinte de partialité.
Plein d'admiration pour l'énergie des Franks, le rédacteur
des *Gesta* regarde les Burgundions comme une nation lâche,
impuissante : aussi, d'après lui, les grands de Burgundie dé-
conseillent-ils la guerre, quand le roi la désire. La partialité,
dans l'*Historia epitomata,* est moins évidente ; on y remarque pourtant une antipathie assez naturelle pour les
Franks[3]. Il est encore un point qui mérite de fixer notre
attention : c'est l'influence exercée sur nos chroniqueurs par
le temps dans lequel ils ont vécu et écrit. Des deux côtés,
cette influence se fait sentir ; les deux ouvrages portent, en

1. Sans doute l'auteur de l'*Historia epitomata* sait bien que
Chrotechilde est chrétienne, et l'on trouve aussi dans les *Gesta*
l'idée d'une vengeance à exercer ; mais les deux conceptions que
nous avons données pour *caractéristiques* n'en sont pas moins les
pivots essentiels des deux récits.
2. Fauriel, ii, 493-506, discute la valeur des deux narrations dans
un appendice. La tendance dominante qu'il en dégage, c'est un
certain désir de faire valoir, aux yeux du souverain frank, la fidélité et le savoir-faire des Gallo-Romains. cf. p. 505, 506.
3. *Hist. epit.* c. 19: «... quam omni tempore tu et tui scanda-
lizemini a Francis. »

plus d'un endroit, le reflet d'une époque postérieure à celle qu'ils racontent. Les *Gesta*, par exemple, nous dépeignent la situation politique des grands à la cour de Burgundie sous un aspect qu'elle n'avait certainement pas du vivant de Chlodovech. De même, la narration de l'*Historia epitomata* se ressent de ce que la chute du royaume des Burgundes est connue du narrateur: les personnages mis en scène peuvent faire des allusions précises à l'avenir.

Ce qui résulte pour nous des précédentes observations, c'est qu'on ne saurait attribuer aux deux relations postérieures un caractère strictement historique ; ce sont des traditions, des chants, qui, nés de l'inspiration populaire et répétés de bouche en bouche chez les Franks et chez les Burgundions, se sont développés peu à peu, jusqu'au jour où les auteurs de l'*Historia epitomata* et des *Gesta* les ont traduits en prose. Sans doute ces derniers ont tiré bien des choses de leur propre fonds : ainsi, l'idée qui sert de base au récit des *Gesta* a probablement été rehaussée, mise en évidence par le chroniqueur; peut-être même vient-elle de lui. En résumé, nous pouvons répéter ici ce que nous avons dit à propos de notre première catégorie d'informations concernant Childerich. Pour le critique en quête de la vérité historique, nos deux relations postérieures n'entrent pas en sérieuse considération à côté de celle de Grégoire [1]. Elles n'en sont, il est vrai, que plus importantes au point de vue du développement de la poésie héroïque en Allemagne. La poésie héroïque allemande, à la suite des épopées franco-burgundes, a fait plusieurs emprunts à l'histoire de la Burgundie [2]. C'est ainsi que le mariage de Chlodovech avec la vindicative Chrotechilde, considéré comme ayant amené la ruine des Burgundions, a influé d'une manière décisive sur la composition des Nibelungen, telle qu'elle s'offre à nous dans les rédactions de la fin du XII° et du commencement du XIII° siècle. Mais nos deux récits prouvent que dès le VII° siècle certaines traditions héroïques de la Germanie étaient

---

1. Des tentatives telles que celles de Dubos III, 23; Huschberg, 632 ; Pétigny, II, 400, qui ont voulu faire de l'histoire en combinant ensemble les deux récits, et en écartant ce qui leur paraissait invraisemblable, ne méritent même pas d'être combattues.

2. Voy. Müller, *Versuch einer mythologischen Erklærung der Nibelungensage*, p. 31 et ss.

devenues des poëmes, dont la partie essentielle a survécu.

Revenons au récit de Grégoire, le seul digne de foi. Du temps où il fut composé, la poésie, à ce qu'il semble, ne s'était pas encore emparée du mariage de Chlodovech. Nous n'avons, du reste, aucun sujet de révoquer en doute le témoignage de notre historien, et nous n'hésitons pas à tenir pour constants les faits qu'il raconte. Ce qu'il dit des crimes de Gundobad soulève pourtant une objection; peut-être nous peint-il ce prince sous des couleurs un peu trop noires [1]. Grégoire puisait ses informations à des sources franques, et il se pourrait que les Franks eûssent défiguré l'histoire en haine d'un roi burgunde, sectateur de l'arianisme; les autres renseignements que nous avons sur Gundobad lui sont moins défavorables.

A quelle époque Chlodovech épousa-t-il la princesse burgunde? Grégoire ne le dit pas: nous pouvons supposer que ce fut en 493 [2].

On a pensé que la conséquence la plus grave de ce mariage avait été de fournir à Chlodovech un prétexte pour attaquer et pour conquérir la Burgundie, en faisant de lui le vengeur obligé du roi burgunde Chilperich, assassiné par Gundobad. La poésie burgunde, nous l'avons vu, a donné à cette idée un relief particulier. Historiquement, le fait en question n'a pas grande importance; car, en droit, la vengeance avait cessé d'être un devoir pour Chlodovech le jour où il s'était converti au christianisme; d'ailleurs notre prince, en général, ne s'inquiétait même pas de trouver des prétextes pour ses guerres de conquêtes. Ce qui doit plutôt attirer notre attention, c'est l'union de Chlodovech avec une chrétienne, avec une catholique. [3] On a plusieurs exemples de rois germains gagnés par leurs femmes à la foi chrétienne, et spécialement à la foi catholique. Si nous consul-

1. Luden, III, 62 et notes; Gaupp, *Die germanischen Ansiedlungen*, p. 388, ont appelé l'attention sur ce point, le premier en termes trop affirmatifs, le second avec plus de réserve.

2. Comp. Dubos III. c. 24. Chlodovech a eu deux fils, avant de marcher contre les Alamans. (496.)

3. Pétigny II, 411 et 400, suppose, sans apporter aucune preuve à l'appui de son opinion, que le mariage de Chlodovech avec une chrétienne catholique entraîna la soumission des pays d'entre Somme et Seine.

tons le récit de Grégoire, [1] nous y voyons que la pieuse
princesse s'efforçait constamment d'amener son époux au
christianisme. La réponse que notre historien prête au souverain frank est bien conforme à l'esprit du paganisme germanique : « Tout est créé par l'ordre de nos dieux ; quant au
vôtre, il ne peut rien ; et, ce qui est plus grave, on ne voit
même pas qu'il soit de la race des dieux [2]. » Chlodovech
consentit pourtant, d'après ce que raconte Grégoire, à ce que
le premier-né de Chrotechilde, Ingomer, fût baptisé ; mais l'enfant tomba malade et mourut avant qu'on lui eût ôté la robe
blanche du baptême. Cette mort éveilla les appréhensions
de Chlodovech ; en effet, il craignait la colère des dieux
païens qu'il avait offensés. L'enfant, se disait-il, aurait vécu
s'il avait été béni en leur nom. Cependant il permit encore
à la reine de faire baptiser son second fils, Chlodomer.
Celui-ci étant tombé malade à son tour après la cérémonie,
le roi conçut de nouveaux doutes sur la puissance du dieu des
chrétiens, jusqu'à ce que Chrotechilde eût sauvé l'enfant par
ses prières. On voit quel ascendant Chrotechilde exerça sur
Chlodovech, d'après la tradition suivie par Grégoire : avec
elle, le christianisme entra dans la famille du souverain
frank. La présence de cet élément nouveau ne pouvait
manquer d'influer sur la personne et sur les décisions de ce
dernier.

CHAPITRE V

Conversion de Chlodovech au christianisme.

Nous raconterons en premier lieu le baptême de Chlodovech, d'après nos sources ; nous présenterons ensuite quelques courtes observations sur l'importance historique de cet
événement.

1. Grég. ii, 39. Le discours mis par Grégoire dans la bouche de
Chrotechilde n'est évidemment qu'un ornement de rhétorique.
Comp. Rettberg, op. cit. i, 273.
2. « Deorum nostrorum jussione omnia creantur ac prodeunt ;
Deus vero vester nihil posse manifestatur ; et, quod magis est, nec de
deorum genere esse probatur. »

Grégoire nous a laissé une relation détaillée du baptême [1]. Son récit a une couleur religieuse très-prononcée, mais l'élément légendaire, qui joue un si grand rôle dans les narrations postérieures, y parait à peine. Grégoire lui-même y mentionne l'existence d'une biographie de Remi, évêque de Reims [2]. Le baptême du Chlodovech, ayant marqué dans la vie de cet évêque plus qu'aucun autre événement, avait probablement été décrit par le biographe avec une prédilection toute particulière. Comme l'ouvrage existait encore du temps de Grégoire, on ne peut guère supposer que celui-ci n'en ait pas tiré parti ; il est donc très-vraisemblable que notre historien s'est conformé, quand aux points essentiels, à ce qu'il lisait dans cette ancienne *Vita Remigii*, aujourd'hui perdue.

L'histoire du baptême de Chlodovech se rattache, dans l'ouvrage de Grégoire, à celle de la guerre Alamannique. L'heureuse disposition d'esprit où se trouve le roi païen, à la suite de sa victoire, ne doit pas rester stérile.

« La reine mande secrètement [3] Remi évêque de Reims, le priant de faire pénétrer la parole du salut dans le cœur du roi, qui, revenu de son expédition contre les Alamans, se reposait alors à Reims [4]. Aux premiers mots de Remi, Chlodovech s'écrie : « Très-saint père, je t'écouterai volon-
« tiers : mais il y a une difficulté, c'est que le peuple qui me
« suit ne veut pas abandonner ses dieux [5]. Toutefois, je

---

1. En ce qui touche les sources dérivées et leurs déviations, consulter l'appendice.

2. Ibid : « Est enim nunc *liber vitae* eius, qui narrat eum mortuum suscitasse. » De quel droit Giesebrecht, *op. cit.* i, 92. n. 2, identifie-t-il cette *Vita* avec celle que nous possédons encore sous le nom de *Fortunat*? Je ne m'en rends pas bien compte. (N. de l'A.) Il est facile de prouver qu'il a existé une Vie de saint Remi, que Grégoire avait sous les yeux, et qui a servi à Fortunat et à Hincmar (N. du T).

3. *Clam, secretius*, dit Grégoire, probablement parce qu'on n'est pas encore sûr des dispositions du peuple frank.

4. Comp. ce que nous disons plus haut, p. 42 n. 4 et 5, à propos du retour de Chlodovech.

5. C'est ainsi que Lœbell, p, 258 traduit ces mots : « Sed restat unum, quod populus qui me sequitur non patitur relinquere Deos suos. » Cette traduction est la bonne. La leçon adoptée par Luden iii, p. 73, et consistant à ajouter un *me* après *patitur*, n'est accep-

« vais lui parler dans le sens de tes paroles. » Il va donc
au milieu des siens, et avant même qu'il ouvre la bouche,
le peuple s'écrie tout d'une voix : « Pieux roi, nous rejetons
« les dieux mortels, et nous sommes prêts à suivre le dieu
« immortel que prêche Remi. » Aussitôt l'évêque fait procéder avec pompe et solennité aux préparatifs du baptême ;
on marche dans les rues à l'ombre de toiles peintes ; les
églises[1] sont ornées de tentures blanches, des nuages d'en-
cens s'élèvent, des cierges odoriférants brillent de toutes
parts, en sorte que les assistants se croient transportés au
milieu des parfums du paradis. Le roi, vêtu de la robe
blanche des néophytes[2], demande à être baptisé le premier
par le pontife. Nouveau Constantin, il s'avance vers les fonts
sacrés. « Courbe humblement la tête, Sicambre, » lui dit
le saint de Dieu, « adore ce que tu as brûlé, brûle ce que tu
as adoré[3]. » Puis, après avoir confessé le mystère de la
Trinité, (Grégoire insiste sur ce point parce qu'il songe à
l'arianisme,) Chlodovech est baptisé au nom du Père, du Fils
et du Saint-Esprit ; il est oint du saint chrême, et l'on trace
le signe de la croix sur le front du premier roi germain[4] qui
ait été conquis par l'Eglise catholique. Plus de trois mille
hommes de son armée reçoivent le baptême avec lui, ainsi
que sa sœur Alboflède, morte peu de jours après. Une autre
sœur de Chlodovech, Lantechilde, abjure l'hérésie arienne,
et se convertit au catholicisme. »

table ni au point de vue de la grammaire ni au point de vue du
sens.

1. Il faut une virgule entre *plateae* et *ecclesiae*.

2. Voir l'*Epist. Aviti*, Bouquet IV, p. 55, n. 3.

3. « Mitis depone colla, Sicamber : Adora quod incendisti, in-
cende quod adorasti. » *Mitis* est attributif. Comp. Luden, III, 70.

4. La phrase de Grégoire : « delibutusque sacro chrismate cum
signaculo crucis Christi, » est ainsi traduite par Luden : « il fut
oint du saint chrême en forme du signe de croix. » — Je n'ai rien
pu trouver de positif sur le rite catholique. Les divers passages
cités par Matthies, *Baptismatis expositio* p. 212. n. 54 ne nous apprennent rien sur ce sujet ; le passage de Cyprien, *ep.* LXXII, : « ut
qui in ecclesia baptizantur praepositis ecclesiae offerantur, ut per
nostram orationem et manus impositionem spiritum sanctum con-
sequantur et vignaculo dominico consummentur, » ne tranche pas
la question de savoir si l'on oignait, oui ou non, les néophytes en
forme de croix. Toutefois, au point de vue grammatical, l'interprétation que nous avons donnée est la seule admissible.

Là s'arrête notre historien. Son récit porte le cachet de la vérité même : il en dit plutôt trop peu que trop. Une lettre d'Avit, évêque de Vienne, à Chlodovech, lettre contemporaine de l'événement [1], jette un nouveau jour sur la solennité religieuse qui nous occupe, et sur les efforts qu'on fit pour lui donner plus d'importance extérieure. D'après cette épître, une partie du clergé catholique des Gaules, ou tout au moins tous les évêques alors soumis à Chlodovech, paraissent avoir été présents au baptême. Il semble que des invitations aient été adressées à certains évêques catholiques dont les diocèses n'appartenaient pas au royaume frank : Avit s'excuse presque de n'avoir pas assisté personnellement à la cérémonie. Grégoire ne mentionne pas la présence de ces évêques : mais son silence n'a rien d'extraordinaire si l'on songe que Remi, ayant seul consommé l'acte du baptême, a seul joué un rôle considérable dans cette circonstance, auprès de Chlodovech.

Il nous faut maintenant examiner d'un peu plus près certains points sur lesquels nos renseignements diffèrent, car à côté de la tradition vraie du baptême de Chlodovech, il s'en est formé une fausse.

Et d'abord, en ce qui concerne l'époque du baptême, Grégoire ne nous fournit aucune indication précise. S'il faut en croire certaines sources [2]. Chlodovech fut baptisé le jour de Pâques [3]. D'autre part, il résulte de la lettre d'Avit [4] que

1. *Ep. Aviti*, ap. Bouquet, iv, 50, A : « Conferebamus namque nobiscumque tractabamus, quale esset illud, cum *adunatorum* numerus pontificum manus sancti ambitione servitii membra regia undis vitalibus confoveret, cum se Dei servis inflecteret timendum gentibus caput, cum sub casside crines nutritos salutaris galea sacrae unctionis indueret. »

2. *Hist. epit.* c. 21 : « nam cum de proelio memorato superius Chlodoveus Remis fuisset reversus, clam a S. Remedio Remensis urbis episcopo adtrahente etiam Chrotechilde regina baptismatis gratia cum vi millibus Francorum in pascha domini consecratus est. » Voir dans la *V. Remigii*, Bouquet, iii, 376, le même renseignement.

3. Dubos, iv, 1, dépense beaucoup d'esprit et de sagacité pour démontrer comment cette opinion a pu prendre naissance; mais son argumentation n'est pas convaincante. Le mieux est de penser avec Rettberg, i, 276, que Pâques est indiqué ici comme l'époque où l'on baptisait *habituellement*.

4. Voici les passages qui nous intéressent : ..... « siquidem et

la cérémonie eut lieu à Noël, et comme l'abjuration du
souverain frank coïncide avec son retour de la guerre Alamannique de 496, nous pouvons tenir l'an 496 pour l'année
même du baptême. Un passage de la lettre de Remi [1],
écrite, elle aussi, peu de temps après l'événement, confirme
indirectement le témoignage de l'évêque de Vienne. L'allusion que fait Remi au froid de l'hiver se comprendrait difficilement dans l'hypothèse de Pâques. Ainsi, nul doute que
la véritable date du baptême ne soit le jour de Noël de l'an 496.

Pour la question de lieu, comme pour la question de date,
nous nous trouvons en présence d'assertions contradictoires.
Mais l'une de nos sources indique formellement Reims [2].
La déclaration contraire de l'évêque Nicet, qui, dans une
lettre adressée à la petite-fille de Chlodovech, désigne l'é-
glise de Saint-Martin de Tours, paraît reposer sur une inadvertance [3].

Enfin, il y a désaccord sur le nombre des Franks qui reçurent le baptême à Reims conjointement avec Chlodovech.

La première question à résoudre est celle-ci : le peuple
frank tout entier fut-il baptisé en même temps que son chef?
Grégoire évalue à plus de trois mille le nombre des personnes
baptisées. Ce chiffre ne comprend que des hommes en état
de porter les armes, et représente simplement une partie de
l'armée de Chlodovech [4]. Quand notre historien raconte,

occiduis partibus in rege non novo novi jubaris lumen effulgurat.
Cujus splendorem congrue redemptoris nativitas inchoavit : ut
consequenter ea die ad salutem regenerari ex unda vos pateat quo
natum redemptioni suae caeli dominum mundus accepit. Igitur qui
celeber est natalis domini, sit et vestri; quo vos scilicet Christo,
quo Christus ortus est mundo. » Avit reçut par un messager la
nouvelle du baptême : « unde nos post hanc exspectationem jam
securos vestri sacra nox reperit. «

1. Bouquet iv, 51, fin : Tamen per harum (epistolarum) bajulum
si jubetis, ut vadam, contempta hiemis asperitate... ad vos... perve-
nire contendam. »

2. V. Vedasti, Bouquet, iii, 372 : » Quo (à Reims) quantisper
moratus sacrae trinitatis fidem Chlodoveus professus baptismi gratiam recipit. »

3. Bouquet, iv, 77 C et notes. Nicet suppose que Chlodoswinde a
entendu vanter par sa grand-mère l'ardeur de Chlodovech à em-
brasser la vérité, d'après les leçons de Remi. « Cum ista... probata
cognovit, humilis ad Domini Martini limina cecidit et baptizari se
sine mora permisit. » Comp. Rettberg, i, 276,

4. « De exercitu vero ejus baptizati sunt amplius tria millia. »

quelques lignes plus haut, que, Chlodovech ayant annoncé ses projets aux Franks, le peuple tout entier se déclara prêt à renier ses anciens dieux, il emploie une manière de parler qu'on ne saurait prendre au pied de la lettre. On a voulu combattre, au moyen de certaines citations, l'opinion que nous émettons ici, en nous fondant sur le texte de Grégoire; mais aucun des passages cités n'est concluant. L'un d'eux se rapporte évidemment à une époque postérieure [1]; le second est conçu dans des termes trop généraux pour qu'on puisse en tirer aucune conséquence particulière [2]; le troisième semble fondé sur un texte mal compris [3]. Il résulte d'ailleurs d'autres témoignages très-dignes de foi que la totalité du peuple frank ne reçut pas le baptême en même temps que Chlodovech: Avit, dans sa lettre, exprime l'espoir que Dieu, ayant déjà touché le cœur du prince, amènera bientôt à lui toute la nation franque [4]; Vaast, appelé au siége épiscopal d'Arras, trouve dans son diocèse des Franks encore païens qu'il entreprend de convertir [5]. En présence de preuves si solides, si positives, l'opinion en vertu de laquelle le peuple frank tout entier aurait embrassé le christianisme dès Noël 496, ne se soutient même pas. Néanmoins, on pourrait être tenté de croire que l'assertion de Grégoire a besoin d'une rectification. D'après un auteur, six mille Franks furent bap-

1. Lettre d'Hormisdas, *V. Remigii*. Bouquet, III, 379 C : « Chludowici, quem nuper ad fidem cum gente integra convertisti et sacri dono baptismatis consecrasti. »

2. Lettre du pape Anastase à Chlodovech, Bouquet, IV, 50 E : « quippe sedes Petri in tanta occasione non potest non laetari, cum plenitudinem gentium intucatur ad eam veloci gradu concurrere. »

3. Discours d'Hincmar, Baluze, *Capitularia* t. II p. 220 (comp. Dubos III, c, 19): « Hludovici regis Francorum incliti per beati Remigii... praedicationem cum integra gente conversi et cum tribus millibus Francorum exceptis parvulis et mulieribus... baptizati.» Comp. le passage des *Gesta*, dont Hincmar s'est certainement inspiré, c. 15 : « Baptizantur de exercitu eius amplius quàm tria millia virorum. Baptizantur sorores... ipsa die. Baptizaturque postea cunctus populus Francorum cum gloria. »

4. Bouquet, IV, 50, B. « unum quod vellemus augeri, ut quia Deus gentem vestram per vos ex toto suam faciet. »

5. *V. Vedasti,* Bouquet III, 372: « Erat gratus penes aulam regiam (Vaast) nec valebat Francorum viros a profanis erroribus ex integro retrahere. Sed *paulatim*, quos per dulcia effamina religionis suadebat, ecclesiae capiebat sinu. »

tisés avec Chlodovech [1]; un autre met trois mille hommes
en état de porter les armes, sans compter les femmes
et les petits enfants [2]; un troisième donne le chiffre de
364; il faut dire qu'il qualifie ces 364 convertis de personnages haut placés. Mais cette dernière version ne mérite
pas qu'on s'y arrète [3]. Quant à la mention des femmes et des
enfants, on n'y peut voir qu'une simple addition [4]; et, en
définitive, le témoignage de Grégoire reste seul debout.

On a fait une singulière conjecture [5], que nous devons
au moins mentionner ici : on a prétendu qu'à l'occasion du
baptême une partie des Franks, alors soumis à Chlodovech,
s'étaient soustraits à sa domination, et avaient reconnu l'autorité de Ragnachar, pour rester fidèle à l'ancien culte
païen. Cette hypothèse ne trouve aucun point d'appui dans
les textes [6]. A vrai dire, nous ne pouvons déterminer avec
exactitude l'époque à laquelle les Franks de Chlodovech re-
noncèrent complètement au paganisme [7] : la lettre du pape

1. *Hist. epit.* c. 21. voir p. 59. n. 2.
2. *V. Remigii*, Bouquet, III, 377 : « Baptizantur autem de exercitu ejus tria millia virorum exceptis parvulis et muliebribus. » Dubos
s'exagère la valeur de ce passage, qu'il considère comme tiré de
l'ancienne Vie de Remi.
3. *V. Solennis*, Acta SS. Boll. Sept. VII, 69 : « Qui (Solennis)
sacerdos... assumsit secum sacrae legis cultores Remigium et Ve
dastum... et ad regem perveniens baptizavit eum cum omnibus
dignitatibus suis et simul cum eo duces 364 nobilissimos Francorum... » Cette Vie trahit en plusieurs endroits la complète igno-
rance de l'auteur; elle n'est pas non plus très ancienne. Rettberg, I,
277, en fait trop de cas.
4. Bouquet voit dans la variante de l'*Historia epitomata* une erreur de copiste. D'après Rettberg, I, 277, 3,000 Franks s'étaient dé-
cidés à recevoir le baptême; mais les 364 nobles furent baptisés
avec Chlodovech à Noël 495; les autres seulement aux Pâques
suivantes. Assurément une telle méthode d'interprétation permet de
concilier les textes les plus contradictoires.
5. Lœbell, 261. 266. —Rettberg, I, 275; réfutés par Waitz, *Verfg.*,
1re éd. II, 48, n. 2.
6. Pas même dans ce passage de la *V. Remigii*, Bouquet III, 377
D : « Multi denique de Francorum exercitu necdum ad fidem conversi cum regis parente Ragnacario ultra Summam fluvium ali-
quamdiu degerunt. » Il ne ressort pas du tout des termes dans lesquels est conçue cette phrase, que les Franks en question fussent
des Franks soumis à Chlodovech.
7. Comp. le passage des *Gesta*, c. 15. p. 61, n. 3.

Hormisdas, qui nous a été conservée par Hincmar, ne prouve
pas que cette renonciation ait eu lieu du temps de Remi[1].
Nous ne savons pas non plus si l'abjuration de notre prince
influa directement sur la conversion des autres Franks Saliens.
Le roi Chararich et son fils étaient chrétiens lorsque Chlodovech s'empara de leur royaume ; quand à Ragnachar, à ses
frères, et aux autres chefs saliens, parents de Chlodovech,
nous n'avons sur eux aucun renseignement précis ; ils paraissent être restés païens[2]. La même observation s'applique
aux Franks Ripuaires et à leur roi Sigebert.

Deux lettres que Chlodovech reçut peu de jours après
son baptême, lettres émanées l'une et l'autre de hauts prélats catholiques, nous montrent quel vif intérêt la conversion du souverain frank excita dans la chrétienté orthodoxe,
et quelles espérances elle y éveilla. L'une de ces lettres a
pour auteur Avit, évêque de Vienne, qui consacra sa vie à la
propagation de la foi catholique chez les Burgundions ariens.
Avit n'avait pu assister au baptême ; il écrit au roi pour s'en
excuser.

C'est avec joie, dit-il[3], qu'il a vu Chlodovech se convertir à la vraie doctrine, malgré les efforts des schismatiques
(par ces mots il désigne évidemment les ariens). Les catholiques, jusqu'à ce moment, fondaient toute leur confiance
sur l'éternité ; laissant à Dieu le soin de décider qui, d'eux
ou des ariens, possédait la vraie foi, ils s'en rapportaient à
la sentence du jugement dernier : et voilà que déjà dans le
temps, un rayon de la vérité a percé les nuages. Car la pro-
vidence divine a fait surgir un juge. Le choix de Chlodovech est un arrêt pour tous. Aux exhortations des prêtres,
aux sollicitations des parents, des amis, on n'opposera plus
désormais, comme autrefois, les habitudes de race et les
traditions paternelles. N'empruntant à la longue série de ses
aïeux que la noblesse de leur sang, Chlodovech a voulu
léguer à sa postérité un titre capable de rehausser encore
l'éclat de la plus illustre naissance[4]. Roi temporel, il

1. Voy. plus haut. p. 61. n. 1.
2. Voy. p. 62. n. 6.
3. Bouquet, IV, 49. et ss. *Avitus Viennensis episcopus Chlodovecha regi.*
4. « De toto priscae originis stemmate *sola nobilitate* contenti, quidquid omnis potest fastigium generositatis ornare, prosapiae

règne avec la même gloire que ses prédécesseurs ; serviteur de Dieu, il sera pris pour modèle par ses descendants. Avit félicite l'église orthodoxe d'avoir obtenu, en Occident [1], la conversion d'un monarque, et fait observer que la régénération de Chlodovech s'est rencontrée, par une remarquable coïncidence, avec l'anniversaire de la naissance du Sauveur [2]. Il n'a pu assister au baptême en personne ; mais, averti par un messager, il s'y est trouvé en esprit, et il s'est représenté par la pensée le moment solennel où la tête de Chlodovech, objet de crainte pour les peuples, s'est inclinée devant les ministres de l'Eglise [3]. Il espère que la conversion du roi ne fera qu'augmenter la force de ses armes, toujours favorisées par la fortune [4]. Il ne veut pas donner de conseils à Chlodovech : celui-ci n'a pas besoin qu'on lui recommande la foi, l'humilité, la douceur, puisqu'il pratiquait déjà ces vertus à une époque où l'on ne pouvait pas encore les exiger de lui. Avit se contentera d'appeler l'attention du monarque sur un seul point : avant peu, Dieu aura fait sien tout le peuple frank ; que Chlodovech se hâte donc de communiquer la précieuse doctrine du salut aux nations encore plongées dans les erreurs du paganisme ; qu'il n'hésite pas à leur envoyer des missionnaires ; il accroîtra par là le royaume de ce Dieu, qui a élevé celui des Franks à un si haut degré de puissance. En agissant de la sorte, il verra les peuples étrangers le servir d'abord à

vestrae a vobis voluistis exsurgere. » L'interprétation de ce passage a été négligée. Si l'on songe que Chlodovech, en embrassant le christianisme, abandonna ses anciens dieux, on ne peut hésiter sur le sens des paroles d'Avit. Nous savons que plusieurs familles royales germaniques s'attribuaient une origine divine : Chlodovech renonce à cette prétention ; il ne lui reste plus que la noblesse de ses ancêtres ; c'est à lui maintenant de remplacer, par la gloire de sa conversion, la gloire que revendiquaient ses ancêtres, en se disant issus des dieux.

1. Avit fait allusion ici à l'empereur d'Orient Anastase, qui passait pour n'être pas complétement orthodoxe.

2. Voy. le pass. cité plus haut, p. 59 n. 4.

3. Voy. plus haut, p. 59 n. 1.

4. « Nec pudeat pigeatque etiam directis in rem legationibus adstruere partes Dei, qui tantum vestras erexit : quatenus externi quoque populi paganorum, pro religionis vobis primitus imperio servituri, dum adhuc in alios videntur habere proprietatem, discernant potius gentem quam principem. »

cause de la religion, puis se soumettre complètement à lui [1], et il sera alors comme le soleil qui luit pour tous : sans doute ceux qui seront placés dans son voisinage immédiat recevront de son diadême une plus vive lumière ; mais l'éclat de sa souveraineté rayonnera aussi sur les absents. Avit ajoute que tout célèbre le triomphe de Chlodovech, et que l'Eglise elle-même s'intéresse à ses succès : chaque bataille qu'il livre est une victoire pour elle. En terminant, l'évêque de Vienne recommande le fils de Laurentius à la bienveillance du roi.

La seconde lettre est celle du pape Anastase [2]. Le souverain pontife se félicite vivement de ce que son exaltation au Saint-Siége ait coïncidé avec le baptême du roi. Successeur de Saint-Pierre, comment n'éprouverait-il pas un profond sentiment d'allégresse, en voyant la multitude des peuples accourir vers sa chaire [3] ? Pour témoigner sa joie à Chlodovech, il lui envoie le prêtre Eumène. Puisse le monarque persévérer dans la bonne voie, et réjouir le cœur de l'Eglise, sa mère : puisse-t-il être pour elle une colonne d'airain, aujourd'hui surtout qu'elle a tant de combats à soutenir [4]. Du reste, Anastase place sa confiance en Dieu, qui vient d'arracher Chlodovech aux ténèbres du paganisme, et d'introduire dans l'Eglise un prince capable de la défendre, de la soutenir. Il appelle la bénédiction du ciel sur la personne et sur le royaume de son glorieux et bien-aimé fils le roi des Franks.

Assurément les prélats catholiques placés sous la dépendance de Chlodovech ne lui refusèrent pas non plus les témoignages de leur sympathie. Nous voyons notamment par une lettre de l'évêque Remi, combien grande était sa sollicitude pour son royal prosélyte [5]. La sœur de Chlo-

---

1. Les mêmes idées se font jour dans la réponse d'Avit à Gundobad, en 499 (v. plus loin, p. 76. n. 1.) On trouvera des passages analogues dans Lœbell, p. 260.

2. Bouquet, iv, 50. Glorioso et illustri filio Cludoecho Anastasius episcopus.

3. Voy. p. 61 n. 2.

4. « Lactifica ergo, gloriose et illustris fili, matrem tuam, et esto illi in columnam ferream. »

5. Bouquet, iv, 51. « Domino illustri meritis, Chlodoveo regi, Remigius episcopus. » Comp. avec Grég. ii, 31, fin.

dovech, Alboflède, baptisée en même temps que son frère,
était morte peu après la cérémonie : Remi se montra fort em-
pressé à consoler le roi. Si celui-ci le désire, écrit-il, il se
rendra de Reims à Soissons, sans craindre ni le froid de
l'hiver ni la fatigue du voyage. Assurément il était sincère en
s'exprimant ainsi.

À vrai dire, l'Eglise catholique pouvait avec raison s'ap-
plaudir de sa nouvelle conquête. La conversion de Chlodovech était pour elle un événement de la plus haute importance : nous voyons par les lettres d'Anastase et d'Avit qu'il
y avait des hommes d'un esprit assez pénétrant pour le comprendre. L'arianisme, à cette époque, l'emportait sur le catholicisme dans tous les royaumes germaniques de l'Europe Occidentale. En gagnant à elle Chlodovech, l'Eglise
romaine se donnait une base solide dans ce jeune empire
frank, dont les progrès passés laissaient prévoir la future
extension. Associée à un tel empire, elle devait prendre un
rapide essor. Le royaume frank semblait fait tout exprès
pour servir de trait d'union entre le christianisme et les nations germaniques encore païennes [1] ; il pouvait s'opposer
à la marche envahissante de l'arianisme, ou du moins pro-
téger les catholiques placés sous la domination des ariens.
De son côté, Chlodovech, en embrassant la religion chrétienne et en optant pour le catholicisme, s'assurait de grands
avantages. Il rattachait à lui la population romane des pays
qu'il possédait au nord de la Loire ; il se conciliait surtout le
clergé catholique, si puissant en ces temps troublés sur les
esprits des hommes. Son autorité recevait de l'Eglise une
consécration plus haute ; son royaume revêtait au dehors
un caractère chrétien [2]. Aussi voyons-nous, même dans les
parties de la Gaule qui ne sont pas soumises à Chlodovech, tous les Romans catholiques tourner leurs regards
vers ce prince : ils espèrent être délivrés par son intervention
du joug détesté des Ariens [3]. Plus tard, quand il atta-

---

1. *Ep. Aviti*, Bouquet, iv, 50. B : « Unum ergo quod vellemus
augeri, ut... ulterioribus quoque gentibus, quas in naturali igno-
rantia constitutas, nulla pravorum dogmatum germina corruperunt,
de bono thesauro vestri cordis fidei semina porrigatis. »

2. Waitz, *Vfg.* ii, 56 et ss.

3. L'évêque Nicet a sur la question un mot intéressant, *Ep. Ni-
cetii*, Bouquet, iv, 77 : « Qui (Chlodoveus) baptizatus quanta in hae-

quera la Burgundie et le royaume des Wisigoths, il trouvera
chez ses ennemis un parti frank, qui lui prêtera un secours
efficace.

On a prétendu que Chlodovech lui-même avait prévu les
avantages qui résulteraient pour lui de son abjuration, et
qu'il s'était fait chrétien par habileté politique[1]. D'autres,
au lieu de lui prêter des vues intéressées, ont attribué sa
conversion à l'influence du Saint-Esprit[2]. En histoire, il y
a toujours péril à s'exagérer l'importance des mobiles indi-
viduels. Ce qu'il faut reconnaître, c'est que le peuple frank
et son chef subirent, de différents côtés, des influences qui
devaient tôt ou tard les amener au christianisme. En succé-
dant à Syagrius, Chlodovech se vit transporté avec ses compagnons d'armes au milieu d'une société dont la vie et l'é-
ducation étaient déjà profondément imprégnées des idées
chrétiennes. Les Franks, vivant à côté des Romans catholiques et dans leur contact perpétuel, ne pouvaient se soustraire à la contagion de l'exemple ; éloignés de leur patrie,
du berceau de leur ancien culte, ils donnaient par là même
plus de prise sur eux. Quant à Chlodovech, il subit visiblement l'influence de la reine. Le seul fait que, païen, il ait pu
épouser une chrétienne, nous montre quel ascendant le
christianisme exerçait sur lui et sur son entourage immédiat,
dès avant son mariage. Il est clair qu'après le mariage, cet
ascendant devait encore grandir ; aussi voyons-nous Chlodovech consentir à ce que les deux fils de Chrotechilde soient
baptisés dans la religion chrétienne, lorsque lui-même n'a
pas encore renoncé au paganisme. Les relations personnelles
de Chlodovech avec Remi, évêque de Reims, et avec

reticos Alaricum vel Gondobaldum Reges fecerit audisti. » V. aussi
Grég. T. III, prooem.

1. Planck, *Gesch. der christlich kirchl. Gesellschaftsverfassung*,
II, p. 25, explique la conversion de Chlodovech par des motifs politiques ; ce prince voulait, dit-il, se concilier les populations conquises, consolider son nouveau royaume, et aussi se procurer un
prétexte pour attaquer les Burgundions et les Goths, nations hérétiques.

2. Lœbell, p. 259 et ss. (voir son opinion p. 262) v. aussi Rettberg,
I, 274, et ss. L'opinion émise antérieurement par Schlosser, *Welt-
geschichte*) I, 102, est bien différente : « Chlodovech, dit-il, se convertit au christianisme, ou, pour mieux dire, il adopta les pratiques
de ce culte, à la place des cérémonies païennes. »

d'autres prélats de son royaume, méritent également d'être notées[1]. Tout porte à croire que le clergé catholique ne négligea aucun moyen, direct ou indirect, d'influer sur le souverain frank et sur son peuple. Certaines tentatives paraissent avoir été faites par les Ariens, pour attirer à eux Chlodovech[2] : les catholiques, à coup sûr, n'auront pas déployé moins de zèle que leurs rivaux[3]. Enfin Grégoire raconte[4] que Chrotechilde, incapable de vaincre par ses prédications les résistances de son mari, essaya de l'éblouir, lors du baptême de ses deux fils, par la pompe du culte chrétien : assurément le clergé n'aura pas manqué de recourir à ces moyens extérieurs pour frapper aussi l'imagination du peuple frank.

On voit, d'après ce qui précède, par quel enchaînement de causes et d'effets les Franks devaient être graduellement, mais sûrement amenés à la foi chrétienne et au catholicisme, seule confession répandue dans les pays où ils s'étaient installés. Peu nous importe, au fond, de savoir à quelle époque ils se convertirent, puisqu'il fallait que cette conversion eût lieu un jour ou l'autre. Qu'on pense ce qu'on voudra des incidents survenus, d'après Grégoire[5], pendant la bataille de Chlodovech contre les Alamans ; ces incidents, on doit en convenir, ne pouvaient influer que sur le moment de l'abjuration ; quant à l'abjuration elle-même, elle résultait d'une nécessité historique.

Un fait très-grave, ce fut la préférence donnée par Chlodovech au *Credo* romain. Ce choix épargna au royaume des Franks les funestes discordes qui divisaient ailleurs les Germains ariens et les Romans catholiques ; il rendit possible

1. Les *Vies de S. Vaast et de S. Arnulf* parlent aussi de l'influence exercée sur Chlodovech par ces prélats.

2. Commencement de la lettre d'Avit, p. 63 n. 4.

3. *Ibid.* : « solent plerique... si pro expetenda sanitate credendi aut sacerdotum hortatu aut quorumcumque sodalium suggestione moneantur, consuetudinem generis et ritum paternae observationis opponere. »

4. Grég. II, 29.

5. Chose singulière : il n'est pas question de ces incidents dans un passage où l'on s'attendrait pourtant à les voir mentionnés, au moins indirectement ; nous voulons dire dans la réponse que le peuple frank fait à Chlodovech, (Grég. II, 31,) lorsque celui-ci lui annonce son dessein d'abjurer le paganisme.

cette intime fusion des deux nationalités, dont s'est ressentie si profondément l'histoire des âges postérieurs. En outre, le baptême de Chlodovech fut le premier gage d'une alliance durable entre les Germains et l'Eglise romaine, alliance qui fit la grandeur du moyen âge, et qui nous donne aussi le secret de sa décadence.

CHAPITRE VI

Guerre de Chlodovech avec la Burgundie.

Humble à l'origine, le royaume de Chlodovech en Gaule avait atteint, vers la fin du ve siècle, un développement assez considérable. Tout le pays situé au nord de la Loire en faisait partie; déjà même le souverain frank, par la soumission des Thuringiens et des Alamans, s'était ouvert un chemin vers l'intérieur de l'Allemagne. Le christianisme avait donné plus d'unité à cet empire: franks et Romans étaient mus maintenant par des intérêts communs. Chlodovech pouvait donc tenter de nouvelles entreprises, plus hardies encore que les précédentes; il pouvait aspirer à régner un jour sur la Gaule toute entière. Nous verrons qu'à cette époque l'idée d'entrer en lutte avec le roi des Wisigoths ne fut pas éloignée de sa pensée, mais pour un temps seulement: la rupture ne devait éclater que plus tard. En revanche, dès l'an 500, Chlodovech tourna ses armes contre la Burgundie, le second des deux royaumes germaniques qui se partageaient la Gaule méridionale: de ce côté, les circonstances paraissent avoir favorisé ses velléités de conquête.

Cette fois-ci encore, nous commencerons par le récit de Grégoire: en effet, pour la période de l'histoire franke qui nous occupe, c'est toujours à lui qu'il faut aller en premier lieu, afin de bien comprendre les renseignements qu'il nous donne, et d'en tirer tout le parti possible [1].

1. Grég. II, 32, 23. Les sources dérivées fournissent peu de renseignements importants. Sur une variante de l'*Hist. epit.* voir plus bas, p. 72 n. 2. Les deux versions des *Gesta*, c. 16, diffèrent entre elles,

« Deux frères » dit Grégoire, « Gundobad et Godegisel,
régnaient sur les pays qui s'étendent le long du Rhône et
de la Saône, et sur la province de Marseille (c'est-à-dire
sur une portion du territoire que les Romains appelaient la
Province [1].) Ces deux frères étant en guerre l'un contre
l'autre, Godegisel, instruit des victoires de Chlodovech, lui
fait secrètement demander par des députés s'il veut l'aider
à tuer Gundobad ou à le chasser du royaume. Il promet de
payer annuellement au roi des Franks le tribut que celui-ci
voudra lui-même lui fixer. Chlodovech accepte volontiers
cette offre, et, au temps marqué, dirige son armée contre
Gundobad. Celui-ci, ignorant l'artifice de son frère, l'appelle
à son aide. Les deux rois marchent contre Chlodovech ; une
bataille s'engage non loin de Dijon, près la rivière d'Ouche ;
Godegisel, comme c'était convenu, se réunit à Chlodovech,
et leurs armées combinées écrasent celle de Gundobad. Ce
dernier prend la fuite, et suivant les rives et les marais du
Rhône, se jette dans Avignon. Son frère promet au roi frank
une partie de ses états, et s'établit à Vienne. Quant à Chlodovech, ayant accru ses forces, il se met à la poursuite de
Gundobad, pour s'emparer de lui et le faire périr. Déjà le
fugitif se croit menacé d'une mort soudaine, quand l'habile
Aridius, auquel il a recours dans sa détresse, le sauve par
un stratagème adroit. Il fait d'abord promettre au roi burgunde de suivre aveuglément toutes ses prescriptions. Puis,
prenant congé de lui, il va trouver Chlodovech, et lui offre
ses services. Le roi l'accueille avec empressement, et ne

sur ce point, plus que d'habitude. Contrairement aux assertions
de Grégoire, elles nous montrent Gundobad et Godegisel combattant ensemble contre Chlodovech, auprès de Dijon : les deux rois
sont battus. Gundobad se réfugie à Avignon. A partir de là, l'une
des deux versions résume brièvement les faits, d'après Grégoire,
l'autre suit ce dernier presque mot pour mot. Toutes deux passent
sous silence le siége soutenu par Godegisel dans Vienne, et la retraite de Chlodovech. Ces variantes ne peuvent servir pour contrôler le récit de Grégoire. Elles s'expliquent par la manière dont
une source, dépendant d'une autre, s'approprie une relation antérieure. La *Vie de S. Remi* suit visiblement la version abrégée des
Gesta ; la *V. S. Sigismundi*, Bouquet, iii, 402, brouille tout de la
façon la plus arbitraire. Quant à la *Vie de Chrotechilde*, elle ne dit
rien de ces événements.

1. V. plus haut, p. 24 n. 4.

tarde pas à lui accorder toute sa faveur, le jugeant homme sage et de bon conseil. Aridius en profite pour mettre son dessein à exécution. Il représente à Chlodovech, dont l'armée investit Avignon, qu'un pareil siège est inutile ; que les Franks ravagent le pays en pure perte, puisqu'ils ne peuvent faire aucun mal à Gundobad, retranché derrière des murailles imprenables. « Envoie plutôt des députés à ton ennemi, lui dit-il, et impose lui un tribut annuel; de cette manière tu seras maître à l'avenir de ton tributaire. S'il refuse, alors tu agiras à ton gré. » Le roi goûte ce conseil, envoie des députés à Gundobad, et lui ordonne de payer, chaque année, un tribut déterminé. Gundobad paye sur-le-champ, et promet de payer de même à l'avenir. Mais à peine Chlodovech s'est-il retiré avec son armée, que déjà le prince burgunde, ayant réparé ses forces, oublie le tribut promis, et court assiéger Godegisel dans Vienne. Bientôt les vivres commencent à manquer dans la ville ; Godegisel, pour s'y maintenir avec son armée, est contraint d'expulser tous les pauvres gens [1] ; parmi ceux-ci se trouve l'ouvrier auquel est confié le soin des aqueducs. Indigné d'avoir été chassé de la ville avec les autres, cet ouvrier va, tout furieux, trouver Gundobad, obtient le commandement d'une troupe armée, et pénètre avec elle dans la place par l'aqueduc : en effet, la pierre du soupirail est soulevée à l'aide de leviers en fer, ce qui permet aux assaillants d'entrer, tandis que Gundobad attire sur les remparts toute l'attention des assiégés. Ceux-ci pressés des deux parts, sont taillés en pièces. Godegisel se réfugie dans une église, et y est tué avec l'évêque Arien. Une troupe de Franks, qui se trouvait avec lui [2], se jette dans une tour ; Gundobad ordonne qu'on les épargne, et les envoie en exil, à Toulouse, chez le roi Alarich. Les sénateurs et les Burgundions du parti de Godegisel ayant été mis à mort, Gundobad ramène sous sa domination la Burgundie toute entière. »

1. C'est bien ainsi qu'il faut comprendre le « minor populus » de Grégoire.
2. « Denique Franci, qui apud Godegiselum erant, in unam turrim se congregant. » Il est probable que ces Franks avaient été laissés à Godegisel par Chlodovech ; toutefois Grégoire ne le dit pas expressément. Quant à la traduction de Luden : « Les Franks se formèrent en carré, » elle est certainement fausse.

Notre historien s'arrête ici. Son récit est clair, plein de vie, très-intéressant par la précision avec laquelle les événements y sont rapportés ; mais il présente sans contredit quelques-unes des particularités caractéristiques qui nous ont déjà fait reconnaître, à plusieurs reprises, les témoignages n'ayant pas une valeur strictement historique. Les informations très-détaillées que nous fournit Grégoire sur les intrigues d'Aridius pendant le siége de Vienne, pèchent un peu, il faut l'avouer, au point de vue de la vraisemblance. On n'admettra pas aisément que Chlodovech ait pu renoncer, pour un tribut annuel, à une victoire qui paraissait si peu douteuse. Grégoire nous parle de Franks restés avec Godegisel : c'est encore là un fait bien étrange [1] ; et puis, pourquoi Gundobad envoie-t-il ces Franks auprès d'Alarich ? Un autre auteur [2] en déclarant formellement qu'ils avaient été laissés en Burgundie par Chlodovech, qu'ils formaient une troupe de 5,000 hommes, et que Gundobad les fit tous tuer en masse, nous montre assez clairement que nous sommes en présence d'un épisode susceptible d'être traité de différentes manières. Sans doute ce sont là des objections dont il ne faudrait pas s'exagérer la portée : si nos renseignements étaient plus abondants, ces invraisemblances disparaîtraient peut-être. Mais il y a plus : le ton général, la marche du récit, ne sont pas ceux d'une relation strictement historique. Le développement y affecte une sorte de calme lenteur ; il s'étale et prend ses aises, surtout dans la première partie, où nous trouvons des dialogues étendus, des peintures inutiles au point de vue de l'ensemble. Le portrait d'Aridius est fait avec une ampleur de touche véritablement épique ; on remarquera que le narrateur énumère très-soigneusement les qualités de ce personnage [3]. Dans la se-

---

1. Luden iii, 80, pense que ces Franks devaient rappeler à Godegisel la puissance de Chlodovech, et l'alliance conclue entre eux.

2. *Hist. epit.* c. 25... « Chlodoveus rediit in Franciam, relictis cum Godegiselo quinque millibus Francorum. Exiens Gundobadus de Avenione resumtis viribus, Godegiselum in Vienna circumdat, per aquaeductum in civitatem ingrediens Godegiselum interfecit. Francos adgregatos in unam turrem ferro trucidavit, nihilque postea Chlodoveo reddere disponens. »

3. « Habebat tamen secum virum *illustrem* Aridium *strennuum* atque *sapientem*... quem (Aridium) ille (Chlodovechus) promtissime

conde partie, qui traite du siége de Vienne, nous retrouvons les mêmes caractères, moins fortement accusés, il est vrai ; ici encore paraît, à ne pas s'y tromper, cette tendance à l'individualisation [1] qui donne, à la première partie une couleur presque romanesque. A côté de ces observations, plaçons maintenant le fait que nous avons dégagé plus haut d'un autre ordre de recherches [2], à savoir, que la poésie s'est emparée, relativement de bonne heure, des données de l'histoire burgunde ; nous serons obligés de convenir que déjà peut-être, dans le récit qui nous occupe, l'élément poétique s'est fait sa part. Là comme ailleurs, il se peut que Grégoire ait suivi la tradition qui s'était formée sur la guerre de Chlodovech avec la Burgundie, tradition qui vivait encore de son temps dans la bouche du peuple frank, et qui déjà avait été l'objet d'un certain travail poétique. Nous n'irons pas jusqu'à supposer qu'il existât, dès cette époque, un grand poëme sur la chute du royaume burgunde [3] ; mais la trame de l'histoire avait été attaquée, elle avait subi un certain élargissement, qui ne la rendait que plus propre à servir ensuite d'étoffe à la poésie.

Nous avons étudié jusqu'à présent les particularités carac-

colligens secum retinuit : erat enim *jocondus in fabulis, strenuus in consiliis, justus in judiciis, in commisso fidelis.* » — Ce langage n'est pas celui de l'histoire ; c'est celui de la poésie.

1. Remarquez les tournures telles que celles-ci : « Ille vero *indignans... ad* Gundobadum *furibundus* vadit ; » et : « multis cum *ferreis* vectibus praecedentibus, erat autem spiraculum illius lapide *magno* conclusum. »

2. V. plus haut, p. 54.

3. Avant tout, il faut remarquer une chose ; on ne voit pas que le récit de Grégoire soit fondé sur cette idée, que le roi des Franks ait pris les armes pour venger le crime commis par Gundobad : or un poëme sur la chute de la Burgundie ne pouvait pas ne pas reposer sur cette donnée. On sera peut-être tenté d'admettre que cette pensée se fait jour dans le but assigné par Grégoire à l'expédition de Chlodovech contre Gundobad, enfermé dans Avignon : ..... « ut eum de civitate extractum interimeret ; » mais, plus haut, Chlodovech se prête au vœu de Godegisel : — « ut eum (fratrem) bello interficere aut de regno ejicere possim ». — La phrase en question n'implique donc pas que Chlodovech ait été mu par un sentiment de vengeance ; il en est de même de ces mots prononcés par Aridius : « Cur retines exercitum, cum loco firmissimo tuus resideat inimicus ? » Par contre, ce motif nous apparaît clairement dans un autre passage de Grég. (III, 6.)

téristiques du récit de Grégoire, et nous avons cherché à en déduire l'origine de ce récit. Celle-ci une fois reconnue, il nous reste à nous servir de la relation elle-même, pour établir le compte des faits acquis à l'histoire. Fort heureusement pour nous, une source nouvelle, indépendante de la précédente, nous vient ici en aide : ce sont les annales de l'évêque burgunde Marius d'Avenche[1]. Elles nous apprennent que la guerre fut entreprise et terminée dans le courant de l'année 500. En général, elles s'accordent avec la narration de Grégoire ; cependant elles omettent quelques points essentiels. Elles ne mentionnent pas la présence de Chlodovech, bien qu'elles nomment les deux frères qui occupent la scène du côté des Burgundions ; nous devinerions à peine l'alliance de Godegisel avec les Franks, si Grégoire n'avait pas pris soin de nous en instruire. Le siége d'Avignon, le tribut promis par Gundobad, la somme payée par lui, sont complètement passés sous silence. Par contre, Marius rapporte l'investissement de Godegisel dans Vienne ; il entre même, pour raconter la prise de la ville, dans certains détails ; il montre, mieux que Grégoire, le résultat de cette guerre fratricide, c'est-à-dire la réunion de tous les domaines burgundes sous la main de Gundobad. En résumé, nous voyons l'auteur burgunde mentionner tout ce qui est impor-

1. (500) « Patricio et Yppatio. His coss. pugna facta est Divione inter Francos et Burgundiones, Godegeselo hoc dolose contra fratrem suum Gundobagaudo macenante In eo praelio Godegeselus cum suis adversus fratrem suum cum Francis dimicavit, et fugatum fratrem suum Gundobagaudum, regnum ipsius paulisper obtinuit : et Gundobagaudus Avinione latebram dedit.

Eo anno Gundobagaudus resumtis viribus Viennam cum exercitu circumdedit, captaque civitate fratrem suum interfecit, pluresque seniores hac Burgundiones, qui cum ipso senserant, multis exquisitisque tormentis morte damnavit : regnumque, quem perdiderat, cum id quod Godegeselus habuerat, receptum, usque in diem mortis suae feliciter gubernavit. » Ed. Arndt, p. 30.

Le récit de Grégoire est indépendant de celui-ci ; c'est ce que prouvent, et les différences positives qui l'en séparent, et sa conception toute entière. La rencontre probablement fortuite du langage de Marius avec celui de Grégoire, sur les mots : « post haec resumtis viribus... » ne saurait être prise en sérieuse considération. Dans le premier alinéa, il faut lire sans doute : « et *fugato fratre suo Gundobagaudo.* » On trouvera ce passage imprimé dans Bouquet, T. II. (N. de l'A.) — Marius d'Avenche et Grégoire avaient une source commune, des annales burgundes (N. du T.)

tant pour la Burgundie; ce qui ne regarde que les Franks, ce qui n'est pas glorieux pour les Burgundions, ne trouve pas place dans son récit. Au contraire, la narration de Grégoire met surtout en lumière les points ayant de l'importance pour les Franks. Il faut renoncer à concilier parfaitement entre elles les deux relations. Les événements qui suivirent la victoire de Chlodovech et de Godegisel à Dijon ne sont pas tout-à-fait clairs. Sans doute les paroles de Marius : « Gundobad se cacha dans Avignon », n'excluent pas la possibilité d'un siège ; mais il nous serait difficile d'admettre, dans l'histoire authentique, tout ce que Grégoire raconte à propos de ce siège. Le tribut promis à Chlodovech, après la cessation des hostilités, et payé pour l'année 500, est-il une invention poétique ? Nous ne saurions décider cette question. Qu'il n'ait pas continué à être payé, cela résulte assez clairement du récit de Grégoire; et c'est peut-être pour ce motif que l'auteur burgunde n'en fait pas mention. D'autre part, la suite des événements démontre que Chlodovech n'acquit aucune portion du territoire burgunde : en effet, la promesse de Godegisel resta inaccomplie, grâce à la mort de ce prince et à la subite élévation de Gundobad.

Indépendamment de ces deux récits, écrits, l'un au point de vue frank, et l'autre au point de vue burgunde, nous trouvons encore dans Procope [1] certains renseignements sur une guerre dirigée par les Franks contre la Burgundie. Mais il est hors de doute que le témoignage de l'historien grec s'applique à la guerre de 523, et non à celle de l'an 500 [2]; peut-être a-t-il confondu les deux expéditions; peut-être aussi a-t-il sciemment placé, à l'endroit où il s'est occupé la première fois des affaires burgundes, des événements postérieurs [3].

1. Procope, *de bello Gothico*, I 12.
2. C'est ce qui a été reconnu (avec raison) par Manso, *Gesch. des ostgoth. Reiches*, p. 62, n. x. Déjà Mascou, II. 21, n. 2, hésitait à se servir de Procope.
3. La manière dont s'exprime Procope rend cette dernière supposition presque nécessaire. Il mentionne une guerre des Franks contre les Burgundions : « καὶ ἀπ' αὐτοῦ Φράγκοι τῆς μὲν ἐς αὐτοὺς βίας δέει τῷ Θευδερίχου ἀπέσχοντο, ἐπὶ Βουργουνζίωνας δὲ πολέμῳ ἤεσαν. » Ceci paraît bien convenir à la guerre de l'an 500. Puis, Procope poursuit son récit : « ὕστερον δὲ x. τ. λ. » et arrive ainsi à la guerre de

Grande au contraire est l'importance, pour l'intelligence de ces événements, d'un passage que nous empruntons aux actes du colloque religieux tenu à Lyon, en 499, entre les évêques catholiques et les évêques ariens [1]. Le point nouveau et essentiel qui ressort pour nous de ce passage, c'est que dès l'année 499, Chlodovech avait déclaré la guerre à Gundobad. Le roi des Franks nous apparaît ici, plus encore que dans le récit de Grégoire, comme le véritable instigateur de la querelle ; il s'est ligué avec les ennemis de Gundobad afin de perdre ce prince ; il a fait des efforts pour soulever contre lui son frère. (On ne peut voir dans ce frère que Godegisel.) Quels sont, dira-t-on, ces ennemis de Gundobad ? Il n'est pas difficile de le deviner ; on peut, si l'on veut, songer encore à Godegisel, cependant il est probable que Gundobad a plutôt en vue un parti burgunde favorable aux Franks. Nous savons que déjà du temps de Childerich, un semblable parti existait dans le Nord de la Burgundie [2]. Il devait se composer surtout de Romans catholiques, qui passèrent probablement avec Godegisel du côté de Chlodovech, à la bataille de Dijon. Quelle fut, au milieu de ces orages, l'attitude des évêques catholiques ? Nous l'ignorons. A coup sûr,

523. Les tentatives de combinaison, telles que celles de Dubos, iv, 6, sont donc inutiles.

1. Bouquet, iv, 100, A. Gundobad répond à Avit, qui lui avait demandé la permission de tenir le colloque : « Si vestra fides est vera, quare episcopi vestri non impediunt regem Francorum, *qui mihi bellum indixit et se cum inimicis meis sociavit, ut me destruerent.* » Avit répliqua au roi : « Ignoramus, o rex, quo consilio et qua de causa rex Francorum facit quod dicitis, sed scriptura nos docet, quod propter derelictionem legis dei saepe subvertuntur regna et suscitantur inimici omni ex parte illis, qui se inimicos adversus Deum constituunt, sed redite cum populo vestro ad legem Dei et dabit pacem. Nam si habebitis pacem cum illo, habebitis et cum ceteris, et non praevalebunt inimici vestri. » On lit plus loin (ib. 101, C.) pour le second jour du colloque : « ingressi sunt ergo ; (episcopi) et cum rex eos vidisset, surrexit in occursum eorum, mediusque inter domnum Stephanum et domnum Avitum adhuc multa locutus est contra Francorum regem, *quem dicebat sollicitare fratrem suum contra se.* Sed cum responderent praefati episcopi quod non esset melior via ineundi pacem, quam concordare in fide, et operam suam, si grate haberet, pollicerentur pro tam sancto foedere conciliando, nihil amplius locutus est, sed unusquisque locum quem praecedenti die tenuerat occupavit. »

2. V. plus haut, p. 16 et 17.

ils durent voir dans la guerre de Chlodovech et de Gundobad
une lutte entre le catholicisme et l'arianisme. Mais supposer
qu'ils excitèrent Chlodovech à prendre les armes, dans l'espoir que Gundobad, poussé à bout, achéterait leur médiation
par sa conversion à la foi catholique, et par des lois plus
douces pour les Romans [1], c'est certainement aller trop loin.
Rien ne nous autorise à prêter aux faits un pareil enchaînement. Nous n'avons pas non plus le droit d'admettre que Chlodovech quitta le pays sur les instances des évêques, et lorsque
Gundobad, enfermé dans Avignon, leur eût donné satis-
faction.

Voici donc ce qu'il nous est permis d'affirmer, comme à
peu près certain, sur l'histoire de cette entreprise :

C'est avec l'aide d'un parti burgunde favorable aux Franks
que Chlodovech a tenté de renverser Gundobad. Il pouvait,
grâce à cette circonstance, se flatter de conquérir soit une
portion, soit même la totalité du royaume qu'il allait attaquer. Il a fini par pousser Godegisel, (qui peut-être lui avait
fait les premières avances, se trouvant en désaccord avec son
frère) à trahir Gundobad. En l'an 500, on le voit envahir la
Burgundie, après une déclaration de guerre qui remonte à
499. Une bataille s'engage près de Dijon ; la défection de
Godegisel entraîne la défaite de Gundobad ; à la suite de
cette victoire, Godegisel, établi à Vienne, gouverne pendant
quelque temps le royaume de son frère. Quant à ce dernier,
il se tient enfermé dans Avignon, sur la limite méridionale
de ses domaines ; Chlodovech paraît l'avoir assiégé dans
cette ville, et avoir ensuite levé le siége. Par quels événements cette retraite fut-elle amenée ? Quelles conditions
offrit-on à Chlodovech pour l'y décider ? Ces points doivent
rester indécis ; quoiqu'il en soit, il est certain que Chlodovech se retira. Gundobad alors relève la tête ; il investit son
frère dans Vienne, et s'empare de la place : Godegisel est tué
avec ses partisans. Son ancien patrimoine, dont Genève était
la capitale, échoit en partage au vainqueur, qui règne jusqu'à
sa mort sur la Burgundie tout entière, en s'efforçant de donner plus d'unité à ses états, et en protégeant en vue de ce but
la population romane. La tentative de Chlodovech produisit,

1. Dubos, IV, 7 ; l'exposition de Pétigny paraît avoir été composée
d'après Dubos.

on le voit, des fruits bien différents de ceux qu'il avait pu en attendre. Il était réservé à ses fils de réunir le territoire burgunde au royaume des Franks. On doit même supposer que des relations amicales s'établirent avec le temps entre Chlodovech et Gundobad [1] : dans la guerre de Chlodovech contre les Wisigoths, nous trouverons le roi burgunde du côté des Franks.

CHAPITRE VII

Guerre de Chlodovech contre les Wisigoths.

Après un assez long repos, Chlodovech se tourna en 507 contre Alarich, roi des Wisigoths; mais, déjà avant cette époque, la guerre doit avoir été bien près d'éclater. Theoderich le Grand, qui saisissait avec la plus grande netteté de vue la situation politique, reconnut le danger qui résulterait d'un conflit entre Alarich et Chlodovech, et, pour ce motif, il travailla très-activement à le conjurer. Comme preuve de ses efforts, nous avons encore quatre lettres de Theoderich conservées dans le recueil de Cassiodore [2]. Elles sont adressées à Alarich, à Gundobad, aux rois des Hérules, des Varnes et des Thuringiens, et à Chlodovech. Theoderich tâche d'empêcher une lutte ouverte entre Alarich et Chlodovech, en les priant de faire arranger leur différend au moyen d'arbitres choisis parmi leurs parents. Quant à Gundobad et aux autres rois allemands, il cherche à les réunir dans une alliance. La crainte de l'inimitié de tant de coalisés, espère-t-il, déter-

---

1. La *Vie d'Eptadius*, Bouquet, III, 380, en donne une preuve : « Eodem tempore (?) quo se ad fluvium Anorandam pacis mediante concordia duorum regum Burgundionum gentis et Francorum est conjuncta potentia. » — Chlodovech, dans la circonstance dont il s'agit, demande à nommer Eptadius évêque d'Auxerre. Mais la date est incertaine. Voir plus bas.

2. Cassiodori *Variarum* III, 1. Alarico regi Wisigothorum Theodoricus rex. — III, 2. Gundibado regi Burgundionum Th. r. — III, 3. Herulorum, Guarnorum, Thoringorum regibus Th. r. — III, 4, Luduin regi Francorum Th. r.

minera les princes en lutte, surtout Chlodovech, à céder. A cet effet, il souhaite que les membres de la coalition fassent ensemble des représentations à Chlodovech par ambassadeurs. Des envoyés de Theoderich, au nombre de deux, parait-il, devaient remettre ces lettres à chacun des princes allemands. Ils sont chargés d'aller trouver d'abord Alarich, puis Gundobad, ensuite les rois des Hérules, des Varnes et des Thuringiens, et ce n'est qu'après s'être mis d'accord avec ceux-ci qu'ils devront se rendre auprès de Chlodovech, avec les ambassadeurs de tous ces princes [1]. Pour chacun de ces rois, et aussi pour Chlodovech, Theoderich avait donné à ses envoyés des instructions orales particulières ; les lettres qu'ils portent, simples lettres de créance, sont pour cette raison conçues en termes très-généraux. Que ces lettres aient été réellement envoyées, nous n'avons aucune raison d'en douter; mais quand cet envoi a-t-il eu lieu ? C'est ce que nous ne pouvons dire [2].

Ainsi, Theoderich, pour la seconde fois, faisait opposition au roi des Franks. Il serait injuste de prétendre que ce fût seulement la crainte du roi des Franks, agrandissant son empire de tous côtés, qui poussa Theoderich à cette démarche; c'était plutôt la préoccupation de maintenir un certain équilibre parmi les Etats allemands récemment fondés, dont il s'était attaché les rois par des liens de parenté [3]. Comme chef

---

1. Cass. III, 1 : « Et ideo..... legatos nostros illum et illum ad vos credimus esse dirigendos : qui vobis et mandata nostra sufficienter insinuent, et usque ad fratrem nostrum Gundibadum vel alios reges cum vestra voluntate deproperent. »

Cass. III, 3: « Et ideo vos... legatos vestros una cum meis et fratris nostri Gundibadi regis ad Francorum regem Luduin destinate. »

2. Pétigny II, p. 500, à l'exemple d'autres (cf. Mascou. II, p. 27 n. 1.) veut que ce soit immédiatement avant l'explosion des hostilités. Tout semble contraire à cette hypothèse.

3. Jordanis, de rebus Get. c. 58 ; cf. avec Procope de bello Goth. I, 12. Theoderich a donné en mariage sa fille Theudigotha à Alarich, sa fille Ostrogotha à Sigismond fils de Gundobad ; Amaloberga, fille de sa sœur Amalafreda à Hermanfried roi des Thuringiens. (Cass. Var. IV, 1) ; sa sœur Amalafreda à Trasamond roi des Vandales. (Cass. Var. v. 43) Lui-même avait pour épouse une sœur de Chlodovech ; (Grég. III, 31) si elle s'appelait Audolflède (Jordanis), c'est une autre que cette Alboflède qui fut convertie au christianisme avec Chlodovech. (Grég. II. 31.) Düntzer, Jahrbücher XV. l. c. présume sans raison que ce fut Lantechilde.

de cette famille[1], comme successeur des empereurs romains en Italie, il croit que sa mission est de revendiquer le rôle de médiateur. Il se peut que pour un moment les efforts de Theoderich n'aient pas été tout-à-fait inutiles. En effet, Grégoire raconte que[2], avant l'explosion des hostilités, mais sans préciser le temps, une entrevue amicale eut lieu entre les rois Wisigoth et Frank dans une île de la Loire[3], près d'Amboise.

Chlodovech aurait consenti à se rendre à l'invitation que lui avaient apportés les députés d'Alarich. Les deux rois confèrent, mangent, boivent ensemble; après s'être promis amitié, ils se retirent en paix. Dans cette entrevue[4] on peut bien voir une preuve des heureux efforts de Theoderich; mais celui-ci n'a pu arrêter Chlodovech pour toujours. Si l'alliance entre les princes allemands s'était réellement formée, comme Theoderich le projetait, Chlodovech, tant qu'elle eût subsisté, se serait gardé d'entreprendre quelque chose. En tout cas, cette alliance n'a pas duré longtemps, et, pendant la guerre, Gundobad fût du côté des Franks; les autres princes allemands n'ont pas pris part à la lutte. Une source ancienne[5] raconte que Chlodovech, dans la vingt-cinquième année de son règne, fut, pendant deux ans, retenu au lit,

1. Cf. Cass. *Var.* III, 2 : « non sine invidia nostra geritur, si nobis patientibus affinium clade dimicetur etc. » — III, 4 : « Jure patris vobis (c. a. d. Alarich et Chlodovech) interminor et amantis. »

2. Grég. II. 35. Les *Gesta* suppriment cela. Pour les autres sources dérivées. Voy. p. 83. n. 1.

3. Ils avaient choisi une île de la Loire, afin de pouvoir se rencontrer sur un terrain neutre.

4. Fauriel, II, 51.

5. *V. Severini*, écrite par un de ses disciples, *Acta SS. ord. S. Benedicti*, Saec. I. App. p. 568, et Bouquet III, 392. « Eodem tempore cum Chlodoveus rex Francorum anno XXV° regnaret in urbe Parisius, tunc in corpore suo gravis obvenit infirmitas, typus frigoris per duos annos, ut non a sacerdotibus loci illius, neque ab ullo medico corpori suo potuerit invenire medicinam. » — On lui conseille de s'adresser à S. Séverin ; celui-ci arrive... « Et cum orasset in ecclesia Dei, domum regis se contulit ingressus et ante lectulum regis se in orationem prostravit. Et cum se elevasset, exuens casulam suam corpori regis induit eam, et statuis dimisit cum febris. » — La 25° année du règne de Chlodovech nous amène à l'an 507 (ou plutôt 506. N. du T.) Comme la maladie dura deux ans, il faut qu'elle ait commencé avant cette époque. La *Vita* semble indiquer l'année de la guérison.

à Paris, par une fièvre froide, jusqu'au moment où saint Séverin le guérit. Peut-être que cette maladie a retardé l'explosion des hostilités.

Quant à la véritable cause de la guerre, les lettres de Theoderich, dans lesquelles nous chercherons tout d'abord des renseignements sur ce point, ne renferment rien de précis. Il n'y est question que d'un différend des deux rois sur une affaire de peu d'importance[1], et il y est expressément dit qu'il n'existait pas de sérieuse cause de guerre. «Aucun de vous, écrit Theoderich à Alarich, n'a à venger le sang de ses parents; aucun n'a été dépouillé d'une province; il n'y a encore entre vous qu'une insignifiante querelle de mots[2]. » Certainement ce n'est pas se tromper que de chercher les torts plutôt du côté de Chlodovech que du côté d'Alarich; autant qu'il dépendait de lui, Chlodovech désirait évidemment, déjà à cette époque, une déclaration de guerre. Mais comme une autre source rejette tous les torts sur Alarich[3], il nous faut l'examiner d'un peu plus près.

Après avoir longtemps combattu l'un contre l'autre, dit cette source, Chlodovech et Alarich seraient convenus par députés de faire la paix. Un acte symbolique doit confirmer la paix et la rendre perpétuelle entre les deux princes : Alarich, en touchant la barbe de Chlodovech, fera de ce prince son père spirituel. Il ne doit être permis aux Goths et aux Franks d'assister à cette cérémonie que désarmés; le temps et le lieu sont fixés. Au jour déterminé[4], Paternus, ambassadeur de Chlodovech, vient demander à Alarich si les Goths, conformément aux termes de la convention, paraîtront sans armes à l'entrevue. Pendant qu'il parle à Alarich, il voit des Goths tenant à la main[5], contrairement aux conventions,

1. Cass. *Var.* III : « lis vestra; — III, 2: sciant nos adversarios esse contrarietatibus suis..... convenit enim tales tantosque reges non inter se lamentabiles rixas quaerere. »

2. Cass. III, 1 : « non vos parentum fusus sanguis inflammat, non graviter urit occupata provincia; adhuc de verbis parva contentio est : facillime transigitis, si non per arma vestros animos irritetis. »

3. Bouquet II, 463. Pour abréger, nous appellerons ce récit, quand nous aurons à le citer: deuxième forme de Frédégaire.

4. C'est ainsi qu'il faut traduire *ibi*; il se rapporte à ces mots : « Statuentes diem ad locum designatum ab invicem. »

5. « Gotthi fraudulenter uxos pro baculis in manum ferentes. »

des armes au lieu de bâtons. Paternus arrache l'arme à l'un
d'eux, et reproche à Alarich d'agir en traître. Paternus exige
que Theoderich, roi d'Italie, règle l'affaire comme arbitre.
Un envoyé d'Alarich et Paternus, comme député de Chlodovech, s'empressent de se rendre auprès de Theoderich. L'affaire est exposée; le député wisigoth ne disconvient pas du
crime et de la rupture du traité. Theoderich, mal disposé
pour les deux rois, compte tirer parti de leur querelle. Il
diffère son jugement d'un jour, et alors il impose, pour entre-
tenir la discorde entre les deux rois[1], une amende qu'il est difficile aux Wisigoths de payer. Le député frank doit venir à
cheval, la lance dressée, dans la cour du palais royal d'Alarich;
puis, comme amende, les Wisigoths doivent entasser autour
de lui des pièces d'or et l'en couvrir, ainsi que son cheval, jusqu'à la pointe de sa lance. Alarich, qui ne peut payer cette
somme, cherche à se libérer au moyen d'une supercherie. Il
conduit Paternus sur une plate-forme, dont il fait enlever
les appuis pendant la nuit[2], évidemment dans l'espoir de tuer
ainsi le témoin de la décision de Theoderich. Cependant Paternus en sortit, la vie sauve, mais avec un bras cassé. Le
lendemain, Alarich lui montre son trésor pour prouver qu'il
ne peut payer l'amende, et certifie par serment qu'il n'a rien
de plus. Alors Paternus saisit une pièce d'or, et la cache
dans son sein : il prend ainsi, pour son roi,[3] possesion du trésor d'Alarich. Là-dessus il retourne auprès de Chlodovech,
qui, à la nouvelle de ce qui s'est passé, commence immédiatement la guerre contre Alarich.

D'autres sources parlent aussi de ces événements, mais
elles ne méritent pas qu'on s'en occupe, puisqu'elles sont

D'après Frédégaire, *Chronic.* c. 64 (Bouquet II p. 438): « Heraclius...
extrahens uxum (*al.* ensem. gladium) caput Patricii Persarum trun-
cavit. »— uxus est une épée courte.

1. « Tractansque in arcano cordis jam olim celaverat cupiens his
duobus regibus ab invicem semper esse discordes. »

2. « Quem (Paternum) in solarium missum, per noctem quod sub-
positum erat ruens (Alaricus), fracto brachio vix tandem evasit
(Paternus). »

3. « Ubi Paternus unum solidum de pugno extrahens, sinu pro-
jecit dicens : « Hos solidos adarrabo ad partem domini mei Chlodovei regis et Francis ».

identiques à notre relation [1] ou qu'elles en dérivent. Il nous faut juger celle-ci en elle-même. Nous y trouvons plusieurs des signes auxquels nous avons déjà souvent reconnu qu'une source n'est pas rigoureusement historique. Le récit offre dans le détail maintes invraisemblances; nous devons signaler comme une inexactitude les nombreux combats mentionnés au début comme précédant le rapprochement pacifique de Chlodovech et d'Alarich. L'histoire n'en dit rien. Mais avant tout l'attitude et la conduite de Theoderich doivent éveiller des doutes. Il précipite entre les deux rois une rupture, qu'il avait si ardemment cherché à conjurer, comme nous le savons. Si nous regardons la forme, nous voyons que l'individualisation, la description de traits même accessoires, les discours développés sont caractéristiques dans ce récit; comme dans le récit du mariage de Chlodovech d'après l'*Historia epitomata*, il se manifeste ici une certaine tendance à accentuer le côté juridique de l'affaire [2]. D'après cela, nous devons reconnaître sans hésitation qu'ici encore nous avons une relation dans laquelle la poésie s'est emparée de la tradition historique. C'est ce que confirme aussi le point de vue si manifestement hostile, sous lequel sont envisagés les Wisigoths et Theoderich. Nous devons donc considérer cette relation comme légendaire; quant à décider si elle repose sur un fond historique, et jusqu'à quel point, il est difficile de le faire : il se peut que nous ayons ici une tradition poétiquement embellie de l'entrevue d'Alarich et de Chlodovech, près d'Amboise [3]. Le rôle conciliant de Theoderich entre les

---

1. *Vita Remigii*, Bouquet III, 378 : « Et mittens legatum nomine Paternum virum industrium ad Alaricum regem de amicitiae inter eos conditione mandavit. Alaricus vero cum per Paternum vellet Chludowicum decipere, exploratis quae circa eum erant et thesauris ejus ingenio subarratis..... » — Ce passage, même dans l'expression, rappelle formellement notre récit.

L'*Hist. epit.* c. 25 : « Igitur Alaricus rex Gothorum cum amicitias fraudulenter cum Chlodoveo inisset, quod Chlodoveus discurrente Paterno legatario cernens adversus Alaricum arma commovet — est un résumé tout à fait sommaire de notre récit.

2. Surtout pour la fixation de l'entrevue, le jugement de Theoderich, et la prise de possession par Paternus du trésor d'Alarich.

3. Il est remarquable que le début du récit de Grégoire et celui de la seconde forme de Frédégaire se ressemblent tant.

deux rois est connu de l'auteur de ce récit; seulement il est envisagé d'une façon particulière, ou, si l'on veut, il est dénaturé. Il est donc certain que pour l'histoire nous ne pouvons pas utiliser cette source, et ici encore nous n'apprenons rien de plus sur la véritable cause de la guerre [1].

Nous devons donc nous contenter de ce que raconte Grégoire [2], que Chlodovech n'a pas voulu souffrir plus longtemps que les Ariens possédassent une partie de la Gaule. Les Romans catholiques, et avant tout le clergé influent, n'ont certainement pas manqué de pousser de toutes manières à cette expédition; déjà Theoderich dans ses lettres fait entrevoir de tels efforts [3].

Quand on vit des deux côtés qu'il n'était plus possible d'éviter le conflit, on s'arma sérieusement. D'après le récit de Grégoire, Chlodovech s'assura de l'approbation de son peuple. Theuderich, fils aîné de Chlodovech, est désigné pour la première fois comme prenant part à la guerre. Le fils de Sigibert roi des Ripuaires, Chloderich, prête son concours; ainsi Chlodovech semble cette fois avoir réuni des forces militaires considérables [4]. Gundobad, roi des Burgondions, se mit aussi de son côté; il menaçait la droite d'Alarich et ses communications avec l'Italie. Chlodovech avait aussi un appui considérable, sur le territoire de son propre ennemi, dans l'assentiment des Romans catholiques [5]. On regardait la guerre faite par Chlodovech comme une guerre religieuse, et

1. Fauriel II. p. 47. suppose sans aucune raison que l'on s'est brouillé au sujet de la conquête de la Thuringe.

2. Grég. II. 37.

3. Cass. *Var.* III, 1: « Ne videamini eorum immissione laborare, qui maligne gaudent alieno certamine. Avertant enim divina, ut super vos iniquitas illa praevaleat. » — III, 4 :..... « ut nullatenus inter vos scandala seminet aliena malignitas. » — Theoderich conseille à Chlodovech d'avoir confiance en lui «... quoniam qui vult alium in praecipites casus mittere, eum certum est fideliter non monere. »

4. D'après Jordanis, *de rebus Geticis*, c. 58, il tomba trente mille Franks dans une bataille à laquelle une partie seulement de l'armée put prendre part. Mais on sait combien il faut peu ajouter foi aux chiffres de ce genre que nous trouvons dans les sources de cette époque.

5. Grég. II, 36 : « Multi jam tunc ex Galliis habere Francos dominos summo desiderio cupiebant, etc. »

Chlodovech lui-même a partagé cette opinion et en a profité[1].

Alarich ne pouvait aller au combat avec autant de confiance. La force primitive et la bravoure guerrière des Wisigoths s'étaient affaiblies : Theoderich redoutait que les Wisigoths, amollis par un long repos, ne fussent inférieurs aux Franks[2], habitués à un exercice perpétuel de la guerre. Il fallut que tout homme, en état de porter les armes[3], s'enrôlât dans l'armée et acceptât la solde du roi ; l'ermite Avitus lui-même ne put se soustraire au service des armes. De là nous pouvons bien conclure qu'Alarich ne put pas rassembler assez de guerriers wisigoths, et qu'il dut pour cette raison enrôler par extraordinaire les Romains eux-mêmes. Parmi ceux-ci les habitants de l'Auvergne se sont distingués au moment critique. Il semble aussi que les ressources financières, dont disposait Alarich, ne répondaient pas à ses désirs[4]; il fut obligé d'altérer les monnaies d'or, et d'imposer des contributions, pour se procurer l'argent nécessaire[5]. Alarich a parfaitement reconnu combien les sympathies des Romains catholiques pour Chlodovech pouvaient être dangereuses, et il a essayé de corriger son ancienne sévérité[6], notamment à l'égard des évêques catholiques, en permettant la tenue du concile d'Agde et en publiant le « Bréviaire d'Alarich »; mais ce fut en vain. Si cependant, malgré sa situation difficile,

1. Des sources postérieures ajoutent des embellissements légendaires ; *Vita Remigii*, Bouquet, III, 378 D. — S'il était vrai que Clodovech, sur le conseil de Chrotechilde et par conséquent avant la guerre, eût fait vœu de bâtir l'église des SS. Apôtres, à Paris, comme le prétendent la *Vita Remigii*, l. c. et la *Vita Chrothildis* ib. p. 399, Grégoire, (II, 43) n'aurait point passé ce fait sous silence.

2. Cass. *Var.* III, 1.«... tamen, quia populorum ferocia corda longa pace mollescunt, cavete subito in aleam mittere quos constat tantis temporibus exercitia non habere. »

3. *V. Aviti Eremitae,* Bouquet III, 390 : « Quod suae pertinaciae votum (il s'agit de la guerre entre Alarich et Chlodovech) ut firmius roborari videt, assensu suorum totius regni argenti ponderosa massa per exactores in unum corpus conflatur : et quisque ex militari ordine viribus potens donativum regis volens nolens recepturus per praecones urgente sententia invitatur. »

4. *Ep. Aviti* 78. Avitus parle d'un alliage d'or : «...vel illam certe quam nuperrime rex Getarum secuturae praesagam minae monetis publicis adulterinum firmantem mandaverat. » Cf. Dubos IV, 9.

5. Voy. n. 1.

6. Cf. Fauriel II, 52 et ss.

Alarich a hasardé la lutte avec Chlodovech, cela montre assez clairement qu'elle était inévitable. Theoderich était son seul recours; mais celui-ci ne put le secourir aussi promptement qu'il le fallait [1].

Arrivons maintenant à l'exposition du développement de la guerre elle-même [2], à l'aide de nos sources. Elles nous offrent une plus riche moisson que pour toute autre partie de l'histoire de Chlodovech; presque tous les genres de sources de l'histoire du Moyen Age y sont représentés; à celles qui nous sont déjà connues s'ajoutent encore: Isidore, dans son histoire des Goths; les Annales, si inappréciables pour les premiers temps du Moyen Age; quelques passages de vies de saints; des lettres de Theoderich, d'Athalarich, de Chlodovech. Ces sources représentent, chacune selon leur origine, les points de vue frank, wisigothique, ostrogothique, et elles mettent en lumière ce qui est important à chacun de ces points de vue. Nous commençons par Grégoire et les autres récits franks. Ils nous racontent les débuts de la guerre.

Le récit de Grégoire [3], ici encore, trahit assez manifestement son origine; le caractère de la légende y domine d'une façon qu'on ne peut méconnaître. Le souvenir de cette guerre de Chlodovech a dû se conserver à Tours avec une vigueur toute particulière, soit par la tradition écrite, soit par la tradition orale, et c'est de ces traditions que provient évidemment le récit de Grégoire. Ce n'est pas lui qui est l'auteur de cette opinion que la guerre est une guerre religieuse contre les hérétiques ariens; loin de là, ici comme partout

1. Pétigny II, 500, juge trop sévèrement Theoderich, quand il dit qu'il aurait pu secourir Alarich, mais qu'il ne l'a pas voulu.

2. Les nouveaux travaux, surtout ceux de Pétigny et du Roure, *Histoire de Théodoric le Grand* I, 465 et ss., II, 1 et ss., ainsi que celui d'Aschbach, *Gesch. der Westgothen* 161 et ss. ne sont point satisfaisants. L'exposition suivante est destinée à en faire la critique; cependant cette critique n'en réfute pas toujours les détails.

3. Grég. II, 37. Les sources dérivées nous donnent peu de renseignements importants. Les *Gesta* c. 17, dans le récit de la guerre, ne diffèrent de Grég. que par l'expression; nous n'y trouvons qu'un seul renseignement important qui ne soit pas dans Grégoire. — Dans le récit de la marche, les *Gesta* omettent maint détail: l'anecdote du cheval de Chlodovech leur est particulière. — La *Vita Chrotechildis* est très-brève sur la guerre proprement dite, d'ailleurs, elle suit les *Gesta*; la *Vita Remigii* les suit également, mais

ailleurs, il donne les faits tels qu'il les trouve, sans y ajouter du sien. Ce qu'il raconte se passe en 507 et en 508 [1].

« Chlodovech, d'après ce récit, dit aux siens : « Je supporte avec chagrin que ces Ariens possèdent une partie des Gaules. Marchons avec l'aide de Dieu, et, après les avoir vaincus, réduisons le pays en notre pouvoir. » — Ce discours ayant plu à tous les guerriers, l'armée se mit en marche et se dirigea vers Poitiers ; là se trouvait alors Alarich. »

A quelle époque Chlodovech se mit-il en route ? Nous ne le savons pas précisément, mais nous pouvons conjecturer que ce fut au printemps [2]. Cette conjecture admise, nous pouvons supposer que cette exhortation à la guerre eut lieu à l'assemblée de Mars. Grégoire ne dit pas non plus d'où Chlodovech est parti [3], mais nous savons qu'à cette époque le roi des Franks avait déjà fait de Paris sa résidence. Si c'est de là qu'il est parti, il a dû traverser la Loire à Orléans. Il n'a pas touché Tours ; seulement une partie de son armée a passé sur le territoire de ce diocèse. La suite de la marche s'indique d'elle-même ; la Vienne franchie, Chlodovech arrivait à Poitiers [4].

Ce que nous apprenons du récit de Grégoire sur les événements de l'expédition même, est en partie important pour éclaircir la suite historique des faits ; mais le reste est tout à fait légendaire. Ainsi nous apprenons que Chlodovech maintint sévèrement la discipline militaire. Lorsqu'une partie de l'armée traversa le territoire de Tours, il donna l'ordre à ses guerriers de ne prendre que de l'herbe et de l'eau. Ayant appris qu'un soldat s'était emparé du foin d'un pauvre homme, il le tua de sa propre main ; « où sera l'espoir de la victoire, aurait-il dit, si nous offensons Saint-Martin ? »

elle a admis encore plus de légendes. — Les deux formes de Frédégaire ont des renseignements tout particuliers sur les suites de la guerre.

1. Un ancien manuscrit de Grégoire (Bouquet ii, préf. p. vii) place la guerre dans la xxve année du règne de Chlodovech, par conséquent en 507. (Voy. pl. haut p. 80 n. 5. N. du T.) Pendant l'hiver de 507-508, Chlodovech était à Bordeaux.
2. La Vienne était débordée.
3. Cf. plus haut, p. 80. n. 5.
4. Pétigny ii, 503, pense qu'il a passé la Loire près d'Amboise, et qu'il est allé par Loches à Poitiers sans toucher Tours. On ne peut ici rien dire de certain.

Arrivé devant Poitiers, Chlodovech défendit à toute l'armée de dépouiller les voyageurs paisibles, ou d'enlever à quelqu'un son bien. D'après une lettre [1] qu'il écrivit peu après la guerre gothique aux évêques des pays conquis, nous pouvons conclure qu'il donna encore d'autres ordres dans le même sens. Il ressort de cette lettre que Chlodovech, en entrant avec son armée sur le territoire wisigothique, fit publier une paix, avant tout pour les serviteurs de l'Eglise, les vierges et les veuves consacrées à Dieu dans tout le royaume wisigothique; mais il y comprit aussi les clercs et les fils des religieux et des veuves dont nous venons de parler, et qui vivaient avec eux dans leurs maisons. Cette paix protégeait la liberté et les biens, et garantissait de toute violence, de tout rapt les serviteurs relevant des églises. En outre, des contrées spécialement désignées semblent avoir été l'objet de dispositions semblables [2] : clercs et laïques y sont également garantis de la captivité. De telles prescriptions devaient gagner les Romans catholiques et avant tout le clergé.

Plus loin Grégoire raconte comment Chlodovech envoie à l'Eglise Saint-Martin de Tours des députés portant des présents, dans l'espoir d'obtenir un heureux présage. Quand les messagers entrent dans la basilique, le premier chantre entonne tout à coup dans l'antienne un verset du psalmiste prédisant la victoire : les messagers vont pleins de joie annoncer à leur maître cet heureux présage. Tout cela repose déjà sur une tradition ecclésiastique et légendaire; mais Grégoire a adopté la légende d'une façon encore plus tranchée dans le récit de la marche de Chlodovech vers Poitiers : une biche blanche montre au roi, à sa prière, l'endroit où il peut passer la Vienne grossie par la pluie; quand il est arrivé devant Poitiers et qu'il établi son camp, une colonne de feu [3], signe de victoire, partant de l'église Saint-Hilaire, luit à ses yeux; une troupe de Franks qui, avant la bataille, errent en

1. Bouquet IV, 54.
2. On fait positivement une distinction entre « Captivi laici, qui extra pacem sunt captivati » (on ne peut traduire avec Dubos IV, 12 : les captifs laïques qui auraient été pris portant les armes contre nous), — et : « hi qui in pace nostra tam clerici quam laici subrepti fuerint. » Il est évident que ce ne sont pas les mêmes qui sont énumérés jusqu'aux mots : « de ceteris quidem... »
3. Voy. aussi *V. Hilarii*, Bouquet III, 380, et n. 3.

pillant sur le territoire de Poitiers, éprouvent la puissance miraculeuse de l'abbé Maxentius. [1] De tels récits sont caractéristiques pour apprécier l'idée que l'on se faisait de la guerre wisigothique au temps de Grégoire ; pour l'explication des faits historiques, ils n'ont aucune valeur.

Jusqu'ici nous avons trouvé dans le récit de Grégoire un mélange d'histoire et de légende, mais il abandonne la légende dans son récit de la bataille décisive et de la suite de la guerre, et nous n'en retrouvons plus la trace qu'une fois [2].

Alarich avait attendu Chlodovech près de Poitiers, à la frontière du pays wisigothique ; cependant il semble que la bataille [3] n'a pas commencé aussitôt après l'arrivée de Chlodovech. « Le roi Chlodovech, dit Grégoire, rencontra Alarich, roi des Wisigoths, sur le champ de Vouglé, à dix milles au Nord de Poitiers ; sur les bords du Clain, comme l'ajoute une source complémentaire [4]. Les Wisigoths commencèrent la bataille de loin [5] ; les Franks la changèrent en mêlée. Les Wisigoths ayant pris la fuite selon leur coutume, Chlodovech remporta la victoire avec l'aide de Dieu. Il fut secouru par Chloderich, fils de Sigebert le boiteux, roi des Ripuaires. Lorsque, dans la poursuite, Chlodovech eut tué Alarich de sa propre main [6], deux guerriers ennemis fondirent tout à coup sur lui et leurs

1. Cf. *V. Maxentii, Acta SS. ord. S. Bened. Saec.* I, app. 578. Bouquet III, 390 ; on y trouve le même récit avec plus de développement et de légendes.

2. Voy. p. 90. n. 3.

3. Grég. I. 1 : « Veniente autem rege (Chlodovecho) apud Pictavis dum eminens in tentoriis commoraretur, pharus ignea..... visa est ei... »

4. *Gesta* : in campo Vogladise super fluvium Clinnum. — *Hist. epit.* I : in campania Voglavensi ; II : in campania Voglavensem ; — *V. Remigii*, Bouquet III. 379 : in campo Mogotinse ; cf. note de Bouquet, d'après laquelle un cloître du nom de Meugon, sur la rive gauche du Clain, a donné lieu à cette désignation de la bataille.

5. « Et confligentibus his eminus, resistant comminus illi. » — Giesebrecht l. c. interprète différemment ces mots : « et pendant qu'une partie en vint aux mains, l'autre partie combattait de loin avec ses javelots. »

6. Cette interprétation est justifiée par d'autres sources : cf. p. 92 ; de même *V. Eptadii*, Bouquet III, 381 c. Les deux rédactions de Frédégaire et les *Gesta* ont bien compris Grégoire.

lames l'atteignirent des deux côtés, mais la solidité de sa cuirasse et la vitesse de son cheval le sauvèrent du danger qui le menaçait. La plus grande partie des Arvernes, et parmi eux beaucoup de membres de familles sénatoriales sous le commandement d'Apollinaire, fils de l'évêque Sidoine, prirent part au combat et tombèrent sur le champ de bataille [1]; leur chef échappa vivant. Après le combat, Amalarich, fils d'Alarich, s'enfuit en Espagne, et succéda à son père. Chlodovech de son côté envoya son fils Theuderich, par le territoire d'Albi et de Rhodez, en Auvergne. Theuderich [2] part et soumet à la puissance de son père toutes les villes du territoire wisigothique jusqu'aux frontières des Burgundions. Chlodovech passe à Bordeaux l'hiver de 507 à 508 ; au printemps suivant, tout le trésor d'Alarich tombe avec Toulouse entre ses mains. Il se rendit ensuite devant Angoulême, et le Seigneur accorda à Chlodovech cette grâce [3] qu'à sa vue les murs de cette ville s'écroulèrent. Après l'expulsion des Wisigoths il réduisit la ville en son pouvoir. Cela fait, Chlodovech revint à Tours et offrit beaucoup de présents à l'église Saint-Martin. » Comme complément du récit de Grégoire, nous pouvons admettre encore ce renseignement, que Chlodovech, après la conquête du pays, laissa des Franks en Saintonge et sur le territoire de Bordeaux pour anéantir le peuple wisigothique [4]. « De Tours, Chlodovech vint ensuite à Paris et y établit le siége de sa domination. Theuderich, son fils, s'y rendit également. [5]»

Tel est le récit de Grégoire. Il se borne à ce qui a de l'importance pour Chlodovech et l'empire frank. Quant aux conséquences de la bataille de Poitiers et de la mort d'Alarich

1. Cela ressort aussi du récit de Grégoire III, 2.

2. « Qui (Theudericus) abiens urbes illas *a finibus Gothorum usque Burgundionum terminum* patris sui ditionibus subjugavit. » Il semble que l'Auvergne, comme le territoire récemment conquis, est séparée ici du reste du royaume wisigothique, car il est évident que Grégoire veut parler des villes de l'Auvergne.

3. Luden III, 90, suppose, non sans raison, que la conduite des Romans catholiques a facilité la conquête. D'après les *Gesta*, les Wisigoths sont tués.

4. *Gesta* l. c. «... Atque ita omni terra eorum subjugata, in Santonico vel Burdigalense Francos praecepit manere ad delendam Gothorum gentem. »

5. Grég. II, 38

pour le royaume wisigothique, quant à la part que prit Theoderich-le-Grand à la guerre, nous n'apprenons rien sur ce
point que par des sources wisigothiques et ostrogothiques,
où nous trouvons les renseignements nécessaires pour compléter le récit de Grégoire. Nous devons tout particulièrement considérer : l'histoire wisigothique d'Isidore de Séville
et le résumé des règnes des rois wisigothiques évidemment
tiré de cette histoire. Ces deux sources embrassent tous
les événements de la guerre. D'autres font ressortir des événements spéciaux, qui ont pour elles une importance toute
particulière ; ce sont : les additions aux annales de Victor
de Tunnuna, les annales de Cassiodore et celles de l'évêque
Burgunde Marius d'Avenche. Ce qui augmente encore leur
valeur, c'est qu'elles donnent les dates. Jordanis aussi mentionne un événement important de la guerre [1], ainsi que la
Vita Caesarii.[2] Joignons-y un certain nombre de lettres dans
le recueil de Cassiodore. Il n'y a pas le moindre doute que
nous n'ayions le droit de coordonner entre eux les renseignements de toutes ces sources, autant qu'elles ne se contredisent point.

Il est vrai que nous y trouvons peu de détails nouveaux
relatifs aux événements qui nous sont déjà connus par le
récit de Grégoire. Toutefois ce qui est important, c'est que
la bataille de Vouglé ou de Boglodoreta, comme une source
l'appelle [3], est définitivement fixée en 507 ; et cette autre
assertion du récit de Grégoire, que Chlodovech a tué Alarich
de sa propre main [4], est confirmée aussi par deux sources. Un
autre fait encore plus important, c'est que Chlodovech a entrepris la guerre contre Alarich [5] avec l'aide des Burgundions ; jusqu'à nouvelle information, nous ne pouvons décider si les Burgundions ont pris part à la bataille de Poitiers ;
d'après les expressions d'Isidore, le fait est possible, mais
il n'est pas certain.

1. Toutes ces sources sont reproduites dans l'appendice.
2. Bouquet III, 384.
3. Victor de Tunnuna. App ; voy. plus haut. p. 87. n. 1.
4. Isidore et la *Series Gothorum regum.* Puis *V. Caesarii*, Bouquet III. 384 : «... jam Alarico a victoriosissimo Chlodovaeo in certamine peremto. »
5. Isidore.

Plus loin Isidore raconte que le roi Theoderich, à la nouvelle de la mort de son gendre, partit en toute hâte d'Italie,
vainquit les Franks, et reconquit pour les Wisigoths une
partie du royaume, dont une troupe ennemie s'était emparée. D'après Cassiodore, Theoderich cependant ne fit
qu'envoyer une armée en Gaule, en 508, et, après une victoire sur les Franks, il conquit pour lui-même la Gaule trou-
blée par leurs invasions et leurs pillages. Jordanis a évidemment les mêmes faits en vue, quand il raconte que Theoderich, grâce à son général le comte Ibbas [1], a remporté en
Gaule, sur les Franks, une victoire où il en est tombé plus
de trente mille. Mais ces renseignements se contredisent
sur deux points : sur la présence de Theoderich en Gaule,
et sur les conséquences de la bataille. Cassiodore atteste formellement que Theoderich n'est pas venu lui-même en Gaule ;
mais d'autre part, ce qu'il dit des suites de la bataille, mérite
moins de confiance ; nous savons qu'il n'a pas toujours
raconté l'histoire de son grand souverain [2] d'une façon tout
à fait impartiale. Ici nous suivons Isidore. Par contre Cassiodore a raison de dire que Theoderich a conquis le pays pour
son compte. — Ce n'est point à ces faits que se rapporte l'assertion de Marius, qui parle d'une expédition de pillage conduite par le Goth Mammo contre une partie de la Gaule en
509. Comme la source burgunde, en dehors de ce fait, ne dit
rien des événements de la guerre wisigothique, on peut en
tirer facilement cette supposition que la Burgundie fut particulièrement victime de cette expédition. Theoderich remit
aux habitants des Alpes Cottiennes les impôts publics pour
la troisième indiction, c'est-à-dire pour l'année 510, parce
qu'ils avaient beaucoup souffert du passage de son armée [3].
Les défilés des Alpes Cottiennes conduisent dans la vallée

1. Je conserve la forme de nom acceptée jusqu'ici. Jordanis
donne Hibbas ; Cassiodore, dans les lettres, Ibas ; les additions à
Victor ont : Helbas, mauvaise leçon pour Hebbas.

2. Ainsi par exemple dans sa *Chronique*, voy. an 489 et 493.

3. Cass. *Var.* IV. 36. Fausto praef. praet. Th. r. «... atque ideo
illustris magnificentia tua provincialibus Alpium Cottiarum assem
publicum per ind. III, nos relaxasse cognoscat, quos transiens noster exercitus more fluminis dum irrigat oppressit. » — Le développement suivant montre que la dévastation, dont parle Marius, n'est
point une expression exagérée.

de la Durance ; il fallait qu'une armée qui prenait ce chemin, touchât la frontière ennemie du territoire burgunde. C'est pourquoi il n'est pas invraisemblable que les annales de Marius aient en vue cette même expédition que nous connaissons par des lettres de Theoderich,[1] qui a certainement aussi en vue les événements de l'an 509. En tout cas, l'assertion des annales est pour nous une preuve que Theoderich, même après la victoire remportée en 509, victoire qui le faisait maître d'une partie de l'ancien royaume wisigothique, fut obligé d'envoyer des troupes en Gaule, soit afin de conserver sa conquête, soit afin de poursuivre plus loin sa victoire.

Des succès de Theoderich, Isidore passe aux affaires du royaume wisigothique. En 507, on y proclame roi, à Narbonne, Gesalich fils naturel d'Alarich[2]. Homme de basse origine, remarquable par ses malheurs et sa lâcheté, il règne quatre ans. Quand Narbonne fut conquise par le roi des Burgundions, Gundobad, il s'enfuit honteusement à Barcelone en perdant une grande partie de ses soldats. Il y resta jusqu'au jour où il dut fuir lâchement devant Theoderich et abandonner le pouvoir.[3] Il alla d'Espagne en Afrique, et chercha du secours chez les Vandales, pour rentrer dans son royaume ; mais il n'en put obtenir, et il revint d'Afrique. Par crainte de Theoderich, il s'enfuit en Aquitaine. Après s'y être caché une année entière, il retourne en Espagne et il est vaincu dans une bataille par les généraux de Theoderich, à douze mille de Barcelone. Obligé de fuir, il est fait prisonnier et tué en Gaule, au delà de la Durance, par conséquent probablement en Provence[4]. Ainsi il perdit d'abord l'honneur, puis la vie. — Les additions à Victor placent en 510

1. Pétigny. ii, 325, pense, bien à tort, à une attaque des Wisigoths.

2. Arevalo donne la forme : Gesaleicus ; les additions à Victor ont : Gesalecus, comme les lettres de Cassiodore ; la *Series* Gesalaicus. J'ai maintenu la forme usitée.

3. Aschbach, p. 174, fait de la fuite de Gesalich une trahison. La source ne dit pas cela.

4. La *Series* est évidemment un abrégé du récit d'Isidore ; aussi la critique ne saurait la prendre en considération. Bouquet iv. 460 : « Gesalicus regnavit annos iii et in latebera annum i. » Ce calcul est juste ; il se trouve dans une série chronologique des rois wisigothiques.

la première victoire décisive des forces ostrogothiques, remportée par Ibbas sur Gesalich, qui, à la suite de cette victoire, s'enfuit en Afrique ; ici donc ils servent de complément aux renseignements incertains fournis par Isidore. En outre ils racontent que Gesalich, avant son expulsion, a tué Goerich à Barcelone. La mort de Veilich, qu'ils mentionnent de même, aura bien pû être une suite de la révolution que l'arrivée des Ostrogoths fit éclater à Barcelone. Après s'être débarrassé de Gesalich, Theoderich-le-Grand a donc régné sur l'Espagne quinze années entières, jusqu'à sa mort, 526. D'après Jordanis, ce fut une régence : il nomme Thiodès comme ayant été désigné par Theoderich pour être le tuteur de son neveu Amalarich. Cependant cette régence pût bien être peu différente d'un vrai gouvernement, car en Espagne on a daté de 510, époque à laquelle Gesalich dut fuir devant l'armée ostrogothique [1], les années du règne de Theoderich ; ce n'est qu'après sa mort qu'on fait commencer le règne d'Amalarich.

Ainsi, les sources wisigothiques et ostrogothiques que nous avons étudiées jusqu'ici, nous donnent une esquisse assez complète de l'ensemble de la guerre. Nous voyons qu'elles mettent en relief ce qui est important pour l'empire wisigothique, c'est-à-dire : la bataille de Poitiers, qui décida de la durée du royaume de Toulouse ; les succès de l'armée ostrogothique envoyée en 508 par Theoderich en Gaule contre les ennemis des Wisigoths ; l'intervention de Theoderich dans les affaires du royaume wisigothique, où précisément alors manquait un bras vigoureux. — Si nous voulons faire une critique de Grégoire, nous devons certainement être frappés de ne trouver dans son récit aucun de ces faits, qui, pour la marche de la guerre, ne sont assurément pas d'une moindre importance que la bataille de Poitiers et ses suites. Mais il est évident que la tradition franque, que suit Grégoire, ne renfermait rien de

---

1. Dubos. IV. 12. — *Concil. Agripp.* t. I p. 963. « In nomine Christi habita synodus Terragonae anno sexto Theodorici regis, cos. Petro. (516). » — Ib. p. 1048. « Concilium Gerundense anno septimo Theodorici regis. Id. Junii, Agapeto cos. (517). — Les additions à la chronique de Victor ne font commencer, il est vrai, le règne de Theoderich qu'en 518; mais il semble que c'est le résultat d'une erreur ou d'une mauvaise copie du texte.

ces faits ; ce qui n'était point glorieux pour Chlodovech et les armes des Franks pouvait s'être affaibli dans leur souvenir, quand Grégoire rassembla les matériaux de ses récits. Les succès de Chlodovech et de son fils Theuderich, la soumission d'une grande partie du royaume wisigothique, voilà ce qui se conserva et ce que la tradition franque a fidèlement et réellement gardé.

Il faut encore ici nous arrêter spécialement sur un point où la tradition franque et la tradition wisigothique semblent se contredire : c'est la situation de Gesalich en face des Wisigoths et de Theoderich. Le récit de Grégoire ne parle pas de Gesalich, mais il fait mention d'Amalarich[1], et raconte qu'après la bataille de Vouglé, il s'enfuit en Espagne et s'empara du pouvoir qu'avait exercé son père. Nous savons que nous ne devons pas prendre cela à la lettre ; la régence de Theoderich commença en 510, alors qu'Amalarich était encore enfant. Isidore, au contraire, ne dit rien du gouvernement d'Amalarich ; après le règne d'Alarich, il fait régner quatre ans Gesalich qui [2], d'après son récit, fut proclamé roi à Narbonne.

On a cherché à concilier ces deux versions différentes : Amalarich aurait régné en Espagne sous la tutelle de Theoderich ; Gesalich, sur toute l'étendue des pays au Nord des Pyrénées, qui n'étaient pas encore tombés aux mains des Franks, et il aurait été reconnu roi par une partie des Wisigoths. Par conséquent, Gesalich semble être en face d'Amalarich un roi illégitime [3]. Mais cette hypothèse n'explique point comment Gesalich, chassé de Narbonne, a pu s'enfuir dans l'Espagne ennemie, à Barcelone, et y régner jusqu'à ce qu'il fût obligé de se retirer devant les Ostrogoths en 510. Ajoutez à cela que Theoderich lui-même[4], au com-

1. Grég. II. 37 : « De hac pugna Amalaricus, filius Alarici, in Hispaniam fugit, regnumque patris sagaciter occupavit. »

2. Il ne faut pas être surpris de trouver cette expression : « princeps » car Isidore nomme aussi Chlodovech « princeps ».

3. Aschbach p. 173.-174 soutient particulièrement cette opinion. Elle est défendue aussi, mais d'une façon moins absolue par Mascou II. p. 28 ; Manso p. 63 ; Fauriel II, p. 62.

4. Cass. *Var.* V. 43. Theoderich dit de Gesalich : « qui nostris inimicis, dum a nobis foveretur, adjunctus est. » — Cette lettre a été écrite après 510, alors que Gesalich était déjà revenu d'Afrique ;

mencement, semble avoir accepté l'avénement de Gesalich ; ce ne fut que quand celui-ci eut montré son incapacité, et peut-être même cherché à faire alliance avec les Franks, que Theoderich le fît renverser[1]. Ainsi, nous pouvons regarder l'avénement de Gesalich comme légitime et commandé par la nécessité : après la mort d'Alarich, on avait besoin d'un bras puissant ; comme Amalarich était mineur, le vrai droit céda pour un moment. Expulsé en 510 par l'arrivée des Ostrogoths en Espagne, sous le commandement d'Ibbas, Gesalich a fait une tentative pour rentrer dans son royaume avec l'aide des Vandales, mais Theoderich a déjoué ses efforts. A dire vrai, il semble que Gesalich avait eu en Afrique un succès assez important ; qu'il avait déterminé[2], par d'habiles insinuations, le roi Vandale Trasamund, à conclure formellement avec lui une alliance défensive, et qu'il revint d'Afrique avec des ressources financières considérables, vraisemblablement dans l'Aquitaine alors soumise aux Franks, afin d'y réunir des partisans : nous savons par Isidore qu'il vécut secrètement en Aquitaine une année entière, 510-511. Theoderich écrivit à Trasamund pour lui reprocher sérieusement d'avoir soutenu un homme qui s'était allié avec ses ennemis, quoique Trasamund eût l'honneur d'être uni à la sœur de Thoederich, issue de la famille des Amales, et qu'il fût ainsi attaché aux intérêts ostrogothiques. Ces efforts de Theoderich ne restèrent pas sans résultat. Comme nous le voyons par une seconde lettre,

c'est pourquoi on ne sait pas s'il faut rapporter l'alliance de Gesalich avec les ennemis de Theodorich, blâmée par ce roi, au séjour de Gesalich en Aquitaine, ou à une époque antérieure, (comme le fait Aschbach p. 174 n. 164). Cependant il résulte évidemment de ce passage qu'à l'origine Theoderich n'était pas un ennemi pour lui. Je ne vois pas sur quoi Pétigny a pu se fonder (II, 508) pour considérer l'élévation de Gesalich comme une réaction d'un parti national wisigothique contre l'influence romaine représentée par Theoderich, et pour représenter (p. 525) la fuite de Gesalich devant les Ostrogoths comme une déposition faite par les Wisigoths.

1. Cass. *Var.* v. 33 : « Si nostro (regno) *propter excessus* pulsus est. »

2. Cf. les expressions de Cassiodore citées p. 97 n. 2. — Cass. *Var.* v. 44.

3. Cass. *Var.* v. 43 : Sed stupeo vos his beneficiis obligatos (par son mariage avec Amalafreda) Gesalecum, qui nostris inimicis,

Trasamund a renoncé à son alliance avec Gesalich[1]; il a envoyé des ambassadeurs à Theoderich pour se justifier vis-à-vis de lui[2], et cherché à le réconcilier par des présents de grande valeur. Mais Theoderich, loin de les accepter, les renvoya au roi Vandale, lui faisant dire qu'il ne s'était agi pour lui que de la cause de la justice. C'est à la cessation du secours des Vandales qu'il faut certainement attribuer l'échec que subit Gesalich, lorsqu'il entreprît en 511 de reconquérir son pouvoir.

Outre les deux récits de la guerre que nous avons opposés l'un à l'autre jusqu'à ce moment, en suivant les sources franques, wisogothiques et ostrogothiques, nous possédons encore une troisième narration de la guerre dans Procope[3]. Il raconte cette guerre de la manière suivante : « En développant leur puissance, les Franks se tournent contre les Wisigoths sans craindre Theoderich le Grand[4]. Alarich, à la nouvelle de leur arrivée, appelle le plus tôt qu'il peut Theoderich à son secours. Celui-ci part avec une forte armée. Les Franks se dirigent contre Carcassonne, c'est-à-dire dans l'extrême sud du royaume wisigothique ; les Wisigoths, à cette

dum a nobis foveretur, adjunctus est, in vestram defensionem sic fuisse susceptum, ut qui ad vos viribus destitutus privatusque fortunis venerat, subita pecuniae ubertate completus ad exteras gentes probetur transmissus, qui quamvis Deo juvante laedere nihil possit, tamen animum vestrae cogitationis aperuit. Quid expectent extraneorum jura, si sic meretur affinitas ? Nam si causa misericordiae susceptus est, in regno vestro teneri debuit; si nostro propter excessus pulsus est, non oportuerat cum divitiis ad aliena regna transmitti, quae ne vobis redderentur infesta nostra fecerunt absolute certamina. »

1. Cass. *Var.* v. 44. Cette lettre est évidemment postérieure à la mort de Gesalich, comme le prouvent ces mots reproduits ci-dessous « Gesaleci *quondam* regis. »

2. « Nuper vobis objecimus Gesaleci quondam regis dolosa meditatione discessum ; sed nobilitatis vestrae memores et honoris actum rei nobis sub veritate declarastis.» — Il n'y a pas de doute que Trasamund a secouru Gesalich; il est vrai qu'Isidore dit de Gesalich: « qui cum non impetrasset auxilium », mais il est clair qu'il n'a pas une connaissance exacte des faits, ou qu'il considère *auxilium* comme un secours militaire.

3. Procope, *de bello Gothico* i, 12.

4. Antérieurement, d'après Procope, les Franks, par crainte de Theoderich, se sont abstenus de faire la guerre aux Wisigoths.

nouvelle, viennent camper en face d'eux; il se passe un temps considérable sans que l'on en vienne aux mains. Mais la dévastation et le pillage du pays par les Franks rendent aux Wisigoths leur inactivité si humiliante que, dans l'espérance de pouvoir soutenir seuls la lutte contre les Franks, ils reprochent vivement à Alarich sa frayeur et l'obligent ainsi à combattre contre sa volonté. On en vient, avant l'arrivée du secours des Ostrogoths, à une bataille dans laquelle les Franks sont victorieux. La plupart des Wisigoths, et parmi eux Alarich, périssent. Les Franks occupent la plus grande partie de la Gaule. Ils s'empressent d'assiéger Carcassonne, dans l'espoir de s'emparer du trésor royal qui y était gardé. Le reste de l'armée wisigothique proclame roi Gesalich [1], fils naturel d'Alarich, parce qu'Amalarich, son fils légitime, est encore mineur. Lorsque Theoderich arrive avec l'armée ostrogothique, les Franks effrayés lèvent le siège de Carcassonne, s'éloignent de la ville, et conservent cependant la Gaule à l'Ouest du Rhône jusqu'à la mer. Theoderich leur abandonne ce territoire d'où il ne peut les expulser, et il garde pour lui le reste de la Gaule. S'étant débarrassé de Gesalich, il transmet le gouvernement des Wisigoths à son petit-fils, mais il garde lui-même la régence. Il emporte tout le trésor gardé à Carcassonne, et se hâte de gagner Ravenne. Pour consolider son pouvoir, il envoie régulièrement des fonctionnaires et des troupes en Gaule et en Espagne. »

Ce récit est en général d'accord avec nos autres sources pour l'ensemble de la guerre : les Franks battent les Wisigoths; Alarich tombe dans la bataille, Theodorich paraît trop tard sur la place du combat; néanmoins il sauve une partie du pays pour lui-même, pendant que le reste tombe aux mains des Franks. Mais si nous venons aux détails, il y a des différences et des inexactitudes. La présence de Chlodovech à la guerre n'est point mentionnée ; la part de Gundobad ne l'est pas davantage ; par contre, Theoderich, ce qui est en contradiction avec les autres sources, est signalé comme chef de l'armée ostrogothique; c'est contraint par les Wisigoths qu'Alarich commence la bataille, qui était inévitable, si nous en jugeons par nos autres sources. Ici nous reconnaissons assez clairement le goût byzantin pour les détails

1. La forme de ce nom dans Procope est : Γισέλιγος.

minutieux. Le trésor est à Carcassonne et non pas à Toulouse. On pourrait citer encore bien d'autres inexactitudes ; cependant la différence principale dans le récit de Procope, c'est que le siége de Carcassonne forme le centre de toute la guerre, fait que toutes les autres sources ne mentionnent en aucune façon. Cette ville est le but des Franks dès qu'ils entrent sur le territoire wisigothique ; c'est auprès de Carcassonne qu'a lieu cette bataille [1], à laquelle Alarich est forcé contre sa volonté ; après la victoire, les Franks s'empressent d'assiéger la ville ; l'arrivée de Theoderich les oblige à se retirer ; celui-ci sauve le trésor gardé à Carcassonne. Ainsi toute la guerre converge vers la possession de Carcassonne, et, ce qui doit le plus surprendre, c'est sous les murs de cette ville, à l'extrême sud du royaume wisigothique, qu'a lieu une bataille qui doit être évidemment la même que la bataille placée par nos autres sources à Vouglé, au N. du royaume d'Alarich.

Ainsi il ressort assez clairement que Procope n'a pas de valeur en comparaison des autres sources ; mais ce n'est certes point la tâche de la critique de mettre d'accord avec elles, par des corrections arbitraires [2], son récit de la première partie de la guerre jusqu'à la bataille décisive. Il semble en vérité que Procope n'ait eu qu'une connaissance générale de l'ensemble de la guerre ; il a probablement connu la bataille près Poitiers et son importance, mais il l'a rattachée par erreur à un siége de Carcassonne, où d'après lui, le trésor wisigothique était gardé, et qui, pour cela même, fut le but des efforts des Franks. Qu'est-ce qui a pû donner lieu à cette supposition de Procope ? On ne le sait pas très-bien. Si Carcassonne a réellement été une fois assiégée dans le cours de la guerre, cela peut tout au plus être arrivé à la suite de la victoire près de Poitiers, et ainsi ce siége se placerait sur la même ligne que le

1. Procope ne dit pas expressément que cette bataille eut lieu près de Carcassonne ; mais l'ensemble des faits nous force d'interpréter ainsi ses paroles.

2. Dubos IV, 10, se sert d'une leçon de Scaliger Οὐκαρκασσῶνα, pour corriger le vieux nom de Poitiers Αὐγουστορπιτώνα ; Bouquet II p. 32. n. 6 propose : ἐπὶ ποταμὸν Οὐιγεννιανήν : on peut faire des mots tout ce que l'on veut. — Les dernirs historiens se sont plu à combiner les autres sources avec Procope ; Aschbach se distingue entre tous par un grand arbitraire.

siége d'autres villes que nous connaissons par Grégoire. Cependant il vaut mieux omettre un événement isolé de ce genre, que de troubler par des combinaisons hasardées un ensemble de récits très-clairs.

Nos recherches nous conduisent maintenant à un fait, qui est d'une grande importance pour la marche de la guerre, mais qui n'a pas été mentionné par les sources que nous avons étudiées jusqu'ici: c'est le siége d'Arles.

Deux lettres de Theoderich nous le font connaître dans ses traits généraux. L'une, écrite avant le premier septembre 510, loue la fidélité des habitants d'Arles, qui ont fermement soutenu un siége accablant et que la faim elle-même n'a pu contraindre à capituler[1]. L'autre, probablement écrite peu après, raconte que les murs de la ville, les vieilles tours des fortifications ont beaucoup souffert[2], et que le territoire de la ville est dévasté[3]. Une lettre postérieure d'Athalarich, petit-fils de Theoderich, parle de même de ce siége[4]; elle fait l'éloge du général ostrogoth Tulum; envoyé dès le commencement avec d'autres chefs, il a, dans cette entreprise contre la Gaule,[5] montré sa prudence et son audace guerrière. « Arles, est-il dit plus loin, est une ville située sur le Rhône; un pont traverse ce fleuve et conduit à l'Est. Il était nécessaire pour les ennemis de prendre ce pont; nécessaire pour les nôtres de le défendre. C'est pourquoi les Franks et les Goths se le sont disputé très-vigoureusement. Tulum avec son audace assista lui-même au moment le plus critique de la lutte; il soutint le choc des ennemis avec une telle vigueur qu'il les empêcha d'arriver à leur but et qu'il emporta de glorieuses blessures, témoignages de ses hauts faits[6]. » On se demande

1. Cass. *Var.* III, 32: « (Arelatenses) qui nostris partibus perdurantes gloriosae obsidionis penuriam pertulerunt... qui pro nobis in angustiis esurire maluerunt... casum vix (potuerunt) declinare postremum... (dominum agrum) non coluisse cognoscas. »

2. Cass. *Var.* III, 44: «... ad cultum reducere antiqua moenia festinemus... pro reparatione itaque murorum Arelatensium vel turrium vetustarum... »

3. Cf. n. 1.

4. Cass. *Var.* VIII, 10.

5. « Admonet etiam expeditio Gallicana, ubi jam inter duces directus et prudentiam suam bellis et pericula ingerebat. »

6. « Arelate est civitas supra undas Rhodani constituta, quae in orientis prospectum tabulatum pontem per nuncupati fluminis dorsa

si Tulum a gagné cette gloire comme défenseur de la ville [1], ou par un heureux effort pour la débloquer ? comme il est expressément dit qu'il fut envoyé par Theoderich en même temps que l'armée [2], mais qu'Arles, comme nous le verrons encore, était déjà assiégée lorsque l'armée de Theoderich entra en Provence en 508, la seconde hypothèse est seule possible. Nous ne savons pas si cette tentative de Tulum pour débloquer la ville amena la levée du siège, ou obligea simplement l'ennemi à renoncer à son attaque sur le pont : cependant son opération a dû être d'une influence décisive sur la marche du siége.

La *Vita Caesarii* donne les plus grands détails sur le siége de la ville. Elle fait particulièrement ressortir ce qui concerne l'évêque Cæsarius, mais pour le siége même, elle n'en fait point ressortir clairement la marche. Voici ce que nous pouvons sur ce sujet tirer de cette vie.

Les Franks et les Burgundions avaient déjà entrepris le siége, lorsque Alarich était tombé sur le champ de bataille de la main même de Chlodovech, par conséquent après la bataille près de Poitiers : il était déjà commencé quand les généraux envoyés par Theoderich le Grand entrèrent en Provence en 508 [3]. La ville (ceci ressort assez clairement) a été étroitement cernée par les assiégés qui interceptèrent même les communications par le fleuve [4]. On mentionne plus tard un retour des Goths avec une foule immense de prisonniers : les saintes basiliques et la maison commune auraient été remplis d'une foule compacte d'infidèles ; l'évêque Cæsarius aurait exercé envers eux des actes

transmittit. Hunc et hostibus capere et nostris defendere necessarium fuit. Quapropter excitata sunt Gothorum Francorumque validissima tempestate certamina. Affuit illic dubiis rebus audacia candidati, (il veut dire Tulum) ubi tanta cum globis hostium concertatione pugnavit, *ut et inimicos a suis desideriis amoveret*, et vulnera factorum suorum signa susciperet.»

1. Manso. p. 65 ; Aschbach p. 175 sont de cet avis.

2. Cf. p. 100 ; n. 5. Mascou II. p. 31. émet sur ce point la même opinion que nous.

3. *V. Caesarii*, Bouquet III, 384. *Acta SS. Ord. S. Bened.* App. Saec. 1, p. 659 sq: «Obsidentibus Francis et Burgundionibus civitatem (Arelatensem), jam Alarico rege a victoriosissimo Clodoveo in certamine perempto, Theudericus Italiae rex provinciam istam ducibus missis intraverat. »

4. V. ci-dessous p. 104 n. 1.

de charité et leur aurait abondamment distribué nourriture
et vêtements, jusqu'à ce qu'il pût en racheter quelques
uns. Il n'y a pas de doute qu'ici par Goths on ne doive en-
tendre la garnison wisigothique de la ville ; quant aux prisonniers, on pensera avant tout aux assiégeants, les Burgundions
ariens pouvant très-bien être désignés comme « infidèles [1] »
par l'écrivain catholique de la *Vita*. Après ce retour des Wisigoths, la *Vita* ne parle pas d'une continuation du siège, mais
elle se borne à en résumer la marche d'une façon très-brève,
quoique précise, en disant « qu'Arles, au temps de Cæsarius,
a été assiégée, sans avoir eu à souffrir ni conquête, ni pillage,
et que la ville a passé ainsi des mains des Wisigoths sous la
domination des Ostrogoths [2]. » Nous avons bien le droit de
considérer le siége comme fini avec ce retour des Wisigoths.
Il est évident que l'arrivée des Ostrogoths en Provence, leur
victoire sur les Franks en 508, durent avoir une influence
décisive sur le siége, soit qu'une partie des assiégeants
eussent pris part à la bataille, soit que la perte de la
bataille eût affaibli leur courage: ce n'est qu'à la suite de ce
combat qu'un changement put se produire. La première conséquence de ce changement fut la capture des prisonniers
faits par la garnison wisigothique, évidemment dans une
sortie ; la dernière conséquence fut la levée du siége. On
ne peut pas décider si l'action de Tulum a un rapport plus
étroit avec ces opérations ; en tout cas on irait trop loin si
l'on plaçait sous les murs d'Arles la victoire des Ostrogoths [3].
Une fois ces points bien établis, on peut fixer encore
d'une façon plus précise la durée du siége et sa place dans
la série des faits militaires de cette guerre. Nous savons
que Theuderich, fils de Chlodovech, fut envoyé à la conquête
de l'Auvergne encore dans le courant de l'année 507 ; il est

---

1. « In Arelato vero Gothis cum captivorum immensitate reversis
replentur basilicae sanctae, repletur etiam domus ecclesiae consti-
patione infidelium...» Le mot « *reversis* » ne laisse pas de doute que
l'on ne veuille désigner les Wisigoths qui se trouvaient dans Arles ;
Pétigny II, 519, fait des *Gothi* des Ostrogoths.

2. « Nos tamen credimus et confidimus in Domino Deo per misericordiam et fidem seu orationem beati Caesarii, quia sic in diebus
suis ab hostibus Arelatensis obsessa est civitas, ut nec captivitati
meruerit nec praedae succumbere. Sic deinde a Wisigothis ad Os-
trogothorum devolutum est regnum. »

3. Du Roure, *Hist. de Théodoric*, II. p. 18.

difficile qu'une armée franque ait pu paraître devant Arles pour l'assiéger, avant que Theuderich eût réussi dans cette opération. Gundobad, qui apparemment avait pris la Provence en même temps que Chlodovech avançait contre Alarich et avait peut-être ensuite expulsé Gesalich de Narbonne, pouvait alors facilement opérer sa jonction avec les Franks. Ainsi le siège peut avoir commencé déjà en 507; nous ne savons pas s'il a été commandé par Teuderich et Gundobad en personne; il est impossible qu'il ait duré après la victoire des Ostrogoths en 508. De ce que Theoderich a remis aux habitants de la ville les impôts pour l'année qui courait du premier septembre 510 au premier septembre 511 [1], personne ne voudra conclure que le siège ait duré jusqu'à la rédaction de sa lettre; quand il l'écrivit, Theoderich évidemment n'avait plus en face de lui aucun ennemi en Provence, car il pouvait consacrer toutes ses forces à régler les affaires de l'Espagne. Les sources n'autorisent nullement à croire que la ville ait été assiégée plus d'une fois [2].

Il nous faut encore faire ressortir au moins les plus importants des événements qui, d'après la *Vita Caesarii*, se sont passés dans la ville pendant le siège. Nous y gagnerons d'être éclairés sur l'agitation des partis en lutte à ce moment. D'après ce que nous savons des sympathies des Romans catholiques pour Chlodovech, et des efforts de Chlodovech pour les gagner, il ne peut pas être étonnant que, dans la ville assiégée par les Franks et les Burgundions, les catholiques, et avant tout l'évêque Cæsarïus, aient été regardés avec défiance. Aussi lorsqu'un jeune clerc, parent de Cæsarius, fut descendu des murs au moyen d'une corde et eut passé à l'ennemi, les Wisigoths ariens et les Juifs, qui devaient être domiciliés en assez grand nombre dans Arles, craignirent une trahison : à tort ou à raison? nous ne le savons pas [3]. L'animosité se tourne alors contre l'évêque; on veut l'emprisonner dans le Palais, jusqu'à ce que le « castrum Ugernense[4] », ou même les

1. Cass. *Var.* iii, 32 « per indictionem quartam. »

2. Bouquet iv, p. 11 suppose deux sièges ; Aschbach, p. 175 et 178, est aussi de cet avis.

3. Fauriel ii, p. 63, est contraire à cette opinion ; Aschbach la défend avec de mauvaises raisons.

4. Sa situation est inconnue.

ondes du Rhône, en l'engloutissant dans l'obscurité de la nuit, aient mis la ville à l'abri de sa trahison. On pénètre dans sa demeure. Néanmoins la vie de Cæsarius est sauvée ; la barque, dans laquelle on l'a jeté, ne peut descendre d'aucun côté du Rhône, tant la ville est étroitement bloquée[1]. Alors on le cache de nuit dans le palais, afin que les catholiques ne sachent pas s'il est encore en vie ou non. Tout-à-coup il se révèle que ce sont les Juifs qui veulent trahir la ville ; le soupçon s'évanouit et Cæsarius est délivré. Toutefois il semble que le passage de la ville sous la domination ostrogothique n'assura pas entièrement le repos des Romains catholiques, car l'évêque Cæsarius fut emmené prisonnier à Ravenne ; mais Theoderich fut assez prudent pour traiter avec clémence cet homme si considéré.

Nous devons enfin mentionner brièvement, parmi nos sources sur l'histoire de cette guerre, celles des lettres de Theoderich que nous n'avons encore utilisées que pour éclaircir des points particuliers. Leur emploi a ses difficultés, car l'époque précise de leur rédaction ne peut être que rarement constatée, et par conséquent on doit se garder de combinaisons arbitraires qui amèneraient à coordonner faussement les faits qui y sont mentionnés[2].

La plus importante de ces lettres est celle qui engage les Ostrogoths à se préparer[3], selon l'ancienne coutume, à une expédition en Gaule, et leur fixe comme jour du départ le 24 juin 508. Ainsi, avant la seconde moitié de l'année 508, aucune armée ostrogothique ne paraît en Provence. Cette lettre nous fait voir que Theoderich, par son *Sajo Nandius*, a appelé aux armes ses guerriers ostrogoths en nombre assez considérable. — Un autre fait nous est de même

---

1. « Cum ergo ex utraque ripa drumonem, quo injectus fuerat (Caesarius), obsidione hostium Gothi Dei nutu subrigere non valerent, revocantes sub nocte in palatio sanctum virum, personam ipsius texere silentio, ut, utrum viveret, nullus catholicus posset agnoscere. » — Dubos, trompé par une mauvaise leçon, a très-mal interprété ce passage, iv, 11. — Pétigny, ii, 513, a accepté ses conclusions.

2. Dans l'appendice, j'ai essayé de fixer la date de chaque lettre. Les derniers historiens de la guerre wisigothique, ne tenant pas compte de l'incertitude de leurs dates, ont fait avec ces lettres des combinaisons qui n'ont aucun fondement. Cela nous mènerait trop loin de les réfuter en détail.

3. Cass. *Var.* i, 24.

connu par une des lettres de Theoderich[1], c'est que Narbonne, qui, d'après Isidore, fut conquise par Gundobad, ne resta pas en son pouvoir ; nous y trouvons le général de Theoderich Ibbas entre 508 et 510 ; il paraît que pendant la mission dont il fut chargé en Espagne pour y rétablir l'ordre, il resta quelque temps à Narbonne. — De plus nous apprenons encore que des troupes ont été envoyées pour garantir de toute attaque le territoire conquis sur les Franks et les Burgundions [2].

Une chose particulièrement intéressante dans ces lettres, c'est l'idée qu'elles nous donnent des rapports de Theodorich avec le pays d'où les ennemis ont été chassés par l'arrivée de son armée. Il considère la conquête faite par ses armes comme une soumission à sa domination [3] ; mais il s'applique à la rendre facile et agréable à ses nouveaux sujets. Il la considère absolument comme une continuation de celle d'Alarich : tout doit rester dans le même état que sous ce dernier roi [4]. Theoderich tâche d'assurer à chacun ce qu'il a possédé jusqu'à ce jour. Les esclaves, qui, dans les troubles de la guerre, sont passés à un maître étranger, doivent être rendus à leurs anciens maîtres [5] ; il fait restituer à l'église de Narbonne ses possessions [6]. Les anciens priviléges conservent encore leur valeur sous le nouveau gouvernement ; ainsi les habitants de Marseille obtiennent la confirmation de leurs immunités [7]. Partout où il y a quelque misère, Theoderich s'applique à la soulager : il met sa gloire à prévenir les vœux par des témoignages de sa bienveillance [8]. Les pays, qui ont été gravement

1. Cass. *Var.* iv, 17.
2. v. 10, 11.
3. iii, 16 : « Galliae *nobis* Deo auxiliante *subjungatae.* » iii, 41, 42, 43. les expressions : *subjecti* et *nostrum dominium.* Les impôts et les prestations sont une *functio* iii, 40.
4. iv. 17 : « Definitam rem ab antiquo rege.... nulla volumus ambiguitate titubare. « Le droit n'a pas été changé. iii, 49 : » delectamur jure Romano vivere quos cupimus armis vendicare » — se rapporte aux Romains des territoires conquis.
5. iii, 43.
6. iv, 17.
7. iv, 26.
8. Cass. *Var.* iii, 40, surtout iii. 42 : « non occurritur sub principe benigno remedia postulare subjecta, quoniam supplicationem praecedit humanitas et miro modo posteriora fiunt vota, quam praes-

atteints par les événements de la guerre ou par la marche de l'armée, obtiennent l'exemption des impôts pour un an ; de ce nombre sont: Arles [1], les habitants des Alpes Cottiennes [2], enfin toute la Provence [3], quoique ici le mal pût être moins grand. La ville d'Arles obtint même des secours en argent et en vivres [4]. Les passages de troupes, qu'on ne pouvait éviter, devaient être le moins lourd possible ; un territoire ami ne devait pas être traité comme un territoire ennemi [5]. Pour l'entretien de son armée Theoderich envoya même du blé de l'Italie [6], et il donna de l'argent à quelques corps [7], afin qu'ils pussent acheter eux-mêmes de quoi subvenir à leurs besoins. Les provinces ne devaient sentir que l'appui qu'il leur offrait, mais non souffrir des charges qui résultent fatalement de l'accumulation de troupes considérables dans un pays [8].

Ce qui rend toute cette conduite de Theoderich particulièrement remarquable, c'est qu'il n'était pas lui-même en Gaule, et qu'il lui fallait tout diriger de l'Italie. Cependant il envoyait avec ses troupes des fonctionnaires capables d'exécuter ses pensées, et il était infatigable à leur donner des instructions. Nous connaissons quelques-uns de ses fonctionnaires par ses lettres ; ils ont leurs résidences dans les plus importantes villes de Provence. Ainsi Gémellus, préfet de la Vicairie, semble avoir résidé à Arles [9] ; nous trouvons à

tita. » — iv, 26: « Ipsa est enim perfecta pietas, quae antequam flectatur precibus, novit considerare fatigatos. »

1. iii, 32.
2. iv, 36.
3. iii, 40. Cette concession est probablement valable aussi pour la iv⁰ *Indiction*. Il résulte de iii, 42, qu'une partie de la Provence n'eut pas à souffrir.
4. iii, 44.
5. iii. 38: «....ubi exercitus dirigitur non gravandi, sed defendendi causa, potius aestimetur. »
6. iii, 42: « ut nec nimia possessores illatione gravarentur, ex Italia destinavimus exercituales expensas, ut ad defensionem vestram directus exercitus nostris humanitatibus aleretur; solumque auxilium de tam magna congregatione sentirent. »
7. v, 10, 11.
8. Cf. n. 6.
9. Nous trouvons dans les autres villes d'autres fonctionnaires. Cass. *Var.* iii, 32; c'est à Gémellus qu'est commandée l'exécution d'une mesure relative à la ville d'Arles; voy. iii, 16, sa lettre de créance.

Avignon Wandil, chargé de la défense et de l'administration
de la ville [1]; dans une semblable position, à Marseille, le comte
Marabad [2]; le comte Arigern y fut aussi envoyé quelque
temps pour y raffermir les esprits chancelants [3].

Il ne nous reste plus que deux questions à vider : une paix
a-t-elle été conclue? Quelles ont été les suites de la guerre
pour les deux partis?

Si l'on a émis l'opinion qu'une paix, qu'un traité avait mis fin
à la guerre entre Chlodovech et Theoderich, traité dans lequel
Theoderich aurait formellement cédé au roi frank les pays
conquis [4], c'est sur l'autorité d'un passage de Procope [5]. Il dit,
en terminant son récit de la guerre, que Theoderich « incapable d'expulser les Franks des territoires conquis, a consenti à les laisser en leur possession, et que lui-même a
conservé le reste de la Gaule. » Il est très-douteux que les
choses se soient ainsi passées. On a pensé que la paix a pû
être conclue en 510 [6], parce que Theoderich n'aurait eu que
par sa régence qui commençait en 510, le droit de conclure
une paix obligatoire pour les Wisigoths. Cet argument est
peu solide, car Theoderich avait seul le pouvoir de conclure
une paix avec Chlodovech, aussi ne se sera-t-il nullement
soucié d'une autorisation pour céder des territoires wisigothiques. L'histoire de la guerre elle-même nous amène à
fixer une époque antérieure pour la conclusion de la paix.
Après 509 nos sources ne disent plus rien des événements
militaires en Gaule; en 510 et en 511 il ne s'agit plus que
de l'Espagne. Chlodovech lui-même a quitté en 510 le théâtre
de la guerre; les Franks laissés par lui en Saintonge et
sur le territoire de Bordeaux devaient seulement consolider à
l'intérieur des pays conquis la domination qu'il avait fondée.
C'est pourquoi on acceptera plus facilement l'hypothèse

1. III, 38.
2. III, 34.
3. IV, 16.
4. Dubos, IV, 12.
5. « Ὅθεν αὐτοὺς (τοὺς Γερμανούς) ἐξελάσαι Θευδέριχος οὐχ οἷός τε ὢν
ταῦτα μὲν σφᾶς ξυνεχώρει ἔχειν, αὐτὸς δὲ Γαλλίας τά λοιπά ἀνεσώσατο.
6. Dubos, l. c. Pétigny II, 527, veut qu'une paix ait été conclue
après la bataille mentionnée par Jordanis c. 58, qu'il place sans aucune preuve en 510.

que la guerre a été finie en 508, et au plus tard en 509[1] Il est vrai qu'on pourra toujours demander si réellement nous devons croire qu'un traité de paix a été conclu[2]. Nos autres sources ne disent rien de pareil. Mais les paroles de Procope, sur lesquelles seules on peut s'appuyer, sans parler du peu d'autorité que nous pouvons leur accorder, permettent encore une autre interprétation : « Theoderich laissa les Franks en possession du territoire conquis, c'est à dire qu'il fut forcé de leur laisser, car il ne pouvait pas empêcher qu'il en fût ainsi. » En effet il semble que Chlodovech et Theoderich conservent en fait la possession des territoires qu'ils occupent, sans se soucier d'une reconnaissance formellement exprimée, chacun d'eux ayant la force de garder sa conquête.

En ce qui concerne les suites de la guerre, elles sont assez clairement exprimées pour le royaume wisigothique dans ces paroles d'une source[3] : « Le royaume de Toulouse fut détruit » ; la plus grande partie des territoires que les Wisigoths avaient peu à peu conquis en Gaule, tombèrent en d'autres mains. Theoderich prit pour lui une partie des pays que les ennemis avaient déjà parcouru[4] : c'était la Provence ; les Burgundions, alliés de Chlodovech, l'avaient évidemment occupée dès le commencement de la guerre, mais ils ne purent la défendre contre l'armée de Theoderich. Gundobad a été aussi forcé d'abandonner à Theoderich des territoires qu'il avait antérieurement possédés, tels qu'Avignon, que nous trouvons en 500 dans ses mains ; puis Orange[5]. Theoderich conquit donc la partie Sud de l'ancienne Provence, « au sens romain », y compris Avignon, Arles, Marseille ; le cours supérieur de la Durance forma vraisemblablement la frontière Nord du côté de la Burgundie[6] ; mais il la franchit sur son cours inférieur, car Orange fut conquis par les Ostrogoths. A l'Ouest à partir d'Avignon, le Rhône forma la frontière.

1. Manso. p. 65; Mascou II, 31 ; et Luden, III, 92 sont également d'avis qu'une paix a été conclue. — Huschberg p. 671 pense à un armistice temporaire.

2. Aschbach p. 180.

3. App. de Victor de Tunnuna.

4. Isidore.

5. *V. Caesarii*, Bouquet III. 385 : « Interea (Caesarius) omnes captivos ultra Druentiam, maxime Arausici oppidi, quod ex toto fuerat captivitati contraditus..... mox inventos in Italia redemit. »

6. Cass. *Var.* III, 41 : « tritici speciem.... ad castella supra Druentiam constituta de Massiliensibus horreis constat esse portandam. »

Nous avons un grand nombre de renseignements sur la frontière du pays conquis par Chlodovech. D'après l'*Historia epitomata*[1], la Loire au N., les Pyrénées et la mer Tyrrhénienne au S. formaient la frontière de la conquête de Chlodovech. La source, que nous avons désignée comme une seconde forme du récit de l'*Historia epitomata*, ajoute le Rhône comme frontière orientale[2]. Procope évidemment n'a pas en vue un territoire aussi grand. Il ne parle pas de son étendue vers le Sud ; il se borne à dire que la Gaule, au delà du Rhône jusqu'à l'Océan, est tombée aux mains des Franks ; la Loire forme ici naturellement la frontière Nord[3]. On peut fixer les frontières plus sûrement par l'histoire de la guerre, telle que le récit de Grégoire nous la fait connaître, que par ces renseignements tirés de sources auxquelles nous ne pouvons pas nous fier sans réserve. Theuderich, fils de Chlodovech, conquit à l'Est le territoire wisigothique jusqu'à la frontière burgunde ; à l'Ouest, Chlodovech lui-même a pris Angoulême, Bordeaux, la Saintonge, Toulouse ; en conséquence la mer formait la frontière jusqu'à l'embouchure de la Garonne ; mais, d'après Grégoire, la Garonne a formé d'abord la frontière au Sud : cependant, comme en 511, les évêques d'Eauze, de Bazas et d'Auch ont souscrit les actes du concile convoqué par Chlodovech à Orléans[4], il en résulte que leurs diocèses appartenaient au royaume de Chlodovech. Il faut donc que la conquête de ces territoires soit également une conséquence de la guerre contre les Wisigoths. A cette époque le territoire frank ne s'étend pas jusqu'à la Méditerranée ; il restait au pouvoir des Wisigoths, sur la côte, le pays qui fut plus tard la Septimanie.

Quant à la condition que fit Chlodovech aux pays conquis, nos sources ne nous la font nullement connaître. Chlodovech fait évidemment ici encore une conquête personnelle : c'est à

---

1. *Hist. epit.* c. 25 : « regnum ejus (Alarici) a mare Tyrrheno Ligere fluvio et montibus Pyrenaeis usque Oceanum mare a Chlodoveo occupatum est. »

2. Bouquet II, 464 : « regnumque ejus (Alarici) a Legere fluvium et Rhodano per mare Terrenum et montes Perenaeos usque mare Oceanum abstulit, quod hodieque ditione condigno permanet ad regnum Francorum.

3. « Γαλλίας τὰ ἐκτὸς Ῥοδανοῦ ποταμοῦ ἐς ὠκεανὸν τετραμμένα ἔσχον. »

4. Concilium Aurelianense I. in *Conciliorum Galliae Coll.* Parisiis 1789. T. I. p. 843 ; cf. Fauriel II, 73 et Waitz, *Verfg.* II, p. 58, n. 5.

lui qu'échoient le territoire et le trésor d'Alarich. Il est à présumer qu'il n'y a pas eu partage du territoire; l'immigration des Franks au Sud de la Loire ne peut pas avoir été importante. Les Wisigoths, pour la plupart, ont vraisemblablement quitté le pays; nous pouvons le conclure de ce fait que plus tard le droit wisigothique [1] n'avait de valeur qu'en Septimanie. Pour les Romains, leur condition aura été semblable à celle des Romains du Nord de la Loire après la conquête du royaume de Syagrius. On peut croire que les souffrances d'un pays conquis n'auront pas été ménagées aux territoires nouvellement soumis [2]. Nous apprenons que l'on a fait une grande quantité de prisonniers; il n'y a pas eu de distinction établie entre les Romains et les Wisigoths ; les Franks victorieux semblent avoir emmené les prisonniers hors de leur pays [3]. Il paraît même que la paix proclamée n'a pas toujours été observée [4], car les évêques ont adressé des plaintes à Chlodovech. Celui-ci leur répondit que les stipulations de cette paix devaient être maintenues; dans le cas où des serviteurs des églises, des femmes et des vierges consacrées à la vie religieuse, ainsi que ceux qui partageaient leur vie seraient tombés en captivité, il ordonna de les délivrer aussitôt. D'autre part, pour un prisonnier fait à tort sur les territoires compris dans la paix, il demande des lettres munies du sceau épiscopal et confirmées par serment; pour d'autres prisonniers, il permet aux évêques de leur assurer la sauvegarde épiscopale; le rachat des prisonniers ne fut pas défendu par Chlodovech [5].

Jetons, en finissant, un coup d'œil sur la marche et la suite des événements de la guerre wisigothique; cela est d'autant plus nécessaire que le caractère de cette étude ne nous a pas permis de suivre exactement l'ordre naturel des faits militaires.

1. Cf. Schœffner, *Gesch. der Rechtsverfassung Frankreichs* I, p. 129.

2. Fauriel, II, 74. et ss. a interprété cela dans un sens hostile aux Franks.

3. V. *Eptadii* III, 384 C: « ..... facta est captivorum innumerabilis multitudo, qui *dispersi sunt per regiones dilatati;* ex quibus vir beatissimus Eptadius non parvam multitudinem data pecunia liberavit et statim pristinae libertati restituit. »

4. Cf. ci-dessus p. 88 n. 2.

5. c. n. 2.

La guerre commence au printemps de 507 avec l'invasion de Chlodovech sur le territoire wisigothique. Après avoir franchi la Loire, il en vient aux mains avec Alarich, qui était allé à sa rencontre jusqu'à la frontière de son royaume, dans la plaine de Vouglé, à dix milles au nord de Poitiers. La victoire échut à Chlodovech ; Alarich lui-même à la fin tomba, quand tout le monde prit la fuite, frappé de la main de Chlodovech. Cette bataille décida de l'existence du royaume de Toulouse. Amalarich, jeune fils d'Alarich, fut sauvé et conduit en Espagne ; les Wisigoths élurent pour roi à Narbonne, à la place d'Alarich, son fils naturel Gesalich. En même temps que Chlodovech avançait, Gundobad, qui était son allié, a sans doute pris les armes contre le royaume wisigothique, et conquis la plus grande partie du territoire de l'ancienne province romaine, qui appartenait au royaume wisigothique et qui séparait la Burgundie de la mer Méditerranée. Chlodovech ne tarda pas à profiter de la victoire qu'il avait remportée : il envoya son fils aîné Theuderich conquérir l'Auvergne, car la résistance courageuse que les Arvernes lui avaient montrée à la bataille de Vouglé, lui avait certainement prouvé la nécessité de s'assurer avant tout la possession de ce territoire. Il passa lui-même l'hiver de 507 à 508 à Bordeaux. Dans la campagne de 508, Toulouse, et avec cette ville le trésor royal d'Alarich, tombèrent en son pouvoir ; il en fut de même plus tard d'Angoulême. A l'Est, il est à croire que Theuderich, dans le courant de 507, s'était avancé victorieusement jusqu'à la frontière de Burgundie ; Gundobad a aussi remporté d'autres succès ; il a pris Narbonne, et Gesalich s'est enfui honteusement devant lui jusqu'à Barcelone en éprouvant de grandes pertes. De la sorte, l'armée franque pût s'unir avec l'armée burgunde pour assiéger Arles : la possession de cette ville était indispensable pour assurer la conquête faite au Sud. Le siége commença peut-être déjà en 507, en tout cas, au commencement de 508.

Jusqu'ici l'alliance franco-burgunde avait eu plein succès, et on pouvait croire que la race wisigothique devait dès lors être exclue de la domination de la Gaule ; mais à ce moment, Theoderich-le-Grand arriva sur le théâtre de la lutte, trop tard, il est vrai, pour tout sauver ; assez tôt cependant pour donner à la guerre une autre tournure. Il avait convoqué son armée pour le 24 juin 508 ; sous la conduite de généraux habiles, parmi lesquels on cite Ibbas et Tulum, elle entra en Provence où eut lieu la première rencontre des Franks et des Ostrogoths. Les Franks, vainqueurs dans leurs combats avec tant de peuples Allemands, succombèrent ici. Probablement, c'est Ibbas qui a remporté cette victoire. Nos sources ne disent pas où eut lieu la bataille : cependant elle fut livrée, à n'en pas douter, dans le pays au Sud de la Durance. Les conséquences de cette victoire furent assez importantes : l'ennemi fut obligé de renoncer au territoire qui s'étend au Sud de la Durance; Arles qui, malgré ses divisions intérieures, avait résisté au siége des Franks et des Burgundions, doit par conséquent avoir été délivrée; peut-être qu'une heureuse tentative de Tulum, ou une sortie des assiégés, amena ce résultat. Mais la lutte dans ces contrées ne finit point avec ces événements. Avignon, Orange furent enlevés aux Burgundions. En 509, une armée ostrogothique, sous Mammo, entra encore en Gaule au grand effroi des Burgundions, en passant à ce qu'il semble, par les défilés des Alpes Cottiennes; et c'est sans doute dans cette même année que nous trouvons à Narbonne, en vainqueur, le général de Theoderich, Ibbas.

Dès cette année nous n'apprenons plus rien des événements militaires qui se passent sur le territoire Gaulois. Chlodovech retourna déjà en 508, par Tours, à Paris, où vint aussi Theuderich, mais nous ne savons à quelle époque. Quant à l'expédition d'Ibbas, pendant laquelle nous le trouvons à Narbonne, elle ne concernait plus les Franks, mais l'Espagne. Theoderich, qui auparavant n'avait peut-être pas été opposé à l'élection de Gesalich, le combattait maintenant qu'il avait prouvé son incapacité. On fit valoir les prétentions qu'Amalarich avait à la couronne, et Gesalich fut obligé en 510 de fuir devant Ibbas qui le chassa de Barcelone et de l'Espagne. Il chercha en Afrique, auprès du roi Vandale Trasamund, protection et secours, et il en reçut de l'argent. Mais l'intervention de Theoderich mit fin à cette assistance. Gesalich, désormais incapable de rien entreprendre, vécut une année secrètement en Aquitaine, vraisemblablement sur le territoire frank. Puis il tenta en 511 de rentrer en Espagne, mais il fut vaincu par Ibbas non loin de Barcelone, fait prisonnier et tué en Provence. Theoderich exerça dès lors en Espagne le gouvernement comme régent pendant quinze années pour son petit-fils Amalarich.

Il n'y a probablement pas eu de paix conclue avec Chlodovech : la cessation des hostilités en 509 amena la fin de la
guerre en Gaule. La plus grande partie du royaume wisigothique échut à Chlodovech, jusqu'aux frontières de Burgundie à l'est, jusqu'à la Garonne et au delà au sud-ouest.
Theoderich a conservé au royaume wisigothique le territoire
que comprit plus tard la Septimanie, et il a gagné pour lui-
même la Provence au sud de la Durance, avec Marseille,
Arles, Avignon; puis au nord de la Durance, Orange. Il voulait sans doute par cette conquête rétablir la domination de
l'Italie sur des territoires qui lui avaient appartenu, car c'est
seulement sous Odoacre que ce lien avait été brisé, et il mit le
plus grand soin à s'assurer solidement la possession de ces
pays par un sage gouvernement. La régence qu'il exerça en
Espagne peut bien avoir très-peu différé d'une vraie domination; il en résulte que cette même guerre, qui détruisit en
Gaule la domination wisigothique et y donna la supériorité aux
Franks, amena pour un court espace de temps une réunion des
races ostrogothique et wisigothique sous le sceptre de Theoderich.

CHAPITRE VIII

Annexion par Chlodovech du royaume ripuaire et des petits royaumes saliens. — Mort de Chlodovech.

S'il faut en croire Grégoire de Tours, Chlodovech employa
la fin de son règne à annexer à son empire le royaume
ripuaire et les petits territoires restés indépendants. Le
royaume frank s'étendait alors sur la plus grande partie de
la Gaule et avait de plus englobé deux peuplades allemandes,
les Thuringiens et les Alamans.

Grégoire rapporte d'abord comment Chlodovech s'empara
du royaume ripuaire. Sigibert le Boiteux y régnait. « Chlodovech qui était à Paris, envoya secrètement des messagers
au fils de Sigibert (Chlodérich) pour lui dire : « Vois comme

1. Grég. ii, 40. L'*Hist. epitomata* donne un extrait inexact; les
Gesta se taisent entièrement sur ces faits.

JUNGHANS, Chlodovech.   8

ton père est devenu vieux et boite [1]. S'il meurt, son royaume te reviendra de droit. » Chloderich, ébloui par l'espérance du pouvoir, cherche le moyen de faire périr son père. Comme celui-ci avait quitté Cologne pour se rendre dans la forêt Buconia au delà du Rhin, le fils envoya des assassins qui tuèrent Sigibert pendant qu'il dormait au milieu du jour dans sa tente [2]. Il espérait régner à sa place. Mais par le jugement de Dieu, il tomba lui-même dans la fosse qu'il avait creusée pour son père. Il dirigea des envoyés auprès de Chlodovech pour lui annoncer la mort de son père : celui-ci était mort et il avait hérité de son trésor et de son royaume. Chlodovech devait lui envoyer des messagers, pour prendre dans le trésor de son père les présents qui pourraient lui plaire [3]. Chlodovech lui répond : « Je te remercie de ta bonne volonté. Quand arriveront mes envoyés, montre-leur tous tes trésors, et tu en conserveras l'entière possession. » Chloderich expose les trésors de son père aux regards des messagers. Comme ils les examinaient en détail, il leur dit : « C'est dans ce petit coffre que mon père avait coutume d'entasser ses pièces d'or. » — « Plonge, dirent-ils, ta main jusqu'au fond, en sorte que rien ne t'échappe. » Comme Chloderich s'inclinait de tout son corps, un des envoyés lui fendit le crâne d'un coup de hache. Ainsi, le misérable subit le sort qu'il avait infligé à son père. Lorsque Chlodovech apprend que Sigibert avait été tué ainsi que son fils, arrivant en ce lieu [4], il convoque tout le peuple et dit : « Ecoutez ce qui est arrivé.

1· L'expression de notre texte indique évidemment que cette infirmité est présentée comme une excuse du meurtre par Chlodovech. On sait que dans les mœurs des anciens Germains les infirmités physiques rendaient impropre au commandement.

2. La *Silva Buconia* est le Buchenwald près Fulda et non une forêt près de Cologne. Cf. Waitz, *Vfg* II, 65, n. 1. — *Ambulare disponeret* ne signifie pas *aller à la chasse* comme le veut Leo. [Il nous paraît au contraire très-vraisemblable que cet attentat comme tant d'autres semblables a été commis pendant que le roi était en chasse. N. du T.]

3. Leo, *loc. cit.*, voit dans la conduite de Chloderich le désir d'apaiser Chlodovech par une compensation ; mais comme Chlodovech n'était pas l'héritier du mort il ne pouvait être question de compensation.

4. « In eumdem locum adveniens, convocat omnem populum, etc. » — à Cologne?

Tandis que je naviguais sur le fleuve l'Escaut[1], Chloderich, fils de mon parent, tourmentait son père en prétendant que je voulais le tuer. Comme celui-ci s'enfuyait à travers la forêt Buconia[2], il envoya contre lui des assassins qui le tuèrent. Lui-même, tandis qu'il ouvrait ses trésors, fut tué, frappé je ne sais par qui. Je n'ai rien à faire en tout cela, car je ne puis verser le sang de mes proches; c'est un crime. Mais puisque ces choses sont arrivées, je vous donne un conseil, s'il vous est agréable. Tournez-vous vers moi, afin d'être sous ma protection. » Les Ripuaires, à ces paroles, l'approuvant par leurs cris et le choc de leurs boucliers, l'élèvent sur le pavois et le font roi. Recevant le royaume de Sigibert avec ses trésors, il soumit ainsi le peuple à sa domination. Car Dieu renversait chaque jour ses ennemis sous sa main et augmentait son royaume, parce qu'il marchait d'un cœur droit devant lui, et faisait ce qui était agréable à ses yeux[3]. »

Grégoire raconte ensuite comment Chararich et son fils furent renversés[4]. Après cela Chlodovech se tourne contre le roi Chararich. Tandis qu'il combattait contre Syagrius, ce Chararich convoqué comme auxiliaire se tint à l'écart, sans aider aucun des deux partis; mais il attendait l'issue de la lutte

1. L'Escaut qui passe à Tournai, ancienne résidence royale de Chlodovech, est employé ici comme dénomination typique, pour indiquer le royaume de Chlodovech. Le sens est: tandis que j'étais au milieu de mon pays, et qu'ainsi je ne savais rien de ce qui se passait ici. [On doit voir, il me semble, dans cette fausse indication, un mensonge intentionnel. Clodovech fait un récit trompeur aux Ripuaires. Sa présence supposée sur l'Escaut doit prouver combien peu il songeait à une intrigue politique. N. du T.]

2. « Cum per Buconiam silvam fugeret. » Ces mots ne sont pas tout à fait clairs. Il semble que le texte, avec une certaine liberté poétique, en faisant *fuir* Sigibert devant Chloderich, suppose que celui-ci le *poursuivait en ennemi.* [ou plutôt que Sigibert effrayé des projets attribués à Chlodovech, veut lui échapper par la fuite. N. du Trad.]

3. « Prosternebat enim quotidie Deus hostes ejus sub manu ipsius et augebat regnum ejus, eo quod ambularet recto corde coram eo et faceret quae placita erant in oculis ejus. » — La pensée de Grégoire est claire: parceque Chlodovech était chrétien, Dieu le faisait réussir, car les victoires et les succès de Chlodovech préparaient la voie au christianisme catholique. Cf. Lœbell p. 263 et ss.; Giesebrecht *p. cit.* I. p. 105. n. 2.

4. Grég. II. Les *Gesta* passsent ce fait sous silence; l'*Historia epitomata* c. 27 le résume brièvement.

pour lier amitié avec celui qui obtiendrait la victoire. C'est pourquoi Chlodovech indigné marcha contre lui, le fit prisonnier ainsi que son fils, les fit lier et tondre ; il fait conférer à Chararich la prêtrise et à son fils le diaconat[1]. Et comme Chararich s'affligeait de son humiliation et pleurait, on rapporte que son fils lui dit : « Ce feuillage a été coupé sur un bois vert ; il n'est pas à jamais desséché, il s'élévera et croîtra rapidement de nouveau ; puisse celui qui a fait ces choses aussi rapidement périr. » Cette parole parvint jusqu'aux oreilles de Chlodovech, à savoir qu'ils menaçaient de laisser croître leur chevelure et de le tuer. — Aussi ordonna-t-il de leur trancher la tête à tous deux. Après leur mort, il acquit leur royaume avec leurs trésors et leur peuple. »

Enfin Grégoire arrive à la conquête du royaume de Ragnachar et de celui des derniers petits rois saliens[2]. « Or Ragnachar régnait alors à Cambrai. Sa luxure effrénée épargnait à peine ses proches parents. Il avait pour conseiller Farron, souillé par les mêmes déréglements ; on rapporte à son sujet que lorsque quoi que ce fut, mets ou présents, était apporté au roi, il avait coutume de dire : cela suffit pour moi et mon Farron. C'est pourquoi les Franks étaient bouillants d'indignation. D'où il advint que Chlodovech ayant reçu des bracelets ou des baudriers d'or, mais en or imité (car c'était de l'airain doré par artifice), il les donna aux leudes[3] de Ragnachar, pour qu'ils l'appelassent contre lui. Comme il faisait marcher son armée contre Ragnachar, celui-ci envoyait souvent des espions aux nouvelles ; il demanda aux messagers à leur retour quelle était la force de la troupe ennemie. Ils répondirent : « C'est un très-grand renfort pour toi et ton Farron ». Mais Chlodovech survenant, dispose l'attaque contre lui. Ragnachar voyant son armée vaincue se prépare à fuir, mais saisi par les soldats, les mains liées derrière le dos, il est conduit avec son frère Richar en présence de Chlodovech. Celui-ci, s'adressant à Ragnachar : « Pourquoi, dit-il, as-tu humilié

1. La tonsure enlevait aux rois l'insigne royal, la longue chevelure. Le récit distingue nettement de ce premier fait l'ordination ecclésiastique. Voy. plus bas, p. 123
2. Grég. ii. 42. Les *Gesta* développent et expliquent le récit de Grégoire ; l'*Historia epit.* c. 28 donne ici également un court extrait.
3. Leudes. Giesebrecht, *op. cit.* i. p. 109. « vornehmen Leute — les hommes les plus importants. » — Voy. ib. n. 3.

notre race, en te laissant vaincre. Pour toi, mieux valait mourir, » et levant sa hache, il lui fendit la tête. Et se tournant vers son frère, il dit : « Si tu avais porté secours à ton frère, sans doute il n'eut point été enchaîné » et il le tua de même en le frappant de sa hache. Après la mort des deux frères les traîtres reconnaissent que l'or reçu du roi est faux. Comme ils le disaient au roi, on rapporte qu'il répondit : « Il mérite de recevoir cet or, celui qui conduit volontairement son maître à la mort. » C'était assez pour eux de vivre, de ne pas périr cruellement dans les tortures pour les punir d'avoir trahi leurs rois. Eux, à ces paroles, implorent leur grâce, se déclarant satisfaits si la vie leur est accordée. Les rois qu'on vient de nommer étaient parents de Chlodovech ; leur frère, nommé Rignomir, fut tué dans la ville du Mans par ordre de Chlodovech. Après leur mort, Chlodovech reçut leur royaume entier et leurs trésors. Après avoir tué encore plusieurs autres rois, et les premiers d'entre ses proches, en qui sa méfiance voyait des usurpateurs possibles de son pouvoir, il étendit son empire sur toutes les Gaules. Pourtant ayant un jour rassemblé les siens, on rapporte qu'il parla ainsi des parents qu'il avait perdus : « Malheur à moi, qui comme un voyageur suis resté parmi des étrangers, et n'ai point de parents de qui, si l'adversité survenait, je pusse recevoir quelque secours. » Mais il disait cela par ruse et non par regret de leur mort, afin de découvrir s'il lui restait encore quelqu'un à tuer. »

Tel est le récit de Grégoire sur ces événements. Nous ne possédons pas d'autres sources qui nous permettraient de le contrôler ; nous devons donc chercher à l'apprécier en lui-même. Il apparaît d'abord assez clairement que nous ne pouvons attribuer à ce récit un caractère strictement historique : il ne se contente pas en effet d'indiquer les points essentiels par des traits brefs et précis, mais il s'efforce de dépeindre, de fixer les détails [1] : on y trouve un certain nombre de discours développés ; quelques traits poétiques apparaissant même encore sous la forme latine [2]. Dans l'ensemble

---

1. Voy. p. 114, n. 115 ; p. 1, n. 1.

2. Voy. p. 115, n. 2, sur le *fugeret*. On peut citer en outre les paroles de Chararich : « In viridi ligno, etc. ; » puis : « Quod verbum sonuit in aures Chlodovechi, etc. ; » l'opposition (c. 421) de la réponse

nous trouvons un air de rudesse, de grossièreté ; ce qui a
trait à l'état social et politique remonte à une haute antiquité[1]. Il est bien certain que ce n'est pas Grégoire qui a
donné cette forme caractéristique aux traditions qui lui
étaient parvenues ; il reproduit en bloc, sans employer aucune critique, ce qui lui est transmis[2]. Nous reconnaissons
facilement quelques additions[3] ; il peut avoir abrégé quelques
passages. Il paraît ici avoir accepté la tradition qui s'était conservée jusqu'à son temps dans la bouche du peuple frank,
et y avait pris une forme poétique. En voyant que le caractère
uniforme de ces récits est de-donner la vengeance pour mobile des actions de Chlodovech, nous pouvons en conclure que
ce que nous rapporte Grégoire formait aussi un ensemble
dans la tradition populaire. Chlodovech punit l'entreprise
dénaturée de Chloderich contre son propre père, l'abandon
de Chararich dans la lutte contre Syagrius, la conduite de Ragnachar contre son peuple, le déshonneur dont Ragnachar et Richar avaient laissé flétrir la race royale. La peinture du caractère de Chlodovech a une parfaite unité[4]. Ce récit de Grégoire est donc aussi d'après nous un chant recueilli de la
bouche du peuple frank, et célébrant la réunion des petites
souverainetés saliennes et du royaume ripuaire sous la domination de Chlodovech.

Que dans ce récit la poésie se soit emparée d'un fond historique, c'est ce que personne ne pourra nier ; mais il ne
nous est plus possible de discerner dans les détails ce qui appartient à la poésie et ce qui appartient à l'histoire. Nous ne
pouvons certainement pas aller jusqu'à imaginer[5] que le
tout soit une légende ou une création poétique, inventée pendant la sanglante époque de Fredegunde et de Brunichilde ;

---

de Ragnachar : « Hoc sibi quoque Farroni sufficere ; » et de la réponse
ironique de l'espion : » Tibi tuoque Farroni maximum est supple-
mentum ; » enfin l'exclamation de Chlodovech : « Væ mihi de, etc. »

1. Cf. sur ce point le ch. 9.

2. Nous ne pouvons fonder aucun raisonnement sur le *fertur* qui
se trouve une fois c. 41 et deux fois c. 42.

3. Le jugement cité p. 115, n. 3. est de Grégoire. De même au c. 40 :
« sed judicio Dei in foveam, quam patri hostiliter fodit incidit.....
et sic quae in patrem egerat indignus incurrit. »

4. Peut-être peut on attribuer quelque valeur aux transitions c. 41
Post hacc, et c. 42 *erat autem tunc.*

5. Luden III. p. 103.

Grégoire, entouré de trahisons et de meurtres, n'aurait eu aucun scrupule à en inventer une. Mais rien dans le caractère et la forme du récit ne fait penser à cette époque tardive[1]. Au contraire l'ensemble, comme nous l'avons remarqué, à un air d'antiquité. On ne voit pas pourquoi Chlodovech aurait été incapable d'atrocités semblables à celles qui avaient lieu de son temps dans la famille des rois burgundes. Pour atteindre son but il n'a pas reculé devant la violence et la ruse. Nous pouvons croire que les choses se sont passées en gros telles que la tradition franque les a conservées, quand même on devrait considérer bien des détails comme des ornements poétiques[2].

Une autre question reste à éclaircir, celle de la chronologie des faits rapportés par Grégoire. D'après lui, ils se passent tous dans la dernière période du gouvernement de Chlodovech, après la réception des insignes consulaires[3]. Cependant il serait contraire à ce que nous apprend l'histoire sur la fondation de semblables empires, que Chlodovech eut entrepris ses grandes expéditions contre les Alamans, les Burgundions, les Wisigoths, sans songer auparavant à fortifier l'élément germain de son royaume et de son armée, en y faisant entrer les races franques saliennes. Comme roi de Tournai, il pouvait l'emporter sur Syagrius avec l'aide de Ragnachar, mais il eut difficilement lutté contre les grands peuples germains. Si l'on admet en quelque manière le mobile qui, d'après notre récit, a poussé Chlodovech à se tourner contre Chararich, il est bien étonnant qu'il ait pendant plus de vingt ans enfermé en lui-même un ressentiment qu'il était assez fort pour satisfaire de suite. Peut-être peut-on faire aussi remarquer que la soumission des Thuringiens dans la dixième année de la domination de Chlodovech suppose des événements militaires antérieurs dans le pays au nord de la Somme. On ne peut sans doute pas prétendre ici à une entière certitude ; il suffit d'avoir indiqué les diverses possibilités. Or, si le royaume de Chararich a été conquis par Chlodo-

---

1. Je rappellerai seulement ici combien les récits des *Gesta* et de l'*Historia epitomata* reconnus comme des inventions poétiques portent le sceau d'une époque plus récente (v. Appendice 4).

2. L'Appendice contient un aperçu des diverses sources dont Grégoire paraît s'être servi pour l'histoire de Childerich et de Chlodovech.

3. Voy. plus bas, p. 128-129.

vech dès les premiers temps, il en est de même des autres petites souverainetés saliennes[1]. Mais le royaume ripuaire ne
tomba aux mains de Chlodovech qu'après la guerre wisigothique ; cela est hors de doute[2]. Si Grégoire dans son récit
a représenté la réunion du pays salien et celle du pays ripuaire aux possessions de Chlodovech comme formant un
même tout, on peut peut-être l'expliquer, en supposant qu'à
l'occasion du fait le plus important, l'acquisition du royaume
ripuaire, il a été amené à parler d'un fait semblable, quoique
moins important, l'acquisition des royaumes saliens. La poésie
a présidé à cet arrangement ; elle ne brouille d'ailleurs que
trop volontiers les rapports chronologiques les mieux établis[3].

En faisant abstraction des scrupules qu'on doit élever sur
la crédibilité des détails du récit, voici comment les événements nous apparaissent dans ce qu'ils ont d'essentiel. Tout
d'abord sur le territoire salien, Chlodovech réunit dans sa
main les souverainetés locales jusqu'alors séparées. Il commence par faire tuer le roi Chararich et son fils, puis soulève
les hommes de Ragnachar contre leur chef, et le tue avec son
frère de sa propre main ; enfin il fait périr au Mans le troisième frère, Rignomir. Il dépossède également d'autres
membres de la famille royale chez les Franks saliens. Il reste
alors, ayant seul des droits au commandement ; les royaumes
et les trésors des princes assassinés lui reviennent comme au

1. Giesebrecht, *Geschichte der deutschen Kaiserzeit* (i. p. 72)
place même l'annexion des territoires saliens avant la chute de la
domination romaine.

2. Giesebrecht *op. cit.* i. p. 73, place sans raison l'acquisition du
royaume ripuaire après la bataille contre les Alamans et avant la
guerre wisigothique.

3. [Il faut reconnaître pourtant que le récit de Grégoire est parfaitement conséquent avec lui-même. Il suppose que Chlodovech
d'abord allié à la plupart des chefs franks (l'exception de Chararich
confirme la règle dont Sigibert et Chloderich sont des exemples)
presque tous ses parents, et dont peut-être quelques-uns tenaient
de lui leur puissance, se retourne contre eux après avoir avec leur aide
détruit les dominations romaine, thuringienne, alamanne, burgunde
et wisigothique. La guerre civile, souvent empêchée par la guerre
étrangère, éclate seulement après que tout danger extérieur est
passé. Ainsi s'expliquent les dernières paroles du chef frank « Vae
mihi, » qui deviennent moins naturelles si on sépare les événements. Mais peut-être ce dernier trait est-il tout poétique. N. du T.]

plus proche héritier. Les choses se passent tout autrement pour le royaume ripuaire. La parenté de Chlodovech avec les rois ne lui donnait aucun droit[1] : aussi excite-t-il Chloderich, fils du roi Sigibert, à tuer son père. Chloderich tombe lui-même sous les coups des envoyés de Chlodovech. Quand tous deux sont morts, Chlodovech paraît devant le peuple assemblé comme candidat au trône vacant : il reçoit son droit de l'élection populaire, et se met à la place de l'ancienne maison royale[2].

Ainsi Chlodovech a acquis les anciens établissements de la race salienne, en Belgique et en Hollande et le territoire des Ripuaires, jusqu'au pays des Frisons et des Saxons au Nord, des Thuringiens à l'Est, des Alamans au Sud. Il avait fortifié l'élément germain dans l'empire qu'il avait établi sur le sol gaulois, par la soumission des races romanes[3].

Tels sont les derniers actes de Chlodovech rapportés par Grégoire[4]. Chlodovech mourut à Paris, dans la seconde moitié de l'année 511, et fut enterré dans l'église des Apôtres, qu'il avait lui-même construite avec la reine Chrotechilde[5].

---

1. [Pourtant les paroles de Chlodovech à Chloderich prouvent qu'il y avait un droit d'héritage, nullement incompatible avec l'élection par le peuple. V. Waitz, II, p. 100 et ss. Seulement Chlodovech est obligé ici de compter avec les Ripuaires, d'obtenir leur assentiment, tandis qu'il se contentait de mettre sans façon la main sur les petits royaumes saliens. N. du T.]

2. Quelques écrivains, Huschberg p. 680, Rettberg I. 425, parlent d'un soulèvement des Ripuaires et en particulier de la ville de Verdun, fondé sur un passage du *Chronicon Virdunense* (Bouquet, III. 355). Mais il est tiré d'un autre passage de la vie de saint Maximin (*Acta SS. Ord. S. Ben.* S. I. App. p. 580. Bqt. III. 393) sur une révolte des Ripuaires, et Verdun appartenait probablement alors au royaume de Syagrius ; le soulèvement de la ville se rapporte donc au commencement du règne de Chlodovech. — Waitz, *Verfassungsg.* II. 63, n. 2 ; v. plus haut p. 32.

3. Cf. Waitz, *Vfg.* II, 62 et ss.

4. Grég. II. 43 ; les *Gesta* c. 18, et l'*Hist. epit.* c. 29 le suivent.

5. Cette date, plus précise que le renseignement de Grégoire, est fournie par la souscription du concile d'Orléans terminé encore du vivant de Chlodovech. Voy. plus bas p. 137, n.6

CHAPITRE IX

Pouvoir royal de Chlodovech et ses rapports avec le clergé.

Si nous essayons à la fin de nos recherches de dire quelques mots sur la situation intérieure sous Chlodovech, nous n'avons point toutefois la prétention d'en fournir un tableau complet; les lacunes de nos matériaux ne nous le permettent pas; on ne pourrait la juger avec justesse qu'en suivant son développement pendant une plus longue période. Nous nous contenterons donc d'examiner d'un peu plus près ce que fut la royauté de Chlodovech et dans quels rapports il se trouva avec le clergé.

Pour ce qui est de la royauté de Chlodovech, il est important de reconnaître que ses traits principaux sont tout à fait germains, que, malgré la force des influences romaines dans les territoires nouvellement conquis, l'influence germanique est pourtant déterminante [1]. La royauté germaine a certainement pour trait caractéristique d'être liée à une race particulière, qui paraît exclusivement propre au commandement. Cette race se distingue de la masse du peuple par la noblesse et un caractère sacré qui consiste surtout à la faire descendre d'une origine divine. Nous trouvons une semblable famille royale chez les Franks saliens. Leur privilége de commandement peut être considéré comme appartenant en commun à tous les membres de la famille : si une royauté devient vacante, aussitôt les droits des membres de la race entrent en vigueur. Ainsi s'explique la réunion des petites souverainetés saliennes dans la main de Chlodovech, sans que le peuple l'ait élevé au pouvoir. Il ressort clairement des expressions de notre auteur que les rois saliens avaient un droit égal à l'égard de Chlodovech; il devait craindre que des rois parents n'aspirassent à son héritage [2]. Il n'est pas dit en propres ter-

1. Nous nous appuyons ici presque uniquement sur Grégoire; mais il a recueilli des récits anciens dont on peut déduire d'une manière générale le vrai caractère des choses. [Il sera bon de corriger ce qu'il y a d'excessif dans ce point de vue par ce que dit M. Fustel de Coulanges dans ses *Institutions de l'ancienne France* l. IV, ch. I. N. du T.]

2. Grég. II. 42.

mes que la race royale des Franks saliens se soit vantée d'une origine divine, mais il y a un passage de nos textes qui reste inexplicable sans cette supposition. Avitus loue le roi frank après sa conversion au christianisme, d'avoir renoncé à l'antique origine de sa généalogie pour se contenter de la simple noblesse [1]. Ce que Chlodovech avait abandonné en passant au christianisme, c'était ses anciens Dieux et en même temps la gloire de sa généalogie qui remontait jusqu'à eux ; il lui reste la noblesse, qui distingue la race royale au-dessus des hommes libres.

Le signe de la race royale chez les Franks saliens est la longue chevelure : c'est une marque de perfection physique ; car nous savons que, d'après les anciennes idées germaines, une infirmité corporelle, même dans la vieillesse, excluait des droits à la royauté [2]. La longue chevelure des rois franks est souvent mentionnée dans nos sources. Grégoire fait remarquer avec insistance lors de la fondation de la première souveraineté salienne, qu'on avait élu des rois à longs cheveux [3]. Avitus se représentant en imagination le roi frank Chlodovech marchant au baptême, rappelle sa chevelure entretenue avec soin [4] ; l'auteur du Prologue de la loi salique n'a pas négligé non plus de célébrer Chlodovech en indiquant ce signe distinctif [5]. On peut donc considérer la longue chevelure comme le symbole du commandement chez les Franks saliens. Chlodovech l'enlève à Chararich et à son fils en même temps que le pouvoir ; lorsque le fils de Chararich menaça de laisser repousser ses cheveux coupés, cela suffit à le faire regarder par Chlodovech comme un prétendant à la souveraineté [6].

Dans cette race royale le fils succède naturellement au père. « Quand Childerich fut mort, dit Grégoire [7], Chlodovech com-

---

1. Voy. plus haut p. 63, n. 4.
2. Grég. ii. 40. Lorsque Chlodovech encourage le fils de Sigibert à déposer son père, les mots « ecce pater tuus senuit, et pede debili claudicat », semblent confirmer cette explication.
3. Grég. ii. 9.
4. Voy. plus haut p. 59, n. 1. Waitz, *Vfg.* ii. 104 et les citations faites par Giesebrecht, *Trad. de Grégoire,* i. 69 n. 1.
5. Voy. plus bas p. 129 n. 2.
6. Grég. ii. 40. Voy. plus haut p. 116.
7. Grég. ii. 27 : « His ita gestis mortuo Childerico regnavit Chlodovechus filius ejus pro eo. »

manda en sa place. » Il suffit que le vieux Sigibert meure, pour que le pouvoir revienne à son fils Chloderich[1] : quand Chlodovech est mort ses fils se partagent son royaume[2] ; c'est comme un héritage paternel, dont on dispose d'après le droit d'hérédité. Mais quoique l'hérédité de la royauté soit reconnue chez les Franks Saliens, et qu'il ne soit pas question d'une élection formelle d'un roi parmi les membres de la race destinée au pouvoir, pourtant l'on voit apparaître clairement dans nos sources l'idée que le roi est réellement roi par l'élection du peuple. C'est le droit du peuple de se choisir un roi, et ce droit reprend vigueur, dès qu'il n'y a plus de prétendant légitime au pouvoir. C'est ainsi que Chlodovech reçoit par l'élection des mains du peuple ripuaire son droit au commandement[3] ; à la place de Childerich expulsé, la tradition rapporte que les Franks Saliens du royaume de Tournai choisirent à l'unanimité Ægidius pour roi[4]. On voit clairement dans nos sources que la royauté, conférée par l'élection du peuple, pouvait être perdue par un mauvais usage du pouvoir. D'après la tradition, Childerich fut chassé lorsqu'il commença à abuser des filles des Franks[5] ; lorsque Ragnachar a offensé ses fidèles par sa débauche et son avidité, ils se croient en droit de demander le secours de Chlodovech pour expulser leur roi[6].

Ce point est confirmé par le fait qu'au temps de Chlodovech nous voyons le peuple prendre une assez grande part aux affaires politiques. Il exerçait ce droit dans l'assemblée populaire. Dans les circonstances importantes Chlodovech est obligé d'avoir l'assentiment de cette assemblée. Quand il est décidé à passer au Christianisme, il n'est retenu que par la considération de l'attachement de son peuple aux anciens Dieux ; il le réunit en assemblée ; et ce n'est que lorsque la masse du peuple s'est déclarée prête à suivre le Dieu chrétien,

1. Grég. ii. 40. « Si ille... moreretur... recte tibi regnum illius redderetur ; et plus tard Chloderich : — « pater meus mortuus est, et ego thesauros cum regno ejus penes me habeo. »

2. Grég. iii. 1 : « Defuncto igitur Chlodovecho rege, quatuor filii ejus... regnum accipiunt et inter se aequa lance dividunt. »

3. Voy. plus haut p. 115.

4. Grég. ii. 12.

5. Ib.

6. Grég. ii.. 42.

qu'il fait le pas décisif[1]. De même pour la guerre wisigothique:
lorsque tous ont approuvé sa proposition de soumettre le pays
des Ariens, il va de l'avant[2]. On peut aussi citer ici comme
point de comparaison, l'assemblée de tout le peuple ripuaire
que Chlodovech convoque lorsqu'il brigue la royauté vacante[3]. Autant qu'on en peut juger par des cas isolés, le roi
convoque l'assemblée ; il y expose sa demande devant le
peuple réuni ; le peuple fait connaître son approbation par
acclamation ; aucune délibération proprement dite n'a lieu.
Il faut ajouter, ce qui du reste va de soi, que l'assemblée des
Franks ripuaires se tient en armes.

Ce que nous savons de l'histoire de Chlodovech se rapporte surtout à l'activité guerrière qu'il déployait pour
l'agrandissement de son empire : il passe avec audace d'entreprise en entreprise. Ainsi les fonctions royales de Chlodovech se montrent surtout à nous comme celles d'un chef d'armée. Pour entreprendre la campagne, le roi frank a besoin,
il est vrai, de l'assentiment du peuple ; mais c'est lorsque la
guerre est résolue qu'il convoque le peuple. Tous viennent
comme soldats au Champ de Mars pour la revue[4] : le roi les
congédie, s'il n'y a pas de guerre à entreprendre. [5] C'est comme
chef d'armée également que le roi possède sur les hommes
libres une puissance dont il ne jouirait pas sans cela. Il protége l'ordre et la paix qui doivent régner sans trouble dans
l'armée, il en punit sévèrement toutes les violations. Il abat
avec son épée un soldat qui, malgré ses ordres, a enlevé du foin à un pauvre homme[6] ; il frappe, au champ de
Mars, d'un coup de hache sur la tête[7], pour le punir du mau-

1. Voy. plus haut p. 58. Grég, II. 37.

2. Grég. II. 37.

3. Grég. II. 40.

4. Grég. II. 27. « jussit (rex) omnem cum armorum apparatu adve-
nire phalangam, ostensuram in Campo Martio suorum armorum
nitorem. Verum ubi cunctos circuire deliberat.... »

5. Cf. ib., les mots « quo mortuo reliquos abscedere jubet. »

6. Grég. II, 37.

7. Grég. II. 27. Ce coup de hache sur la tête (*erschlagen mit der
erhobenen Streitaxt*) a presque le caractère d'un acte juridique.
C'est ainsi que sont mis à mort Chloderich (II. 40), Ragnachar et
Richar (II, 42) ; de même il est dit au sujet de Chararich et son fils :
« at ille jussit eos pariter capite plecti ». — *Lex Salica*, L, 4 : « capi-
tali sententia feriatur. ».

vais état de ses armes, le guerrier qui avait osé repousser, lors du partage du butin à Soissons, la demande si naturelle que faisait Chlodovech. En somme, pendant la guerre, il se consi-dère comme ayant le droit d'agir comme il l'entend, sans demander l'assentiment des hommes libres de sa race qui composent l'armée; il prend des mesures, lorsque cela est nécessaire, pour la protection des propriétés, et des voya-geurs pacifiques, même en pays ennemi[1] : lorsqu'il entre dans l'empire wisigothique, il impose à son armée l'observa-tion d'une paix particulière pour certaines personnes, en par-ticulier pour les ecclésiastiques, et pour certains territoires[2]; il ordonne à un corps de troupe frank de rester pour garder le pays wisigothique, lorsqu'il retourne lui-même dans son royaume[3]. Cependant ce pouvoir absolu du roi cesse en mê-me temps que la guerre; dans cette réunion du peuple frank à Soissons où a lieu le partage du butin après la défaite de Syagrius, le roi se trouve réduit à une égalité complète vis-à-vis de ses compagnons; les mêmes fatigues guerrières donnent droit à une part égale; et le roi lui-même ne peut rien réclamer au delà du lot que la loi lui assigne[4].

Quant aux autres manifestations de la puissance royale, nous ne pouvons reconnaître que les traits les plus généraux d'a-près les rares renseignements que nous possédons. Le rapport des sujets au chef est exprimé par des mots qui indiquent une autorité souveraine imposée par la force[5]: cette autorité se montre pour la première fois avec Chlodovech. Elle est repré-sentée comme protectrice, ainsi qu'on le voit clairement par le discours de Chlodovech quand il acquiert le royaume ripuaire : « Tournez-vous vers moi, dit-il, afin d'être sous ma protec-tion.[6] » C'est là l'ancienne idée germaine de la royauté: la

1. Grég. ii. 37: « pro reverentia beati Martini dedit edictum, ut nullus de regione illa (Tours) aliud quam herbarum alimenta aquam-que praesumeret... satisque fuit exercitui, nihil ulterius ab hac regione praesumere... Contestatus est autem omni exercitui, ut nec ibi quidem (autour de Poitiers) aut in via aliquem exspoliarent, aut res cujusquam diriperent. »
2. Voy. plus haut, p. 88.
3. *Gesta*, ch. 17.
4. Grég. ii, 27.
5. Ditio, dominium: v. p. 427, n. 5.
6. Grég. ii, 40 : « Convertimini ad me, ut sub mea sitis defensione. »

puissance royale garantit la justice et la paix, et comme telle s'étend sur tout le peuple. Cependant la protection royale peut s'attacher spécialement à des personnes déterminées. Ainsi dans des additions faites à la loi salique probablement sous Chlodovech, le cas est prévu où un crime serait commis contre une femme placée par des raisons particulières sous la protection du roi[1] : un tel crime est puni d'une manière exceptionnellement sévère, parce qu'il atteint le roi en même temps. Les additions à la loi salique mentionnent comme officier royal ordinaire le comte[2], naturellement dans ses fonctions juridiques. Ce côté de son activité l'emporte à ce point qu'il est tout à fait représenté comme un juge. Le comte agit comme officier royal à la place du roi, et sa volonté peut avoir la même valeur qu'un ordre royal[3]. Nous ne savons rien des autres employés royaux au temps de Chlodovech : le duché d'Aurélien n'est pas authentique, la supposition que Rignomir avait une autorité spéciale repose sur une fausse interprétation du récit de Grégoire[4]. Nous trouvons encore en quelques circonstances des envoyés de Chlodovech : c'est par des envoyés qu'il réclame d'Alarich, Syagrius fugitif ; c'est par des ambassades répétées qu'il obtient Chrotechilde ; il envoie des messagers au fils de Sigibert.

Voilà tout ce que nous pouvons dire sur la royauté de Chlodovech : il ne s'y trouve rien qui en soi puisse être considéré comme opposé aux mœurs germaines. Nous remarquons seulement une augmentation de l'autorité royale. Il a pu l'exercer facilement même sur les races germaines qu'il a réunies à son royaume. C'est toujours une acquisition personnelle que fait Chlodovech : les territoires dont les anciens maîtres ont dû reculer devant lui, sont soumis à son autorité royale ; le royaume et les trésors tombent entre ses mains[5], le peuple

---

1. Pardessus, *Loi Salique*, p. 333, capita extravagantia xi, 7. Cf. Waitz, *das alte Recht*, p. 206.

2. Pardessus, *op. cit.* vii. ix.

3. *Conciliorum Galliae Collectio* i. 337. Conc. Aurel. a. 511. c. 4 aucun laïque ne peut entrer dans les ordres — « nisi aut cum regis jussionne, aut cum judicis voluntate. »

4. Voy. plus haut, p. 22, n.2

5. Grég. ii, 27 : « (Thoringos) suis ditionibus subjugavit » ; 30 : « Alamanni Chlodovechi ditionibus se subdunt » ; 37 : « (Theudericus) urbes illas... patris sui ditionibus subjugavit ; Ecolismam suo do-

reste sous sa domination, dans la même situation où il se trouvait avec le chef précédent ; il n'y a point diminution de sa liberté ; la population introduite dans le royaume frank conserve son ancien droit et son wergeld ; une partie des Alamans a seule peut-être été soumise à une condition moins favorable. Les nouvelles conquêtes ont augmenté le royaume de Chlodovech en puissance, en étendue[1] ; mais son autorité royale reste la même.

Au contraire l'acquisition des territoires romains du nord de la Gaule n'est pas restée sans influence. Reconnu comme roi par les Romains, le chef frank a exercé sur eux les droits de l'empereur de Rome ; sa puissance en a reçu un accroissement matériel et du prestige, sans que pourtant l'essence de son autorité royale ait changé. Lorsque, après la défaite d'Alarich, les nouvelles conquêtes ajoutèrent au royaume frank les territoires romains du sud-ouest de la Gaule, Chlodovech reçut des honneurs romains.

« Chlodovech, nous raconte Grégoire[2], revenant vainqueur de la guerre wisigothique en l'année 508, reçoit une lettre missive de l'empereur romain d'Orient Anastase au sujet du consulat[3] ; il est revêtu de la tunique de pourpre et de la chlamyde dans la basilique de Saint-Martin, et met sur sa tête un diadême. Aussitôt montant à cheval il s'avance sur la route qui va de la porte de l'atrium de Saint-Martin à l'église de la ville en jetant libéralement au peuple de l'or et de l'argent, et de ce jour il fut appelé et Consul et Auguste[4]. » On a cru pouvoir conclure de ce récit que le con-

---

minio subjugavit (Chlodovechus) ; » 40 : « regnumque Sigiberti acceptum cum thesauris,... ipsos quoque suae ditioni adscivit ; » 42 : « quibus mortuis omne regnum eorum et thesauros adquisivit. » Comparez à cela la réponse des Franks, p. 27 : « omnia, gloriose rex, quae cernimus tua sunt ; sed et nos ipsi tuo sumus dominio subjugati. » [Ces paroles ne sont pas vraisemblables dans des bouches germaines, et sont sans doute une invention malheureuse du gallo-romain Grégoire. N. du Trad.]

1. *Ep. Remigii*, Bouquet iv, 51 c : « populorum caput estis, et regimen sustinetis. »

2. Grég. ii, 38. Il rapporte ces faits d'après la tradition conservée à Tours. Les *Gesta* c. 17 laissent de côté quelques détails, l'*Historia epitomata* se tait sur ce sujet.

3. « ... Codicillos de consulatu. »

4. « ..... tanquam consul aut Augustus est vocitatus. »

sulat avait été conféré à Chlodovech ; cependant les fastes consulaires ne contiennent pas son nom. La supposition qu'en Italie, pays où les fastes consulaires ont été conservés, le nom de Chlodovech aurait été passé sous silence par malveillance et envie, n'explique pas cette contradiction, pas plus que l'hypothèse d'après laquelle Grégoire aurait commis une erreur et Chlodovech aurait reçu le *Patriciat* et non le *Consulat*[1]. On doit faire remarquer, à la décharge de Grégoire, qu'il ne dit pas que Chlodovech soit devenu Consul; mais qu'une lettre fut envoyée de Byzance à Chlodovech au sujet du Consulat, et qu'il fut appelé à la fois Consul et Auguste. Nous pouvons arriver à bien comprendre ces mots un peu obscurs, grâce à un passage du prologue de la loi Salique, qui a été écrit vers la fin du vi[e] siècle ou au commencement du viie, mais avec une parfaite connaissance des faits, cela est certain[2]. Chlodovech y est appelé Proconsul, le titre est uni à son nom de roi comme titre régulier. Puisque le récit de Grégoire ne désigne pas explicitement Chlodovech comme consul, il nous est permis de réunir les deux renseignements et de conclure que le Proconsulat a été conféré à Chlodovech par l'empereur de Byzance. On peut se demander s'il a reçu ainsi une charge ou seulement un titre honorifique. Nous savons que plus tard encore, les empereurs nommaient des Proconsuls pour certaines provinces : ce pouvait être ici le même cas[3]. Mais si nous nous en tenons aux paroles de Grégoire, il ne s'agit ici que d'un honneur ; Chlodovech se montre au peuple de Tours avec la pourpre et le diadème, et il prend des surnoms honorifiques : l'explication la plus vraisemblable nous incline donc à croire que ce sont seulement les in-

---

1. Dubos tient pour la première de ces hypothèses, Valois pour la seconde. Voy. Sybel, dans les *Jahrbücher des Vereins von Alterthumsfreunden im Rheinlande.* iv, p. 75. 81.

2. Pardessus, *op. cit.* p. 345 : « At ubi Deo favente rege Francorum Chlodoveus torrens et pulcher et primus recepit catholicam baptismi et quod minus in pactum habebatur idoneo, per proconsolis regis Chlodovechi et Hildeberti et Chlotharii fuit lucidius emenda tum. » Voy. Waitz, *Das alte Recht* p. 36 et ss. et Sybel, *loc. cit.* —Les mots « torrens et pulcher » semblent se rapporter à la longue chevelure qui distinguait la face royale (torrens), et à la perfection physique de Chlodovech (pulcher).

3. Voy. les exemples dans Sybel, *loc. cit.*

signes de Consul, les surnoms honorifiques de Proconsul, et d'Auguste qui ont été conférés par l'empereur romain d'O-rient au roi des Franks vainqueur dans tant de combats [1].

Un lien de ce genre avec le roi du plus considérable des Etats germains, n'avait en réalité que peu d'importance pour l'Empereur. Il pouvait ainsi exercer sur les pays de l'Occident une sorte de suprématie idéale, mais elle n'avait plus aucune efficacité réelle. Pour Chlodovech au contraire, la réception du titre de proconsul et des insignes consulaires n'était pas sans importance politique. Nous le constatons par la comparaison avec d'autres Etats germains, fondés au vᵉ siècle sur le sol romain. C'est ainsi qu'en 472 Gundobad reçoit comme roi des Burgundions le patriciat des mains d'Oly-brius [2]; Odovakar, devenu roi des Germains en Italie, s'a-dresse à l'empereur romain d'Orient Zénon pour avoir le patriciat, et il l'obtient [3]; le roi Ostrogoth Theoderich, en-voyé contre Odovakar, arrivé en Italie, dépouille d'après le conseil de Zénon son costume national, et revêt les insignes et les vêtements d'un roi, comme s'il régnait déjà sur les Ostrogoths et les Romains [4]. Chez Theoderich les insignes romains ne sont que le symbole d'une puissance qui s'étend aussi sur des Romains ; comme il a déjà reçu auparavant le Consulat, il n'a pas besoin qu'une nouvelle dignité romaine lui soit conférée. Nous donnons une signification analogue au patriciat d'Odovakar et de Gundobad ; ils cherchent à revê-tir d'un caractère légal la domination qu'ils exercent sur les

---

1. Ruinart (Bouquet ii, p. 722 et ss.) et Dubos v, 1 ont cru recon-naître dans une figure du portail de St-Germain-des-Prés à Paris un Chlodovech revêtu des insignes consulaires. Il est impossible de rien affirmer à cet égard.

2 *Cuspiniani Anonym.* ad a. 472 (Roncallius, 126) : « eo anno Gun-dobaldus patricius factus est ab Olybrio imperatore. » Cf. Gaupp, *Die german. Ansiedlungen.* p. 287. Sigismund, fils de Gundobad, reçut d'Anastase les mêmes honneurs. [Gundobad n'était pas roi quand il reçut le patriciat. Gundeuch son père ne mourut qu'en 483. Voy. Binding, *Das Burgundisch-romanische Kœnigreich*, [N. du Trad.]

3. *Malchi fragm.* Corpus Byz. Bonn. i, 235. 236.

4. Jordanis, *De rebus Geticis* c. 57 : « tertioque ut diximus anno ingressus in Italiam (Theodoricus) Zenonisque imperatoris consulto privatum habitum suaeque gentis vestitum reponens, insigne regii amictus *quasi jam Gothorum Romanorumque regnator adsumit.* »

Romains par le droit de la force. Ces analogies ne nous laissent aucun doute sur la signification politique de ce qui s'est passé à Tours ; c'est une nouvelle concession faite par Chlodovech aux Romains, au moment où il réunit à ses Etats des territoires romains récemment conquis. De même que naguère, après la chute du royaume de Syagrius, il s'est fait expressément reconnaître par les Romains, de même maintenant il revêt l'insigne d'une dignité romaine, et un titre romain. Les deux faits sont la conséquence l'un de l'autre : l'autorité du roi frank sur les Romains acquiert ainsi un caractère légal. Comme Chlodovech est devenu chrétien, le clergé prend part à cet événement en lui donnant la consécration supérieure d'une fête religieuse.

C'est dans les dernières années de Chlodovech, lorsque son autorité est établie également sur les territoires germains et sur les territoires romains, que se place ce que nous savons de ses actes législatifs. Nous avons des additions faites sous lui aux 65 titres de la loi salique[1] ; elles doivent se rapporter à l'époque qui a suivi 508 ou 509, car Chlodovech portait déjà le titre de proconsul, quand elles furent composées. Le concile convoqué par Chlodovech à Orléans en 511 n'est pas moins important pour la législation ; il est même possible qu'on y ait pris des résolutions sur des questions séculières[2].

Ceci nous amène à examiner la condition du clergé catholique dans le royaume de Chlodovech[3]. L'Eglise s'était maintenue pendant que la bourgeoisie disparaissait dans la chute de l'empire romain d'Occident. Les habitants des villes surtout s'étaient étroitement rattachés à l'évêque ; ils avaient trouvé en lui un défenseur, un avocat auprès des tyrans domestiques et auprès des barbares envahisseurs. Les évêques étaient ainsi devenus dans les villes gauloises les chefs de la population, et ils prétendaient diriger et commander.

---

1. Voy. pl. haut p. 129 n. 2 et Schaeffner *op. cit.* i. 121. Waitz, *Das alte Recht* 75 et ss. Ces additions sont éditées par Pardessus *op. cit.* p. 329 parmi les *capita extravagantia* i.

2. Voy. plus bas, p. 137.

3. Voy. pour l'ensemble Roth, *Von dem Einfluss der Geistlichkeit unter den Merovingern* (lu le jour de la Saint-Louis à l'Académie bavaroise des sciences 1830).

En outre, les évêques, comme le clergé en général, jouissaient d'une haute considération, due en partie à leurs fonctions ecclésiastiques, en partie à leur caractère de représentants de la civilisation dans un temps de barbarie. Nous voyons surtout le clergé employer ses efforts à adoucir le sort terrible des prisonniers de guerre en les rachetant, en intercédant pour eux[1]. L'église devient un asile pour les fugitifs ; celui qui s'y réfugie, se trouve sous la protection divine, il est mis à l'abri de la colère passionnée de celui qui le poursuit[2] ; le soin des pauvres et des malades est un des priviléges de l'évêque[3].

Le clergé catholique avait donc déjà une grande importance quand il fut englobé dans l'empire frank. Mais cette importance s'accroît encore quand Chlodovech et son peuple furent à leur tour admis dans le sein de l'église. Chlodovech montre envers le clergé le dévouement de la reconnaissance. On dit que par égard pour sainte Geneviève, il se montra souvent clément envers les captifs et même fit grâce à des criminels[4] ; lorsqu'il revint victorieux de la campagne contre les Alamans, il prit avec lui à Reims, saint Vaast, pour se faire instruire par lui dans la science du salut[5]. Une source ancienne loue Chlodovech d'avoir construit beaucoup de nouvelles églises, d'en avoir restauré et rendu au culte d'autres qui étaient abandonnées, d'avoir fondé des monastères. L'évêque Mélanius de Rennes l'aurait aidé dans cette œuvre[6]. Nous savons avec certitude que Chlodovech éleva à Paris l'église des SS. Apôtres,[7] et commença dans la même ville la construction de l'église Sainte-Geneviève[8]. L'illustre sanctuaire de Saint-Martin de Tours reçut de lui de riches offrandes lorsqu'il revint victorieux de la guerre wisigothique[9]. C'est ainsi que la piété du croyant s'unissait chez Chlodovech à la vio-

1. Voy. plus haut p. 110.
2. *Concilium, Aurelianense, op. cit.;* canons I. II. III.
3. Ibid. canon XVI.
4. *Vita Genovefae.* Bouqt. III, p. 370.
5. *Vita Vedasti,* Bouqt. III, p. 372.
6. *Vita Melanii,* Bouqt. III, p. 395.
7. Grég. II, 43.
8. *V. Genovefae,* Bouquet III, 370, avec une description remarquable de l'église.
9. Grég. II, 37.

lence que nous avons vu éclater dans d'autres occasions. Il demande, certainement sans hypocrisie, aux évêques de son royaume de prier pour lui[1]; en retour d'une donation faite à deux saints religieux, il attend d'eux qu'ils imploreront la grâce divine pour lui, sa femme et ses fils[2]. Des prêtres remarquables par l'intelligence et la culture entrent dans l'intimité personnelle de Chlodovech, en première ligne Remi de Reims, puis Vaast, élevé au siége épiscopal d'Arras[3]; d'autres plus éloignés, tels qu'Avitus de Vienne et le pape Anastase furent unis à Chlodovech par des liens d'amitié. Il est hors de doute que ces prêtres ont pu dans certains cas influer sur les décisions du roi : nous voyons précisément Mélanius de Rennes, dont il a été question plus haut, cité comme conseiller de Chlodovech, il est vrai dans les choses ecclésiastiques[4]. Il est aussi à remarquer que l'on voit déjà la souscription d'un évêque servir à confirmer un diplôme émanant du roi[5].

Le clergé catholique ne s'est pas montré ingrat envers Chlodovech. Nous voyons que les clercs rendent de leur côté au roi des Franks les respects qui lui sont dûs : les évêques de son royaume le nomment leur roi et Seigneur[6], l'évêque de Rome lui donne le titre de *Serenitas* qui appartenait à l'empereur[7]. L'Eglise est prête à glorifier le roi des Franks en toute occasion : elle exalte l'importance de l'envoi des insignes consulaires en y joignant une fête religieuse; lorsque Chlodovech s'est montré clément pour Verdun assiégé, c'est le clergé de la ville qui lui prépare une réception solen-

---

1. Bouquet ii, p. 54. Fin de la lettre de Chlodovech : « Orate pro me, domini sancti apostolica sede dignissimi papae. »

2. Pardessus, *Diplomata* i, 57 : « Tibi, venerabilis senex Euspicii, tuoque Maximino, ut possitis et hi qui vobis in sancto proposito succedent, pro nostra dilectaeque conjugis et filiorum sospitate divinam misericordiam precibus vestris impetrare, Miciacum concedimus. »

3. *V. Vedasti, loc. cit:* « erat enim gratus penes aulam regiam. »

4. *V. Melanii, loc. cit.*

5. Pardessus *Dipl.* i, 57 : « Eusebius episcopus confirmavi. »

6. *Concilium Aurel.* Lettre des évêques *op. cit.* p. 835.

7. *Ep. Anastasii*, Bouquet iv, p. 50. Dans les lettres de S. Remi (ib. p. 51) il faut prendre naturellement *serenitatis consilia* dans le sens propre du mot

nelle[1] : ce n'était point en s'opposant au roi des Franks, mais en étant uni à lui et par cette union même que le clergé pouvait avoir de l'influence.

Pourtant dans sa propre sphère, le clergé conserve, même vis-à-vis du roi, une grande indépendance et des droits fortement constitués. Le clergé catholique avait déjà acquis une forte organisation hiérarchique lorsqu'il passa sous la domination de Chlodovech. En particulier la puissance épiscopale, la juridiction ecclésiastique étaient établies sur des bases solides et légales. Toutes les églises nouvellement construites ou à construire dans la suite devaient, était-il dit, être soumises à l'évêque dans le diocèse duquel elles se trouvaient[2]. Les abbés sont soumis à l'évêque dans le diocèse duquel ils se trouvent ; s'ils se rendent coupables d'une faute, l'évêque les punit ; une fois par an, sur une invitation de l'évêque, ils doivent se réunir dans un lieu désigné[3]. Les moines à leur tour sont soumis à leur abbé[4]. C'est l'évêque qui fixe les peines dont sont frappées les fautes ecclésiastiques ; les abbés, les prêtres, tous les ecclésiastiques doivent obtenir son approbation pour pouvoir recevoir des donations du roi ou de ses fils[5]. On ne sait pas au juste à quelle juridiction étaient soumis les évêques ; il semble que pour les affaires ecclésiastiques ils étaient soumis à l'assemblée des autres évêques de la province[6].

Pour les affaires séculières au contraire il semble que les ecclésiastiques étaient soumis au pouvoir civil ; on prévoit même le cas où un évêque pourrait être accusé de vol[7] ; si un diacre ou un prêtre commet un assassinat il doit être dépouillé de sa charge et excommunié[8]. Il est probable qu'il

1. *V. Maximini*, Bouquet III, p. 395. E.

2. *Concil. Aurel.* canon XVII ; c'est ainsi que Micy fut évidemment recommandé à l'évêque Eusèbe d'Orléans, et c'est pour cette raison qu'il signa le diplôme.

3. Canon XIX.

4. Ib. Cf. canon XXII.

5. Canon VII.

6. On peut le conclure du canon V: «... quod si aliquis sacerdotum ad hanc curam minus sollicitus ac devotus exstiterit, publice a comprovincialibus episcopis confundatur. »

7. Canon VI.

8. Canon IX.

devait être alors poursuivi par la justice ordinaire, car il est impossible qu.' ce fût là le seul châtiment de son crime.

Il est très important pour la question des rapports du clergé avec Chlodovech, de savoir s'il avait ou non part à la nomination aux charges ecclésiastiques. Il est certain que Chlodovech avait une action directe sur la nomination aux charges inférieures de l'Eglise. Nous avons vu qu'il fit ordonner Chararich et son fils. Cela est tout à fait conforme à l'ordonnance rendue au concile d'Orléans : sans l'ordre du roi ou la volonté du comte, aucun laïque ne pourra être admis dans les ordres ; sont seuls exceptés de cette disposition ceux dont le père, le grand-père ou l'aïeul ont été clercs; ceux-ci sont soumis à l'autorité épiscopale[1]. Nous voyons ici entre les mains du roi un droit de confirmation bien établi ; il est certain qu'il a pu de cette manière exercer une influence sur la collation des hautes charges de l'église. Pour ce qui concerne les évêchés, nous pouvons en juger par les exemples que nous possédons de nominations à des siéges vacants du temps de Chlodovech. L'antique coutume d'après laquelle l'évêque est élu par la communauté des fidèles, est encore en usage au temps de Chlodovech. Lorsqu'il séjourne à Verdun au commencement de son règne, l'évêque Firmin vient de mourir. Chlodovech demande au prêtre Euspicius de diriger la cité comme évêque, Mais Euspicius décline humblement l'honneur qui lui est fait. Chlodovech ne peut le décider à se laisser nommer évêque[2]. Ces derniers mots sont importants : au choix de Chlodovech devait s'ajouter une élection formelle. Il s'agit dans une autre occasion de pourvoir au siége d'Auxerre qui comme Verdun appartenait au royaume de Chlodovech. Le roi frank veut choisir un évêque parmi les sujets du roi des Burgundions Gundobad. Celui-ci, bien qu'à contre cœur, est obligé de consentir « à cette

---

1. Canon iv. On parle ici des *ordinationes clericorum*. *Clerici* indique les rangs inférieurs du clergé, en opposition à *Sacerdos*, l'évêque.

2. *Vita Maximini*, Bouquet iii, 393: «... (Chlodoveus) sanctum Euspicium..., ut urbi... episcopali dignitate et honore praeesset, admonuit et admonendo petivit. At vero sanctus ille... oblatum honorem vel potius onus sacerdotis humiliter recusavit... Cumque rex hoc ab eo obtinere non potuisset, ut pontifex scilicet crearetur, jussit, ut sibi comes fieret. »

demande ou à ce choix. » Eptadius est nommé à l'unanimité
par les prêtres du diocèse, par la noblesse, par la population
de la ville et des campagnes. Tous sont d'avis qu'Eptadius
est de tous le plus digne d'être évêque[1]. Il est probable que
cette élection avait lieu dans une seule assemblée, puisque
la communauté entière y prend part. Quoi qu'il en soit nous
voyons que dans les deux cas, Chlodovech présente le candidat à l'épiscopat à la réunion des électeurs, et que l'élection vient en second lieu. Sans doute c'est l'élection qui a la
valeur décisive : la communauté peut sans doute choisir
par elle-même un évêque, sans présentation royale[2]. Mais
pour la fondation d'un nouvel évêché, il n'est pas question
de la participation des fidèles, il faut d'abord que la communauté se soit formée. L'évêque métropolitain la remplace.
C'est ainsi que Remi de Reims élève Vaast à l'évêché d'Arras ; il lui avait été, il est vrai, recommandé par Chlodovech,
mais non pas, à ce qu'il semble, pour en faire un évêque[3]. Nous
pouvons donc admettre que le roi n'avait aucun droit régulier
de prendre part à la nomination des évêques : mais ce droit commence à se constituer sous Chlodovech. De la part prise en
fait par le roi à la nomination des évêques par la présentation d'un candidat pouvait découler aisément un droit d'é-

---

1. *Vita Eptadii*, Bouquet III, 380 : «... a rege Gundobaldo... Chlodoveus suppliciter exoravit, ut... Eptadium civitatis suae Autissio-
dorensis praestaret antistitem ordinandum. Cui petitioni vel electioni
praedicti regis ita restitit voluntas offensa, tamquam sibi maximas
vires deposceret possidendas. Tamen... ut petebat, negare non po-
tuit. *Qui recepta promissione auctoritatis statim eligitur consensu
universitatis cleri ac populorum*, nam clericorum chorus cunctaque
nobilitas et plebs urbana vel rustica in unam venere sententiam
Eptadium dignissimum esse episcopum. » — De même saint Sacerdos devient évêque de Limoges (*Vita Sacerdotis*. Bouquet III, 382)
« electione cleri et favore populi, Francorum rege, seniore ejusdem
provinciae, etiam collodante. » Toutefois cette source a peu
d'autorité.

2. Il est douteux qu'on puisse citer ici l'ordination de l'évêque
Licinius de Tours (Grég. II, 39). Il semble qu'il ait été intronisé avant
que Chlodovech ait commencé la guerre wisigothique.

3. *Vita Vedasti*, Bouquet III, 372 : « Cumque jam celeberrima fama
in praefata urbe Remorum esset (Vedastus)... fuit tandem (Remigius) consilii, ut Atrebatum urbis eum pontificem faceret... Suscepto
itaque pontificalis cathedrae onere, ad urbem Atrebatum venit. »
Cf. la fondation de l'évêché de Laon, *Vita Remegii*, Bouquet III,
375 A.

lection, et c'est ce qui arriva en effet. Les rois ont aussi plus tard réclamé le droit de confirmer les évêques[1] ; Chlodovech paraît avoir conféré de semblables confirmations. Ainsi, bien que le clergé jouit dans sa sphère d'une grande indépendance, il restait place cependant pour l'influence royale.

On peut s'en rendre compte par le synode d'Orléans, tenu en 511, dans la dernière année du règne de Chlodovech. La vie ancienne de saint Mélanius parle de ce concile. Nous y apprenons que Chlodovech convoqua à Orléans un synode[2] de 32 évêques de son royaume et que le but de la réunion était le maintien de la doctrine de l'église et la fixation de la discipline. L'auteur de cette Vie de saint possédait un procès-verbal complet des discussions, ainsi qu'un préambule spécial[3]. L'un et l'autre de ces documents est perdu. Mais nous avons conservé les décisions du concile[4]. Elles furent envoyées à Chlodovech le 10 juillet 511 signées par les 32 évêques. La première souscription est celle de Cyprien, métropolitain de Bordeaux[5] ; le nom de Remi de Reims n'y figure pas[6]. Nous ne pouvons pas donner ici un aperçu de tout ce que contiennent les décisions si importantes de ce concile : ce qui nous importe seulement, c'est de connaître dans quelle situation se trouvait le roi par rapport à cette assemblée. On peut s'en faire une idée très-nette d'après la lettre des évêques réunis et le court préambule, qui précédent les décisions même du concile. Les voici :

« A leur Seigneur, fils de l'Eglise catholique, le roi Chlodovech couronné de gloire, tous les évêques que vous avez déunis en Concile.

« Puisqu'une foi digne d'éloges vous a inspiré une sollicitude assez vive des intérêts de la religion catholique pour

1. Voy. *Edictum Chlotarii*, Pardessus, *Diplom.* I, p. 175.
2. Les expressions *concilium* et *synodus* sont employées indifféremment l'un pour l'autre.
3. *Acta SS. Boll.* VI Jan. Le fragment de Bouquet III, 395, est trop court.
4. La meilleure édition dans la *Conciliorum Galliae collectio* I, p. 833, et ss. Voy. aussi Mansi.
5. « Cyprianus in Christi nomine episcopus ecclesiae Burdegalensis metropolis canonum statuta nostrorum subscripsi, sub die VI° idus Julias. Felice V. C. consule. »
6. D'après la *Vita Remigii*, Bouquet III, 378 D., Chlodovech réunit le concile avant la guerre wisigothique, sur l'avis de S. Remi.

convoquer une assemblée d'évêques qui s'occupe des affaires ecclésiastiques et décide des affaires les plus pressantes, nous vous répondons par des décisions légales [1], conformément au conseil que vous nous avez demandé et aux propositions que vous nous avez faites ; afin que si nos résolutions sont jugées satisfaisantes par votre sagesse, l'approbation d'un si puissant roi et Seigneur confirme et rende obligatoires par son autorité suprême les sentences de tant d'évêques.

« Car par la volonté de Dieu, et sur la convocation du très-glorieux roi Chlodovech [2], un Concile du haut clergé s'est assemblé dans la cité d'Orléans ; après avoir discuté en commun, ils ont résolu de corroborer par un document écrit ce qu'ils ont décidé de vive voix. »

Ce que nous venons de transcrire fait connaître clairement quelle était la situation de Chlodovech au milieu des évêques de son royaume. Au nom de sa toute-puissance royale il a convoqué l'assemblée, parce qu'il a besoin de leur concours pour régler les affaires ecclésiastiques. Il a fait diverses propositions à l'assemblée qui après les avoir discutées, a pris des résolutions ; mais pour qu'elles entrent en vigueur, il faut encore qu'il leur accorde une confirmation spéciale. Le fait que le roi revendique le droit de convoquer les assemblées ecclésiastiques, de confirmer leurs décisions, est d'une grande importance. Ces réunions ont eu dans la suite une grande importance pour l'empire frank : non-seulement on y a discuté et résolu les questions purement ecclésiastiques, mais des affaires politiques y ont trouvé leur solution.

La situation respective du clergé et de la royauté au temps de Chlodovech est donc bien digne d'attention. Le clergé conserve son organisation particulière, sa juridiction dans les choses ecclésiastiques ; par ses Conciles il prend part aux affaires de l'Etat ; il peut se montrer d'autant plus libre à l'égard de la royauté, que la plus haute fonction ecclésiastique n'est pas due simplement à la volonté royale ; la royauté de son côté, acquiert de l'influence sur la collation des

1. Je traduis ainsi *definitiones*.

2. Les mots « ex evocatione gloriosissimi regis Chlothovechi » manquent il est vrai dans le plus ancien manuscrit ; mais cela ne change rien au fond des choses : il est certain d'après la lettre et la *Vita Melanii* que Chlodovech a convoqué le concile.

charges ecclésiastiques, et prétend au droit de réunir et de diriger les Conciles.

Ce qui n'est pas moins important pour la situation du clergé, ce sont les riches donations qu'il reçoit des particuliers comme des rois. Il acquiert ainsi les moyens de suffire largement à ses devoirs envers les pauvres et les malades; ainsi qu'aux besoins du culte. De telles donations n'étaient pas rares déjà au temps de Chlodovech, comme le prouve une dé-cision du Concile d'Orléans qui a pour but de les restreindre[1]. Les donations faites par les rois ont une bien plus grande valeur encore quand elles consistent en terres auxquelles sont attachés certains droits. Nous avons conservé le diplôme d'une donation de ce genre[2]. Le roi donne Micy au vieux prêtre Euspicius et à son disciple Maximin, afin qu'ils puissent s'y livrer en paix à une vie pieuse. Micy leur est con-cédé avec des formules solennelles; des revenus du trésor royal et tous le pays entre la Loire et le Loiret y sont ajoutés. Cette propriété sera libre de tout impôt foncier ou autre en deçà et au delà des deux rivières; le roi y ajoute le revenu des bois de chênes et des pâturages, le droit d'établir des moulins sur les cours d'eau. C'est à de telles donations que fait évidemment allusion un canon du Concile d'Orléans qui parle de terres que le roi a concédées à des églises en y ajou-tant des immunités pour la terre ou pour les clercs[3]. Notre diplôme ne se sert pas des mêmes expressions; mais nous savons, d'après les termes usités plus tard, que les droits attribués par notre document étaient compris sous le nom d'immunités. Ces droits avaient tout d'abord une importance financière; leur collation consistait à libérer un territoire de certaines redevances ou à lui accorder des droits financiers appartenant au roi. Ces deux priviléges sont réunis dans notre diplôme. On ne concède pas encore le droit de juridic-

1. Voy. plus haut, p. 132, n.5,

2. Pardessus, *Dipl.* i, 57. Le diplôme est certainement authen-tique. Il est en forme de lettre; la rédaction solennelle des diplômes postérieurs n'est évidemment pas encore en usage. *Vita Maxi-mini* dans Bouquet iii, p. 394.

8. Canon V: « de oblationibus vel agris, quos dominus noster rex ecclesiis suo munere conferre dignatus est, vel adhuc non haben-tibus Deo inspirante contulerit, ipsorum agrorum vel clericorum immunitate concessa. »

tion, qui est aussi considéré comme affaire de finances. Plus tard de semblables concessions furent aussi faites à des laïques, mais nous n'en connaissons pas du temps de Chlodovech. En diminuant les droits essentiels de la royauté au profit des individus, elles ont amené l'affaiblissement des Mérovingiens, et l'établissement d'une puissante aristocratie. Les clercs et surtout les évêques y prennent une place importante. L'origine de cet état de choses remonte au temps de Chlodovech ; c'est ici qu'il faut chercher le commencement des institutions postérieures du royaume frank, dont le développement successif n'est pas toujours facile à déterminer.

APPENDICES

—

I

SUR L'EXIL DE CHILDÉRIC

Le récit des *Gesta* se trouve aux c. 6 et 7.

Ce qui concerne l'expulsion de Childerich concorde avec Grégoire. Le roi se demande avec son fidèle ami et conseiller Wiomad, de quelle manière il pourrait apaiser la colère des Franks révoltés. Ils échangent les mêmes discours que chez Grégoire. Childerich s'en va en Thuringe. Pendant ce temps Ægidius gouverne, élevé au trône par les Franks. La huitième année de son règne, Wiomad, devenu conseiller d'Ægidius, semble vouloir s'unir à lui par une intime amitié; il lui conseille de se débarrasser par la ruse de quelques-uns des Franks. Ægidius suit ce conseil et prépare ses embûches. Les Franks, pleins de colère et de terreur, demandent à Wiomad ce qu'ils ont à faire. Celui-ci leur représente combien ils ont été mal avisés en chassant leur roi national pour prendre le roi des Romains. Ils s'affligent du passé, et souhaitent de voir revenir Childerich. Wiomad lui envoie alors la demi pièce d'or, et l'invite à revenir. Pendant que Childerich était en Thuringe, il a contracté une liaison adultère avec Basine; elle le suit lorsque, quittant la Thuringe, il revient chez les Franks qui renversent Ægidius, et lui rendent son pouvoir. Elle devient, comme chez Grégoire, la femme de Childerich et engendre Chlodovech. Celui-ci fut un roi, grand par-dessus tous les rois des Franks, un guerrier ami des combats et illustre.

L'*Historia epitomata* c. ii, 12, raconte ce qui suit:

L'expulsion est racontée également comme dans Grégoire.

Wiomad, le seul Frank qui soit resté fidèle à Childerich, l'a déjà arraché aux mains des Huns avec sa mère. Maintenant il veille à son côté, il lui conseille de fuir vers la Thuringe. La conversation connue a lieu : quand Childerich devra quitter sa retraite, Wiomad le lui fera savoir. Le roi s'enfuit chez les Thuringiens. Les Franks choisissent à l'unanimité Ægidius pour roi. Etabli par lui comme vice-roi, Wiomad lui conseille de briser l'orgueil des Franks, en les frappant d'impôts de plus en plus lourds, espérant rendre ainsi la domination romaine insupportable. Pourtant même alors, les Franks préfèrent encore le joug d'Ægidius aux débauches de Childerich. Alors Wiomad représente à Ægidius qu'il faut comprimer par des exécutions l'esprit de mutinerie et de révolte des Franks. Il lui envoie cent hommes incapables et inoffensifs, qu'Ægidius fait périr. Alors les Franks désirent le retour de Childerich pour être délivrés par lui de la tyrannie romaine. Wiomad annonce à Ægidius que le peuple Frank est enfin mâté : il songe à faire revenir Childerich. Mais en même temps il veut exciter contre Ægidius la colère de l'empereur romain d'Orient, Maurice. Childerich est auprès de lui à Constantinople [1], et Wiomad le sait. Il conseille à Ægidius de demander une grosse somme à l'empereur : elle devra lui servir à soumettre à prix d'or les peuples voisins. En même temps il a soin d'envoyer à Constantinople avec les ambassadeurs d'Ægidius un messager fidèle. Celui-ci apporte à Childerich la demi pièce d'or et lui conseille de prévenir les ambassadeurs auprès de l'empereur, en lui faisant croire qu'Ægidius réclame l'argent d'impôts dûs au trésor public. La ruse réussit. Maurice fait jeter les ambassadeurs en prison et sur la demande de Childerich il l'envoie en Gaule comme son vengeur, avec une flotte et de riches présents. Wiomad rejoint Childerich à Bar ; la ville reconnaît la première le roi, et bientôt tout le peuple frank avec elle. Childerich bat Ægidius et les Romains. Basine apprenant le retour de Childerich et son rétablissement sur le trône, arrive de Thuringe et l'épouse. La nuit de noce passée chastement sur la demande de la reine est marquée par un événe-

---

1. Cette préoccupation de l'Empire d'Orient est remarquable dans la source burgunde. Maurice est d'ailleurs placé cent vingt ans trop tôt.

ment étrange. Childerich, sur la demande de Basine, sort trois fois dans la cour du palais ; il voit la première fois paraître et disparaître un lion, une licorne et un léopard, la seconde fois un ours et un loup, la troisième fois des chiens et des animaux inférieurs qui se combattaient entre eux. Il raconte à Basine ce qu'il a vu et ils passent le reste de la nuit chastement. Lorsqu'ils se lèvent, Basine explique la vision : elle est l'image de la rapidité avec laquelle décroîtront la bravoure et la force de la race qui doit sortir d'eux. Il leur naîtra un fils, brave comme un lion [1] ; ses fils auront la bravoure du léopard et de la lionne ; alors viendra une génération qui ressemblera en audace et en avidité aux ours et aux loups ; les derniers seront semblables aux chiens et aux moindres animaux : alors les peuples n'obéiront plus à leurs chefs et se feront mutuellement la guerre. Basine donne à Childerich un fils du nom de Chlodovech : il fût un guerrier puissant et habile, semblable à un lion, le plus brave de tous les rois.

II

SUR LA LETTRE DE SAINT REMI A CHLODOVECH

Bouquet, ainsi que la Collection des Conciles, a placé la lettre de saint Remi avant le commencement de la guerre wisigothique (voy. Bouquet IV, p. 51 E ; *Conciliorum Galliae collectio* Parisiis 1789. T. I, p. 827). Tout s'y oppose : la lettre est évidemment adressée à un jeune prince nouvellement arrivé au pouvoir, elle contient d'excellents conseils sur les devoirs d'un chef encore inexpérimenté. Pétigny l'a montré avec beaucoup de justesse [2]. Aussi place-t-il la

---

1. « Nascetur nostri filius *Leonis* fortitudine signum et instar tenens. » — *Leonis* n'est pas à sa place dans la phrase.

2. Pétigny II, 362, sq.

lettre dans les premiers temps du règne de Chlodovech. Cependant il est trop clair que les évêques du Nord de la Gaule ne peuvent s'adresser à lui en se disant « sacerdotes tui », lorsqu'il est encore païen[1]. Si la lettre est écrite à Chlodovech, ce ne peut être avant la fin de l'année 496 : mais alors il n'était plus si jeune ni si inexpérimenté dans le gouvernement. « Manet vobis regnum administrandum et Deo auspice procurandum. Populorum caput estis et regimen sustinetis. Acerbitate ne te videant in luctu affici, qui per te felicia videre consueverunt », lui écrit saint Remi à cette époque. Cela nous amène à l'hypothèse que la lettre est adressée non à Chlodovech mais à un de ses fils, qui ont commencé à régner lorsque saint Remi vivait encore ; toutes les difficultés tombent alors. Une faute peut facilement s'être glissée dans la rubrique de la lettre[2].

Nous ne pouvons donc tirer du contenu de cette lettre aucune conclusion sur l'époque de Chlodovech. Les mots sur lesquels on s'est appuyé pour faire de ce roi un *Magister militum* : « Rumor ad nos pervenit, administrationem vos secundun rei bellicae suscepisse », sont certainement corrompus[3]. Les mots « administratio rei bellicae » peuvent être entendus dans un sens plus large que la charge romaine de *Magister militum*, et l'on ne voit pas pourquoi saint Remi aurait évité de se servir de cette expression si usitée.

III

SUR L'AUTHENTICITÉ DU DIPLÔME DE 497

On a beaucoup disputé en faveur de l'authenticité du diplôme reproduit dans Pardessus, *Diplomata* i, 30 ff. ; mais il est bien difficile de l'admettre. Si nous comparons ce diplôme avec

1. Waitz, *Vfg.* ii, 43, n. 1. l'a remarqué. Les mots : « hoc in primis agendum, ut Domini judicium a te non vacillet », peuvent difficilement être adressés à un roi païen.

2. Bouquet, iv, 51 c.

3. *Secundum* ne se rapporte à rien. La correction *secundam* n'est pas beaucoup plus claire. [L'hypothèse de M. Junghans nous paraît bien hasardée. N. du T.]

celui qui est imprimé à la p. 57, dont l'authenticité n'est pas contestée, on remarque de notables divergences. Tandis que celui-ci est en forme de lettre, celui-là affecte une forme qui n'est devenue habituelle que plus tard, introduction et conclusion solennelles, transition de style « qua propter notum sit, etc. » ; en un mot tandis que le diplôme I, 30 est rédigé avec une certaine pompe, le diplôme I, 57 est parfaitement simple, ce qui incline à penser que le premier a été composé plus tard. On est aussi étonné de voir le donateur se gratifier du titre de *Celsitudo*. Quant au contenu du diplôme, Jean de Reomé reçoit avec la propriété du sol le droit de juridiction : ce droit est absent de la donation à Euspice et Maximin. Mais l'état social que suppose le diplôme excite encore plus les soupçons. Ainsi l'énumération en série exacte des grands fonctionnaires clercs et laïques suppose l'existence d'une aristocratie telle qu'on peut difficilement l'admettre au temps de Chlodovech. Il est reconnu que la recommandation, la vassalité n'existaient pas à cette époque; on trouve ici les expressions « commendare, mundiburdium » employées de façon à supposer nécessairement ces relations avec leurs formes légales. La recommandation et la concession d'une terre sont déjà réunies, car il est clair, d'après le passage « quia... habeat » que Jean a mis son cloître sous la protection du roi pour en obtenir des possessions territoriales avec certains privilèges.

Bréquigny regarde le diplôme comme authentique dans son ensemble, bien qu'il accorde que certaines formules ont été modifiées par la main d'un copiste. Ce n'est là qu'un faux-fuyant; nous devons tenir ce diplôme pour une fabrication d'époque postérieure, qui se décèle par l'état social qu'il suppose. Nous ne pouvons donc tirer aucune conclusion ni aucune hypothèse historique de ce diplôme; la date en particulier « primo nostrae susceptae christianitatis atque subjugationis Gallorum anno » ne peut nous servir de rien.

IV

MARIAGE DE CHLODOVECH

L'*Historia epitomata* donne dans les c. 17-20 le récit du mariage. Le voici en abrégé.

Les affaires de Burgundie sont racontées d'après Grégoire ; seulement Gundobad a égorgé aussi les deux fils de Chilpéric ; l'aînée des deux filles s'appelle Sædeleuba, elle s'est réfugiée au cloître ; les deux jeunes filles ne sont pas exilées. Chlodovech envoie plusieurs ambassades en Burgundie pour obtenir Chrotechilde. Comme les envoyés ne peuvent pas la voir, Chlodovech envoie seul le Romain Aurélien. Celui-ci arrive déguisé en mendiant à Genève, où Chrotechilde réside avec sa sœur ; toutes deux lui témoignent une compassion chrétienne ; Chrotechilde lui lave les pieds. Aurélien lui révèle alors en secret la demande de Chlodovech, et lui donne l'anneau du roi. Chrotechilde l'accepte avec joie ; elle renvoie Aurélien avec de riches présents et son anneau. Si Chlodovech la désire pour femme il faut qu'il envoie de suite une ambassade pour demander sa main à son oncle Gundobad ; il faut se hâter d'obtenir les fiançailles de peur que tout ne soit empêché par le retour d'Aridius de Constantinople. Aurélien revient avec ses habits de mendiant ; déjà il est sur le point d'atteindre Orléans, sa patrie, quand son déguisement le met en danger. Le sac où sont contenus les présents et l'anneau de Chrotechilde, lui est volé ; mais des serviteurs adroits le reprennent au voleur. Aurélien raconte à Chlodovech le succès de sa mission et le conseil de Chrotechilde. Le roi envoie une ambassade à la cour de Burgundie pour demander à Gundobad la main de sa nièce. Elle lui est accordée. Suivant l'antique coutume, les envoyés acquièrent la jeune fille pour leur seigneur par l'achat et les fiançailles ; c'est à Chalon-sur-Saône que Chrotechilde est remise aux messagers qui représentent Chlodovech. Au plus vite les Franks mettent sur un chariot la princesse que leur confie Gundobad, et la conduisent elle et ses trésors vers Chlodovech, car Chrotechilde craint le retour d'Aridius ; elle veut qu'on se presse, elle demande à monter à cheval ; elle y monte en effet, et ils hâtent leur course vers le roi. Lorsqu'Aridius revenu de Constantinople après un rapide voyage, apprend de Gundobad ce qui est arrivé, il avertit son roi que le devoir de la vengeance incombe à Chlodovech par l'effet de son mariage, et que s'il en a la puissance il fera expier à Gundobad les souffrances infligées à ses parents. Aridius conseille d'envoyer une armée pour arrêter Chrotechilde. Gundobad suit ce conseil. — Lorsque Chrotechilde approche de Villariacum, résidence de Chlodovech sur le territoire de Troyes, elle demande à son escorte, avant de franchir la frontière burgunde, de piller et de brûler douze milles du pays qu'elle va quitter. On exécute cet ordre de l'aveu de Chlodovech, et Chrotechilde remercie Dieu de ce qu'elle voit enfin le commencement de la vengeance due à ses parents et à ses frères. — Elle est amenée à Chlodovech qui la reçoit joyeusement comme son épouse ; il avait déjà d'une concubine un fils du nom de Theuderich.

Ce récit, indépendamment de sa valeur poétique, est intéressant pour les mœurs du temps auquel il se rapporte. Les filles de sang royal accomplissent ici, comme dans le récit des *Gesta*, des œuvres de miséricorde chrétienne. L'acte du mariage, dont le côté juridique apparaît ici d'une manière toute spéciale, peut être étudié avec exactitude. On y distingue quatre points principaux : 1° la demande d'Aurélien pour Chlodovech ; 2° la demande à Gundobad et l'achat ; 3° les fiançailles ; 4° la remise de la fiancée aux représentants de son fiancé. L'achat se fait d'après les mœurs franques par le paiement d'une somme symbolique : un sou et un denier. Les quatre préliminaires du mariage étaient séparés ordinairement par un certain intervalle de temps ; si les trois derniers se suivent ici si rapidement, c'est à cause de la hâte que les ambassadeurs doivent avoir témoignée. C'est pour cela qu'ils demandent à Gundobad un « *placitum ad praesens, et ipsam ad conjugium traderet Chlodoveo* », c'est-à-dire, qu'ils demandent qu'on remette immédiatement la fiancée entre leurs mains. Comme Gundobad y consent, les fêtes du mariage sont préparées à Chalon-sur-Saône, et c'est là, dans une assemblée, paraît-il, que la fiancée est remise aux Franks[1].

Les *Gesta*, c. 11-14, contiennent le récit correspondant.

Les événements de Burgundie, qui précèdent le mariage, sont conformes à la relation de Grégoire, avec cette différence que la sœur aînée est bannie, tandis que la cadette reste sans être inquiétée. Les envoyés de Chlodovech réussissent à voir Chrotechilde. Chlodovech envoye son messager Aurélien (on ne dit pas ici qu'il soit Romain) en Burgundie. Un dimanche Aurélien s'habille en mendiant. Comme la pieuse Chrotechilde, après la messe, distribuait des aumônes aux pauvres devant la porte de l'église, Aurélien reçoit d'elle une pièce d'or. Il lui baise la main, et la tire par la robe, sans être remarqué, et obtient d'entrer chez elle. Il lui fait la demande, et veut lui remettre l'anneau et les présents de fiançailles de Chlodovech; mais on lui a volé son sac de mendiant qu'il a laissé devant la porte; il le retrouve, grâce à Chrotechilde. Elle accepte les ornements de fiancée et l'anneau de Chlodovech qu'elle dépose dans le trésor de son oncle. Elle fait dire à Chlodovech que comme chrétienne, elle ne peut pas épouser un païen; personne ne doit savoir ce qu'elle va faire, mais elle se confie en Dieu. Aurélien revient et raconte ce qui est arrivé. — L'année suivante, Chlodovech envoie Aurélien comme ambassadeur à Gundobad, pour chercher sa fiancée Chrotechilde. Gundobad soupçonne une perfidie de Chlodovech, qui ne connaît pas sa nièce. Il cherche à se débarrasser au plus vite d'Aurélien, mais celui-ci donne la menaçante nouvelle que Chlodovech va venir avec une armée pour faire valoir ses droits sur sa fiancée. Gundobad est prêt à en venir aux mains; mais les conseillers du roi burgundo s'interposent; ils veulent éviter une guerre inutile avec un ennemi redoutable. Sur leur conseil, on cherche dans le trésor royal

---

1. « Chlodoveus legatos ad Gundobadum dirigit, petens, ut Chrotechildem neptem suam ei in conjugium sociandam traderet... legati offerentes solidum et denarium, ut mos erat Francorum, eam partibus Chlodovei sponsant : placitum ad praesens petentes, ut ipsam ad conjugium traderet Chlodoveo. Nulla stante mora inito placito Cabillono, nuptiae praeparantur. » — Déjà dans la réponse de Chrotechilde apparaît la forme juridique : «... obtenta ad praesens firmitate, placitum sub celeritate instituant. » — Cf. Waitz *Vfg.* 1, 198 et *Das alte Recht*, p. 115.

ct on y trouve l'anneau de Chlodovech. Chrotechilde, interrogée, explique tout. On la confie à Aurélien, et celui-ci avec ses compagnons, la conduit à Soissons, au roi des Franks. — Chlodovech vient avec joie au devant de sa femme. Le soir, avant de monter sur le lit nuptial, Chrotechilde demande au roi de céder à deux de ses désirs : qu'il se convertisse du paganisme à la foi catholique, et qu'il n'oublie pas les souffrances que Gundobad a infligées à ses parents. Chlodovech lui promet tout sur ce dernier point, mais il ne peut abandonner ses dieux. Il fait donc demander à Gundobad, par son ambassadeur Aurélien, la part de Chrotechilde à l'héritage paternel. Le roi burgunde prononce des menaces de mort contre Aurélien, qui n'est venu, dit-il, que dans des vues d'espionnage. Mais Aurélien en appelle à Chlodovech et à ses Franks ; les conseillers burgundes préviennent encore une rupture ; Gundobad est contraint de céder à Chlodovech la plus grosse partie de son trésor ; mais il lui resterait encore à céder une partie de son royaume. — Aurélien s'en retourne, admiré pour sa bonne foi par les sages conseillers burgundes. Il reçoit de Chlodovech le duché de Melun en récompense. Le roi avait déjà d'une concubine un fils du nom de Theuderich.

V

BAPTÊME DE CHLODOVECH

Grégoire est la source capitale pour le baptême ; les autres sources sont peu importantes. Les *Gesta* c. 15 n'ajoutent rien de nouveau que quelques mots çà et là. Le c. 20 de l'*Historia epitomata* diffère de Grégoire, mais n'a aucune valeur réelle. On peut consulter en outre la tradition légendaire que donne Hincmar, *V. Remigii*, Bouquet III, 374 et ss. Elle ne s'appuie pas sur l'ancienne vie de Saint-Remi, dont probablement Grégoire s'est servi [1] ; la légende ne pouvait

1. [Il en parle II, 31. N. du Trad.]

pas encore s'être développée à ce point. Hincmar a certainement recueilli de la tradition formée plus tard à Reims les
prières nocturnes de l'évêque avec le roi et la reine, (Bqt
376-A-E), l'attitude de Chlodovech sur le chemin de l'église,
la légende de la sainte ampoule. Hincmar pouvait ajouter
d'autres traits d'après les mœurs du temps, comme l'entretien du peuple et du roi avant le baptême. En somme,
sauf pour les additions indiquées, il suit assez exactement
les *Gesta*, (Bqt p. 376 E-377 B ;) le fond est identique, la latinité
seulement est améliorée. Depuis le passage p. 378 B : *procedit—
praeceptis*, c'est Grégoire qui sert de base. Cette vie n'a donc
aucun titre à compter comme source originale.

La preuve que l'*Historia epitomata* c. 21 donne de la foi
de Chlodovech, a déjà un caractère tout à fait légendaire.

VI

SOURCES RELATIVES A LA GUERRE WISIGOTHIQUE

Isidori historia Wisigothorum, dans *Isidori Opera*, éd. Arevalo, Rome 1803. T. vii, p. 119 et dans Bouquet, ii, 702 :

« Era DXXI.[1] Anno X imperii Zenonis. Eurico mortuo Alaricus filius ejus apud Tolosenam urbem princeps Gothorum
constituitur regnans annos XXIII. Adversus quem Fluduius
Francorum princeps Galliae regnum affectans, Burgundionibus sibi auxiliantibus bellum movet, fusisque Gothorum
copiis, ipsum postremo regem apud Pictavium superatum
interficit. Theudericus autem Italiae rex, dum interitum generi comperisset, confestim ab Italia proficiscitur, Francos
proterit, partem regni, quam manus hostium occupaverat,
recepit Gothorumque juri restituit.

« Era DXLV. Anno XVII imperii Anastasii Gisaleicus supe-
rioris regis filius ex concubina creatus Narbonae princeps
efficitur, regnans annis quatuor, sicut genere vilissimus, ita
infelicitate et ignavia summus. Denique dum eadem civitas

1. L'ère espagnole est de 38 ans en avance sur l'ère chrétienne.

a Gundebado Burgundionum rege direpta fuisset, iste cum magna suorum clade apud Barcinonam se contulit, ibique moratus, quo usque etiam regni fascibus a Theuderico fugae ignominia privaretur. Inde profectus ad Africam, Wandalorum suffragium poscit, quo in regnum posset restitui. Qui dum non impetrasset auxilium, mox de Africa rediens ob metum Theuderici Aquitaniam petiit, ibique anno uno delitescens, in Hispaniam revertitur, atque a Theuderici regis duce duodecimo a Barcinona urbe miliario commisso proelio superatus in fugam vertitur, captusque trans fluvium Druentiam Galliarum interiit, sicque prius honorem postea vitam amisit.

« Era DXLIX. Anno XXI imperii Anastasii Theudericus junior..... rursus extincto Gisaleico rege Gothorum Hispaniae regnum quindecim annis obtinuit, quod superstes Amalarico nepoti suo reliquit. »

Chronologia et series regum Gothorum, Bouquet, II, 704.

« Alaricus filius ejus (Eurici) regnavit annis XXIII. Quem Clodoveus rex Francorum apud Pictavem bello interfecit. Ob cujus vindictam Theodoricus socer ejus, Italiae rex, Francos prostravit et regnum Gothis integrum restituit sub imperatore Athanasio [1].

« Gesalaicus Alarici filius regnavit annis IV. Iste a Gundebaldo Burgundionum rege Narbona superatus ad Barcilonam fugit. Inde ad Africam ad Wandalos pro auxilio perrexit et non impetravit. Inde reversus apud Barcilonam a duce Theuderici Italiae regis est interfectus sub imperatore Athanasio.

« Theudericus supradictus occiso Gesalaico regnum Gothorum tenuit annis XV et superstiti nepoti suo Amalarico reliquit. »

Jordanis de rebus Geticis, c. 58. « Non minus trophaeum (Theodoricus) de Francis per Hibbam suum comitem in Gallia acquisivit, plus XXX millibus Francorum in praelio caesis. Nam et Thiodem suum armigerum post mortem Alarici generi tutorem in Hispaniae regno Amalarici nepotis constituit. »

Appendice à Victor de Tunnuna. Roncalli II, 356, mal publié dans l'*Hispania illustrata* de Schott IV, 136.

« [Ind. xv, 507] [2] Venantio et Celere coss.

« His diebus pugna Gothorum et Francorum Boglodoreta.

1. Lisez : *Anastasio*.
2. L'indiction de l'année n'est pas dans le texte original.

Alaricus rex in proelio a Francis interfectus est. Regnum To-
losanum destructum est.

« [Ind. ɪɪɪ, 510] Boetio V. C. cos.

« His coss. Gesalecus Goericum Barcinone in palatio interfecit : quo anno idem Gesalecus ab Helbane [1] Theodorici Italiae regis duce ab Hispania fugatus Africam petit. Comes vero
Veilici Barcinone occiditur[2].

« [Ind. vɪ, 513] Probo V. C. cos.

« Post Marrium [3] Theodoricus Italiae rex Gothorum regit in
Hispania annos XV, Amalarici parvuli tutelam gerens. »

Cassiodori chronicon. Roncalli ɪɪ, 236.

« [Ind. ɪ, 508] Venantius junior et celer.

« His coss. contra Francos a D. N. destinatur exercitus, qui
Gallias Francorum depraedatione confusas, victis hostibus
ac fugatis, suo adquisivit imperio. »

Marii Aventicensis chronicon, Roncalli ɪɪ, 405.

« [Ind. ɪɪ, 509] Importuno.

« Hoc cos. Mammo dux Gothorum partem Galliae deprac-
davit. »

Pseudo-Sulpice Sévère, dans Holder Egger, *Ueber die Weltchronik des sogenannten Sulpicius Severus,* p. 75 [ajouté par
le Traducteur.]

« 506. Occisus Alaricus rex Gothorum a Francis. Tolosa a
Francis et Burgundionibus incensa et Narbona a Gundefade
Burgundionum rege capta et Geselerycus rex cum maxima
suorum clade ad Ispanias regressus est. »

VII

LETTRES DE THEODERICH TIRÉES DE CASSIODORE

I. ɪ, 24, à tous les Goths — avant le 24 juin 508.
II. ɪɪɪ, 38, à Vandil « ipsa initia bene plantare debent nostri
nominis famam » — aussitôt après l'invasion de la Provence, 508.

1. Lisez : Hebbane. cf. p. 92, n. 1.
2. Scaliger et Basnage donnent seuls les mots : « Comes... occiditur. »
3. Scaliger et Basnage disent avec raison : *Post Alaricum.*

III, 43, à Unigis « cum... Gallias noster exercitus intraverit » — aussitôt après l'invasion de la Provence, 508.

III, 16, à Gemellus « Galliae nobis... subjugatae » — aussitôt après la victoire de 508.

III, 17, à tous les *Provinciales* (en même temps que III, 16) — aussitôt après la victoire de 508.

IV, 17, à Ibbas « gloriosum in bellorum certamine » — après la victoire de 508.

III, 41, à Gemellus (postérieure à III, 16, 17) — après la victoire de 508.

III, 42, aux *Provinciales* (postérieure à III, 41) — après la victoire de 508.

III, 34, aux Marseillais (Marabadus est envoyé « ad ordinationem, defensionem ») — après la victoire de 508.

V, 10, aux Gépides (envoyée « pro defensione generali custodiae causa ») — après 508.

V, 11, aux mêmes (postérieure à V, 10) — après 508.

Les lettres III, 34; V, 10, 11, appartiennent à l'époque où l'autorité de Theoderich était déjà bien établie; les autres sont antérieures. On ne peut déterminer si II, 8; V, 13 se rapportent aux mêmes faits.

III. IV, 36, à Faustus « per Ind. III. as publicus relaxatus » — peu avant le 1er sept. 809.

III, 32, à Arles « per Ind. IV. relaxata fiscalia tributa » peu avant le 1er sept. 510.

III, 44, à Arles « cum tempus navigationis arriserit » — au commencement de l'époque favorable à la navigation, 510.

III, 40, à tous les *Provinciales* « per Ind. IV. relaxata tributaria functio » — peu avant le 1er sept. 510.

IV, 26, — peu avant le 1er sept. 510.

IV. V, 43, — après la fuite de Gesalich, 510.

V, 44, « Gesalecus quondam rex » — après la mort de Gesalich.

V. Il faut rapporter à une époque postérieure: IV, 16; VIII, 10.

VIII

Il peut être utile de donner ici un aperçu des sources aux-quelles Grégoire de Tours a emprunté ses renseignements.

I. Grégoire a emprunté à des *Notes Annalistiques* les pas-sages suivants :

1. ii, 18, 19, sur les exploits de Childerich.

2. ii, 27, sur la guerre contre les Thuringiens.

3. ii, 43, sur la mort de Chlodovech.

4. ii, 27, sur la chute du royaume de Soissons [1].

5. ii, 30 et 37, les dates exactes des guerres contre les Alamans et contre les Wisigoths, données par un ma-nuscrit ancien. (Voy. Bouquet, *Praef.* p. vii.)

II. On doit considérer comme *légendaires* et empruntés à la *tradition ecclésiastique*, orale ou écrite :

1. ii, 31, le récit du baptême de Chlodovech. Il provient évidemment de l'ancien *Liber vitae Remigii* que Grégoire mentionne comme existant de son temps. Les ch. 29 et 30 proviennent peut-être de la même source [2]

2. ii, 37, 38, les renseignements sur la guerre wisigo-thique, sur la réception des insignes consulaires par Chlodovech à Tours. Ils proviennent sans doute d'une tradition conservée à Tours. Il faut mettre à part ce qui est raconté sur Maxentius.

III. On doit rapporter aux traditions orales et en partie poé-tiques du peuple frank, encore vivantes au temps de Grégoire.

1. Il peut y avoir doute sur ce point ; pourtant on ne peut douter qu'il existât sur cet événement des notes annalistiques, les indi-cations des *Gesta*, ch. 15, en sont aussi une preuve.

2. La chose est vraisemblable, car les ch. 29, 30, 31, forment un texte conçu dans un même esprit ; c'est l'histoire de la conversion de Chlodovech. Des mots du ch. 31 « talemque ibi gratiam *adstantibus* Deus tribuit, ut aestimarent se paradisii odoribus collocar », on peut conclure que l'auteur de la *Vita*, dont Grégoire se sert, assis-tait au baptême ; il paraît avoir été un des amis de saint Remi.

1. II, 12, le récit de l'expulsion, de la fuite et du retour
de Childerich.
2. II, 27, la description du Champ-de-Mars.
3. II, 32. 33, la guerre de Burgundie. [1]
4. II, 40, 41, 42, le récit de l'annexion du royaume ripuaire et des petits royaumes saliens à l'empire de
Chlodovech.

IX

DE LA CHRONOLOGIE DU RÈGNE DE CHLODOVECH [2]

Il est absolument impossible de fixer les dates du règne
de Chlodovech d'après les seules indications de Grégoire de
Tours. Elles sont loin en effet d'être concordantes entr'elles.

Voici en effet quelles sont ses données chronologiques
sur le règne de Chlodovech :

Liv. II, ch. 27. Chlodovech bat Syagrius la 5e année de
son règne.

Liv. II, ch. 27. Il bat les Thuringiens la 10e année de son
règne.

Liv. II, ch. 30. Il bat les Alamans la 15e année de son règne.

Liv. II, ch. 37. Il bat les Wisigoths la 25e année de son
règne.

Liv. II, ch. 43. Il meurt cinq ans après la bataille de Vouillé,
la 30e année de son règne, à l'âge de 45 ans, cent douze ans
après la mort de saint Martin, la 11e année de l'épiscopat de
Licinius. Il fixe de plus la date de la mort de saint Martin,
au ch. 43 du liv. I, à 412 ans après la Passion.

Si nous prenons ces indications au pied de la lettre, nous
aurons :

445 pour la mort de saint Martin ;

---

1. Cela n'est vrai que pour l'anecdote d'Aridius au siége d'Avignon.
La comparaison de Grégoire avec Marius d'Avenche prouve que
tous deux ont eu sous les yeux les mêmes sources *écrites*, d'origine
burgunde. [N. du T.]

2. Cet appendice a été ajouté par le traducteur.

527 pour l'avénement de Chlodovech ;

532 pour la défaite de Syagrius ;

537 pour la défaite des Thuringiens ;

542 pour la défaite des Alamans ;

552 pour la défaite des Wisigoths ;

557 pour la mort de Chlodovech.

D'autre part, la 11e année de Licinius, d'après les calculs donnés par Grégoire au 31e ch. du liv. X, tomberait en 568.

Il est bien évident qu'il y a dans ces chiffres des erreurs de calcul ou des fautes dans la copie des nombres, fautes extrêmement fréquentes dans toutes les copies de manuscrits au moyen age. On a cherché à plusieurs reprises à expliquer et à corriger ces erreurs. Mais dans toutes ces explications [1] il entre toujours une large part d'arbitraire et l'on est obligé de prendre pour point de départ des données autres que celles de Grégoire. Ce n'est donc pas lui qui peut servir de guide dans ces supputations chronologiques.

Est-ce à dire qu'il ne faille tenir aucun compte des indications chronologiques de Grégoire de Tours. Celles qui reposent sur des calculs prenant pour point de départ la création du monde, la Passion, la mort de saint Martin, sont évidemment sujettes à bien des erreurs, soit que ces erreurs proviennent de Grégoire lui-même, soit qu'elles proviennent de ses copistes. Mais quand il nous indique les ans du règne de Chlodovech, le temps pendant lequel il a régné, l'âge auquel il est mort, les chiffres offrent moins de chances d'erreurs, parce qu'ils sont plus simples et parce qu'au lieu d'être le résultat d'un calcul, ils sont empruntés aux quelques notes annalistiques que Grégoire avait sous les yeux [2]. Nous pouvons donc nous servir de ces indications chronologiques, mais en cherchant ailleurs les moyens de fixer la date du commencement du règne de Chlodovech.

Les diplômes, qui sont souvent si utiles pour la chronolo-

---

1. Même dans celles de l'abbé C. Chevalier, *les Origines de l'église de Tours*, 1re p. ch. 3 et q. Il veut ramener les dates de Grégoire à la date vraie de la mort de saint Martin 397. Mais cela est impossible, car cela nous donnerait 509 pour la mort de Chlodovech. Il faudrait trouver un système qui ramenât la mort de saint Martin d'après Grégoire à 399 ou 400.

2. Les indications du ch. 30. *Actum anno* xv *regni sui*; et du ch. 37 : *Anno vicesimo quinto Chlodovechi*; sont évidemment prises à des annales.

gie ne nous sont ici d'aucun secours, car dans le seul diplôme daté de Chlodovech, diplôme d'ailleurs contesté, la date n'appartient certainement pas à l'original[1]. Mais nous possédons deux documents qui ont une valeur supérieure à celle des diplômes qui nous fournissent deux dates précises. Ce sont deux souscriptions de conciles; celle du concile d'Agde « sub die III Idus Septembris, Messala V. C. consule, anno XXII regni domini nostri Alarici regis ; » et celle du concile d'Orléans « sub die VI Idus Julias, Felice V. C. consule. »[2] Or, grâce aux chroniques et aux inscriptions, nous pouvons établir d'une manière très exacte la série des consuls, et nous savons que le consulat de Messala est de 806 et celui de Félix de 511. Le III des Ides de septembre ou le 11 septembre 506 tombait donc dans la 22ᵉ année d'Alarich. Or, la *Series regum Gothorum*[3] nous dit qu'Alarich régna 23 ans, et Isidore dans son *Historia Gothorum* place à l'ère 545, c'est-à-dire à 507-508 le commencement du règne de Gesalich, le successeur d'Alarich[4]. D'autre part, la lettre par laquelle les évêques réunis à Orléans, le 10 juillet 511, adressent à Chlodovech les décisions du concile, nous prouve qu'à cette date Chlodovech vivait encore. Pour savoir en quelle année il est mort, nous devons nous servir des indications de la chronique de Marius, combinées avec celles de Grégoire de Tours. Marius qui indique soigneusement les années par les noms des consuls et les indictions, place la mort de Theudebert à la 7ᵉ année après le consulat de Basile et à l'indiction XI, ce qui donne 548, et la mort de Chlotachar I, à la 20ᵉ année après le consulat de Basile et à l'indiction IX, ce qui donne 561. Or, Grégoire nous dit (III, 37) qu'il s'écoula 37 ans de la mort de Chlodovech à celle de Theudebert et que Chlotachar est mort dans la 51ᵉ année de son règne; ce qui nous oblige à placer la mort de Chlodovech vers la fin juillet ou le mois d'août 511, car l'indiction IX ne s'étend que jusqu'à la fin de septembre 561. En tous cas, la date de 511 pour la mort de Chlodovech paraît bien établie. Dès lors les autres dates sont faciles à fixer.

Vers 466 Naissance.

---

1. Voy. l'app. 3, et Bouquet, III, 102, 103.
2. Bouquet, III, 102, 103.
3. Bouquet, II, 705.
4. Bouquet, II, 702.

Fin 481 Avénement.

486 Défaite de Syagrius.

491 Défaite des Thuringiens.

496 Défaite des Alamans. A Noël, baptême de Chlodovech.

507 Défaite d'Alarich, dans le milieu de l'année ou
en automne.

Marius nous fournit encore une date importante pour l'histoire de Chlodovech. C'est celle de la défaite de Gundobad à
Dijon. Elle eut lieu, d'après le chroniqueur burgunde qui
écrivait, comme nous l'avons dit, d'apres des annales burgundes plus anciennes, sous le consulat de Patrice et d'Hy-
patius, c'est-à-dire en l'an 500. Les dates que nous avons
données dans l'appendice 7, concordent parfaitement avec
ces indications.

ADDITIONS ET CORRECTIONS

P. 8, n. 1. 5, au lieu de : *devaient*, lisez: *devraient.*

P. 8, n. 5. Nous avons rectifié les renvois à Waitz, d'après
la 2ᵉ édition.

P. 12. Le texte du faux Sulpice Sévère, emprunté aux annales d'Arles (voy. plus haut Introd. p. X) confirme entièrement les conclusions de Junghans et prouve que les Franks
ont combattu avec les Romains contre les Wisigoths près
d'Orléans : « Fredericus frater Theuderici regis pugnans cum
Francis occiditur juxta Ligerim. »

Pour les citations de Marius nous avons substitué au texte
de Roncalli, le texte plus correct donné par M. Arndt. Leipzig
1878.

P. 18. n. 5. Voyez aussi l'abbé Cochet: *le tombeau de Chil-
déric Iᵉʳ, roi des Francs, restitué à l'aide de l'archéologie.*
Paris 1859, in-8.

P. 20. n. 1. l. 2. Nous avons conservé l'orthographe *Vouglé*, donnée par Junghans, mais *Vouillé* est la vraie forme.

P. 21. n. 3. l. 2. Au lieu de *prcpinquus*, lisez : *propinquus*.

P. 23. L'expression de *ligue armoricaine* employée par Junghans pour désigner les populations Gallo-Romaines mêlées de colonies militaires qui se trouvaient entre la Seine et la Loire, a le tort de rappeler une invention de Dubos d'après laquelle ces populations se seraient, au ve siècle, constituées en république fédérative. M. Fustel de Coulanges, *Histoire des Institutions de l'ancienne France*, 2e éd. p. 591, a avec raison réfuté cette opinion.

P. 24. Les termes dans lesquels Junghans parle des Bretons donneraient à penser qu'il les considère comme une partie de l'ancienne population de la Gaule, tandis qu'ils étaient au contraire des fugitifs de la Grande-Bretagne, venus au ve siècle s'établir dans des territoires déserts au N.-O. de la Gaule. Ils étaient en effet divisés en petits états indépendants, d'où le terme de *Britanniae* (Grég. T. v, 16, 22, 49) employé parfois pour les désigner. Ils ne s'étendaient au S.-E. que jusqu'à la Vilaine ; Nantes et Rennes étaient en dehors du territoire breton. (Voy. Longnon, *Géographie de la Gaule au* vi^e *siècle*, p. 170.)

P. 24. n. 4. (N. du T.) M. Longnon, dans sa *Géographie de la Gaule au* vi^e *siècle*, p. 72, a fait remarquer avec raison que Gundobad n'avait pas besoin de passer par la Provence pour aller en *Ligurie*, ce nom s'étendant alors à la Lombardie actuelle. Il reconnaît toutefois que la cité de Marseille appartenait en 499 aux Burgundions ; mais il pense qu'Alarich II dût s'en rendre maître en 500-501 à la faveur de la guerre entre les Burgundions et les Franks, car les évêques d'Aix et d'Arles sont présents au concile d'Agde en 506.

P. 25. l. 3. Au lieu de *Gondobad*, lisez : *Gundobad*.

P. 39. 4. 3. M Longnon, *op. cit.* p. 165, pense aussi qu'il s'agit d'une peuplade Thuringienne établie sur la rive gauche du Rhin.

P. 41, l. 20 et p. 63, l. 10, au lieu de : *Sigebert*, lisez : *Sigibert*.

P. 42. l. 23. Le *Pagus Vongise* ou plutôt *Vonginse*, n'est pas le pays de Vouzy, mais le pays de Voncq. Voy. Longnon, *Etudes sur les Pagi du diocèse de Reims*, p. 100, dans la *Bibl. de l'Ecole des Hautes Etudes*.

P. 43, l. 1, Au lieu de *Joine*, lisez : *Jouaignes* (arr. de Soissons, cant. de Braisne). Voy. Longnon, *ibid.* p. 92.

P. 49, n. 2. l. 1. au lieu de : *d'un*, lisez : *d'une*.

P. 52, l. 29, au lieu de : *très-distincte*, lisez : *très-différente*.

P. 58, n. 4, l. 9, au lieu de : *vignaculo*, lisez : *signaculo*. Les mots d'Avitus, p. 59, n. 1, l. 5 : « galea sacrae unctionis » confirment l'interprétation donnée par Junghans pour : « delibutus sacro chrismate. »

P. 59, l. 24, il faut une virgule au lieu d'un point.

P. 79, n. 3, l. 3, au lieu de : *Sigismond*, lisez : *Sigismund*. Ibid. l. 5, au lieu de : *Trasamond*, lissz : *Trasamund*.

P. 85, n. 5, au lieu de : *n.* 1, lisez : *n.* 3.

P. 89. M. Longnon a consacré à la question du *campus Vogladensis*, dans sa *Géographie de la Gaule*, p. 576-587, une monographie qui épuise la question, et la décide définitivement en faveur de Vouillé. La leçon d'Hincmar : *campo Mogotinse* est une faute de copiste pour *Vogladinse*. La seule inexactitude de Grégoire est d'avoir placé sur les bords du Clain une localité qui en est éloignée de 15 kilom.

P. 91. Le texte du faux Sulpice Sévère que nous citons en entier dans l'appendice 6, prouve que les Burgundions étaient réunis aux Franks pour la campagne en Aquitaine puisqu'ils prirent part au pillage de Toulouse. — Ce que Junghans appelle *Appendice à Victor* est en réalité des fragments de la chronique de Maxime de Saragosse. Voy. l'Introd. p. X.

P. 93. La prise de Narbonne par Gundobad et la fuite de Gesalich en Espagne est aussi mentionnée par le faux Sulpice Sévère. Voy. app. 6.

P. 96, l. 23, au lieu : de *Thoederich*, lisez : *Theoderich*.

P. 101, l. 25 et p. 102, n. 1, l. 2. *Domus ecclesiae* signifie ici comme à la p. 14 les habitations qui dépendaient de l'église cathédrale et non la *maison commune*.

P. 103, l. 8, au lieu de : *Teuderich*, lisez : *Theuderich*.

P. 103, n. 4. M. Longnon : *op. cit.* p. 436-438 prouve que le *Castrum Ugernense* occupait la situation de Beaucaire. On a trouvé à Beaucaire même une inscription relative aux *Ugernenses*.

P. 108, n. 3, l. 1, au lieu de : *subjungatae*, lisez : *subjugatae*.

P. 108. Sur les possessions des Ostrogoths en Gaule, cf. Longnon, *op. cit.* p. 60 et ss.

TABLE DES MATIÈRES [1]

—

LIVRE I.

LIVRE II

FONDATION PAR CHLODOVECH DU ROYAUME FRANK
EN GAULE.

CHAPITRE I

AVÉNEMENT DE CHLODOVECH. — SITUATION POLITIQUE DE LA GAULE.

1 Cette table analytique a été ajoutée par le traducteur.

CHAPITRE II

DÉFAITE DE SYAGRIUS. EXTENSION DU ROYAUME DE CHLODOVECH DANS LA GAULE SEPTENTRIONALE

CHAPITRE III

PREMIERS COMBATS LIVRÉS PAR CHLODOVECH A DES PEUPLADES GERMAINES. — SOUMISSION DES THURINGIENS ET DES ALAMANS, 491-496.

CHAPITRE IV

MARIAGE DE CHLODOVECH. 493.

CHAPITRE V

CONVERSION DE CHLODOVECH AU CHRISTIANISME. 496.

CHAPITRE VI

GUERRE DE CHLODOVECH AVEC LA BURGUNDIE. 499-501.

CHAPITRE VII

GUERRE DE CHLODOVECH CONTRE LES WISIGOTHS 507-510

CHAPITRE VIII

ANNEXION PAR CHLODOVECH DU ROYAUME RIPUAIRE ET DES PETITS ROYAUMES SALIENS. — MORT DE CHLODOVECH, JUILL.-AOUT 511.

CHAPITRE IX

CARACTÈRES DE LA ROYAUTÉ DE CHLODOVECH. — SES RAPPORTS AVEC LE CLERGÉ.

consul, p. 129-131. — Additions à la loi salique, faites en 508-509 ; concile d'Orléans en 511, p. 131. — Importance du rôle des évêques, p. 131-132. — Chlodovech les favorise et ils le soutiennent, p. 132-133. — Les évêques jouissent d'une grande autorité et d'une grande indépendance dans leurs diocèses, p. 134. — Pour les affaires séculières, ils sont soumis à l'autorité civile, p. 134. — Les évêques sont élus par les fidèles, mais Chlodovech a un droit de confirmation, p. 135. — Il présente parfois des candidats aux siéges vacants p. 136-137. — Concile d'Orléans terminé le 10 juillet 511, p. 137. — Chlodovech fait des propositions à l'assemblée qui en délibère et confirme ses résolutions, p. 138. — Riches donations aux églises, p. 139-140.

APPENDICES

Sens. — Imprimerie A. Clouzard, rue de Lorraine, 45.

CHABANEAEU (C.). Histoire et théorie de la conjugaison française, nouvelle édition revue et augmentée. 5 fr.

CONSTANS. Marie de Compiègne d'après l'Evangile aux femmes, texte publié pour la première fois dans son intégrité d'après les quatre manuscrits connus des xiiie, xive et xve siècles. Gr. in-8e. 3 fr.

DARMESTETER (A). De la création actuelle de mots nouveaux dans la langue française et des lois qui la régissent. Gr. in-8°. 10 fr.

DIEZ (F.). Grammaire des langues romanes. 3e édition refondue et augmentée. T. 1er traduit par A. Brachet et G Paris. Tomes 2e et 3e, traduits par A. Morel-Fatio et G. Paris. Gr. in-8. 36 fr.

FLAMENCA (le roman de), publié d'après le manuscrit unique de Carcassonne, avec introduction sommaire, notes et glossaire. par M. P. Meyer. Gr. in-8°. 12 fr.

MÉMOIRES de la Société de linguistique de Paris. Tome 1er complet en 4 fascicules ; T. 2e complet en 5 fascicules ; T. 3e complet en 5 fascicules. 56 fr.

MEYER (P.). Documents manuscrits de l'ancienne littérature de la France conservés dans les Bibliothèques de la Grande-Bretagne. Première partie. Londres (Musée britannique), Durham, Edimbourg, Glasgow, Oxford (Bodléienne). 1 vol. in-8°. 6 fr.

—— Manière (la) de langage qui enseigne à parler et à écrire le français Modèles de conversations composés en Angleterre à la fin du xive siècle, et publiés d'après le manuscrit du Musée britannique Harl. 3988. Gr. in-8°. 3 fr.

MYSTÈRE (le) de la Passion d'Arnoul Greban, publié d'après les mss. de Paris, avec une introduction et un glossaire par G. Paris et G. Raynaud, 1 fort vol. gr. in-8° à 2 col. 25 fr.

PARIS (G.) Etude sur le rôle de l'accent latin dans la langue française. In-8°. 4 fr.

—— Dissertation critique sur le poème latin du Ligurinus attribué à Gunther. In-8° 8 fr.

—— Le petit Poucet et la Grande-Ourse, 1 vol. in-16. 2 fr. 50

—— Les contes orientaux dans la littérature française du moyen âge. In-8°. 1 fr.

—— Grammaire historique de la langue française. Cours professé à la Sorbonne en 1868. Leçon d'ouverture. 1 fr.

RECUEIL d'anciens textes bas-latins, provençaux et français, accompagnés de deux glossaires et publiés par P. Meyer. 1re partie : bas-latin, provençal. Gr. in-8°. 6 fr.

—— 2e partie : vieux français, in 8°. 6 fr.

ROLLAND (E.). Devinettes ou Enigmes populaires de la France, suivies de la réimpression d'un Recueil de 77 indovinelli publié à Trévise en 1628. Pet. in-8°. 4 fr.

LES ANCIENS POÈTES DE LA FRANCE, publiés sous les auspices de S. Excellence M. le ministre de l'Instruction publique, en exécution du décret impérial du 12 février 1854, et sous la direction de M F. Guessard, in-12, cart., pap. vergé, caractères elzeviriens, t. I à X. — Volumes II à VIII et X, le vol. 5 fr — Volume IX, 7 fr. 50. — Sur papier fort vergé, vol. II à VIII et X, le vol. 10 fr. — Volume IX, 15 fr. — Sur papier de Chine, tiré à 10 exemplaires. Le vol. 20 fr. — Le premier volume ne se vend plus séparément dans aucun des papiers.

Volumes publiés : I. Gui de Bourgogne, publié par MM. F. Guessard et H. Michelant — Otinel, publié par MM. Guessard et H. Michelant — Floovant, publié par MM. F. Guessard et H. Michelant. — II. Doon de Maïence, publié par M. A. Pey. — III. Gaufrey, publié par MM. F. Guessard et P. Chabaille. — IV. Fierabras, publié par MM. A. Kroeber et G. Servois. — Parise la Duchesse, publié par MM. F. Guessard et Larchey. — V. Huon de Bordeaux, publié par MM. F. Guessard et C. Grandmaison. — VI. Aye d'Avignon, publié par MM. F. Guessard et P. Meyer — Gui de Nanteuil, publié par P. Meyer. — VII. Gaydon, publié par MM. F. Guessard et S. Luce. — VIII. Hugues Capet, publié par M. le marquis de la Grange. — IX. Macaire, publié par M. F. Guessard. — X Aliscans, publié par MM. F. Guessard et A. de Montaiglon.

REVUE CELTIQUE, publiée, avec le concours des principaux savants français et étrangers, par M. H. Gaidoz. 4 livraisons d'environ 130 pages chacune. — Prix d'abonnement : Paris. 22 fr.; édition sur papier de Hollande : Paris, 40 fr.; départements, 44 fr.
Le quatrième volume est en cours de publication.

ROMANIA, recueil trimestriel consacré à l'étude des langues et des littératures romanes, publié par MM. Paul Meyer et Gaston Paris. Chaque numéro se compose de 160 pages qui forment à la fin de l'année 1 volume gr. in-8° de 640 p. — Prix d'abonnement : Paris, 20 fr.; départements et pays d'Europe faisant partie de l'union postale, 22 fr.; édition sur papier de Hollande : Paris, 40 fr.; départements et pays d'Europe faisant partie de l'union postale, 44 fr.
La huitième année est en cours de publication.
Aucune livraison de ces deux recueils n'est vendue séparément.

30° fascicule : Les métaux dans les inscriptions égyptiennes, par G. R. Lepsius, traduit par W. Berend, avec des additions de l'auteur et accompagné de 2 pl. . . . . 12 fr.
31° fascicule : Histoire de la ville de St-Omer et de ses institutions jusqu'au xive siècle, par A. Giry, élève de l'Ecole des Hautes Etudes. . . . . 20 fr.
32° fascicule : Essai sur le règne de Trajan, par C. de la Berge, employé à la Bibliothèque nationale, ancien élève de l'Ecole des Hautes Etudes. . . . . 12 fr.
33° fascicule : Etudes sur l'industrie et la classe industrielle à Paris au xiiie et au xive siècle, par G. Fagniez. . . . . 12 fr.
34° fascicule : Matériaux pour servir à l'histoire de la philosophie de l'Inde, par P. Regnaud, élève de l'Ecole des Hautes Etudes. 2e partie. . . . . 10 fr.
35° fascicule : Mélanges publiés par la section historique et philologique, avec 10 planches grav. . . . . 15 fr.
36° fascicule : La religion védique d'après les hymnes du Rig-Veda, par A. Bergaigne, maître de conférences à la faculté des lettres, répétiteur à l'Ecole des Hautes Etudes. Tome 1er. 12 fr.
37° fascicule : Histoire critique des règnes de Childérich et de Chlodovech, par M. Junghans, traduite par G. Monod, directeur adjoint à l'Ecole des Hautes Etudes, et augmentée d'une introduction et de notes nouvelles. . . . . 6 fr.

CHABANEAEU (C.). Histoire et théorie de la conjugaison française, nouvelle édition revue et augmentée. . . . . 5 fr.
COLLECTION PHILOLOGIQUE. Recueil de travaux originaux ou traduits, relatifs à la philologie et à l'histoire littéraire.
1er fascicule : La théorie de Darwin : de l'importance du langage pour l'histoire naturelle de l'homme, par A. Schleicher. In-8°. . . . . 2 fr.
2° fascicule : Dictionnaire des doublets ou doubles formes de la langue française, par A. Brachet. In-8° . . . . 2 fr. 50
3° fascicule : De l'ordre des mots dans les langues anciennes comparées aux langues modernes, par H. Weil. In-8°. . . . . 3 fr. 50
4° fascicule : Dictionnaire des doublets ou doubles formes de la langue française, par A. Brachet, Supplément. . . . . 50 c.
5° fascicule : Les noms de famille, par Eug. Ritter, prof. à l'Université de Genève. . . 3 fr. 50
6° fascicule : Etudes philologiques d'onomatologie normande. Noms de famille normands étudiés dans leurs rapports avec la vieille langue, et spécialement avec le dialecte normand ancien et moderne, par H. Moisy. 1 vol. in-8°. 8 fr.
7° fascicule : Essai sur la langue basque, par F. Ribary, professeur à l'Université de Pest. Traduit du hongrois avec des notes complémentaires et suivi d'une notice bibliographique, par J. Vinson. In-8°. . . . . 5 fr.
8° fascicule : De conjugatione verbi « dare », a James Darmesteter. In-8°. . . . . . 1 fr. 50
9° fascicule : De Floovante vetustiore gallico poemate, et de Merovingo cyclo scripsit et adjecit nunc primum edita Olavianam Floventi Sagæ versionem et excerpta e parisiensi codice « il libro di Fioravante » A. Darmesteter. In-8°. . . . . 5 fr.
CONSTANS. Marie de Compiègne d'après l'Evangile aux femmes, texte publié pour la première fois dans son intégrité d'après les quatre manuscrits connus des xiie, xive et xve siècles. Gr. in-8°. . . . . 3 fr.
CONSTANTIN (A). La Statistique aux prises avec les grammairiens, ou essai sur les moyens de simplifier l'étude du genre des substantifs et celle de la conjugaison. In-8°. . . . 4 fr.
DARMESTETER (A). De la création actuelle de mots nouveaux dans la langue française et des lois qui la régissent. Gr. in-8°. . . . . 10 fr.
DIEZ (F.). Grammaire des langues romanes. 3e édition refondue et augmentée. T. 1er traduit par A. Brachet et G. Paris. Tomes 2e et 3e, traduits par A. Morel-Fatio et G. Paris. Gr. in-8. . . . . 36 fr.
FLAMENCA (le roman de), publié d'après le manuscrit unique de Carcassonne, avec introduction sommaire, notes et glossaire, par M. P. Meyer. Gr. in-8°. . . . . 12 fr.
GEORGIAN (C. D.). Essai sur le vocalisme roumain, précédé d'une étude historique et critique sur le roumain. Gr. in-8°. . . . . 3 fr.
GUESSARD (F.). Grammaires provençales de Hugues Faidit et de Raymon Vidal de Besaudun, xiie siècle. 2e édit. In-8°. . . . . 5 fr.
HEINRICH (G.-A.). Histoire de la littérature allemande depuis les origines jusqu'à l'époque actuelle. 3 forts volumes in-8°. . . . . 24 fr.
HUMBOLDT (G. de). De l'origine des formes grammaticales et de leur influence sur le développement des idées, traduit par A. Tonnelé. In-8°. . . . . 2 fr.
HUSSON (H.). La Chaîne traditionnelle. Contes et Légendes au point de vue mythique. 1 vol. petit in-8°. . . . . 4 fr.
JOLY. La Fosse du Soucy. Etude philologique. In-8°. . . . . 75 c.
JORET. De Rhotacismo in indoeuropaeis ac potissimum in germanicis linguis commentatio philologica. Gr. in-8°. . . . . 3 fr.
MÉMOIRES de la Société de linguistique de Paris. Tome 1er complet en 4 fascicules ; T. 2e complet en 5 fascicules ; T. 3e complet en 5 fascicules. . . . . 56 fr.
MEYER (P.). Documents manuscrits de l'ancienne littérature de la France conservés dans les Bibliothèques de la Grande-Bretagne. Première partie. Londres (Musée britannique), Durham, Edimbourg, Glasgow, Oxford (Bodléienne). 1 vol. in-8°. . . . . 6 fr.
—— Manière (la) de langage qui enseigne à parler et à écrire le français. Modèles de conversa-

tions composés en Angleterre à la fin du xiv° siècle, et publiés d'après le manuscrit du Musée britannique Harl. 3988. Gr. in-8°. . . . . 3 fr.

MYSTÈRE (le) de la Passion d'Arnoul Greban, publié d'après les mss. de Paris, avec une introduction et un glossaire par G. Paris et G. Raynaud, 1 fort vol. gr. in-8° à 2 col. . . . 25 fr.

NISARD (C.). Étude sur le langage populaire ou patois de Paris et de sa banlieue, précédée d'un coup d'œil sur le commerce de la France au moyen-âge, les chemins qu'il suivait et l'influence qu'il a dû avoir sur le langage. 1 vol. in-8°. . . . . 7 fr. 50

PARCIC (A.). Grammaire de la langue serbo-croate. Traduction à l'usage des Français contenant des améliorations suggérées par l'auteur, avec une introduction par M. le Dr J. B. Feuvrier. Gr. in-8°. . . . . 10 fr.

PARIS (G.). Étude sur le rôle de l'accent latin dans la langue française. In-8°. . . . 4 fr.
—— Histoire poétique de Charlemagne. Gr. in-8°. . . . . 20 fr.
—— Dissertation critique sur le poème latin du Ligurinus attribué à Gunther. In-8°. . . 8 fr.
—— Le petit Poucet et la Grande-Ourse, 1 vol. in-16. . . . . 2 fr. 50
—— Les contes orientaux dans la littérature française du moyen âge. In-8°. . . . 1 fr.
—— Grammaire historique de la langue française. Cours professé à la Sorbonne en 1868. Leçon d'ouverture. . . . . 1 fr.

PUYMAIGRE (Comte de). La Cour littéraire de Don Juan II, roi de Castille. 2 vol. petit in-8°. . . . . 7 fr.

QUICHERAT (J.). De la formation française des anciens noms de lieu, traité pratique suivi de remarques sur les noms de lieu fournis par divers documents. Pet. in-8°. . . . 4 fr.

RECUEIL d'anciens textes bas-latins, provençaux et français, accompagnés de deux glossaires et publiés par P. Meyer. 1re partie : bas-latin, provençal. Gr. in-8°. . . . . . 6 fr.
—— 2e partie : vieux français. Gr. in-8°. . . . . 6 fr.

ROLLAND (E.). Devinettes ou Énigmes populaires de la France, suivies de la réimpression d'un Recueil de 77 indovinelli publié à Trévise en 1628. Pet. in-8°. . . . . . . 4 fr.

———

LES ANCIENS POÈTES DE LA FRANCE, publiés sous les auspices de S. Excellence M. le ministre de l'Instruction publique, en exécution du décret impérial du 12 février 1854, et sous la direction de M. F. Guessard. in-12, cart. pap. vergé, caractères elzeviriens. t. I à X. — Volumes II à VIII et X. le vol. 5 fr. — Volume IX, 7 fr. 50. — Sur papier fort vergé vol. II à VIII et X, le vol. 10 fr. — Volume IX, 15 fr. — Sur papier de Chine, tiré à 10 exemplaires. Le vol. 20 fr. — Le premier volume ne se vend plus séparément dans aucun des papiers.

—— Volumes publiés : I. Gui de Bourgogne, publié par MM. F. Guessard et H. Michelant. — Otinel, publié par MM. Guessard et H. Michelant. — Floovant, publié par MM. F. Guessard et H. Michelant. — II. Doon de Maience, publié par M. A. Pey. — III. Gaufrey, publié par MM. F. Guessard et P. Chabaille. — IV. Fierabras, publié par MM. A. Kroeber et G. Servois. — Parise la Duchesse, publié par MM. F. Guessard et Larchey. — V. Huon de Bordeaux, publié par MM. F. Guessard et C. Grandmaison. — VI. Aye d'Avignon, publié par MM. F. Guessard et P. Meyer. — Gui de Nanteuil, publié par P. Meyer. — VII. Gaydon, publié par MM. F. Guessard et S. Luce. — VIII. Hugues Capet, publié par M. le marquis de la Grange. — IX. Macaire, publié par M. F. Guessard. — X. Aliscans, publié par MM. F. Guessard et A. de Montaiglon.

—— En préparation : Nouvelle série, format in-8° couronne. Chaque volume imprimé en caractères elzeviriens sera accompagné d'un glossaire spécial.

—— Sous presse : La Chanson de Garin de Montglane.

———

REVUE CELTIQUE, publiée, avec le concours des principaux savants français et étrangers, par M. H. Gaidoz. 4 livraisons d'environ 130 pages chacune. — Prix d'abonnement : Paris, 22 fr. édition sur papier de Hollande : Paris, 40 fr. ; départements, 44 fr.
Le quatrième volume est en cours de publication.

ROMANIA, recueil trimestriel consacré à l'étude des langues et des littératures romanes, publié par MM. Paul Meyer et Gaston Paris. Chaque numéro se compose de 160 pages qui forment à la fin de l'année 1 volume g. in-8° de 640 p. — Prix d'abonnement : Paris, 20 fr., départements et pays d'Europe faisant partie de l'union postale, 22 fr. ; édition sur papier de Hollande : Paris, 40 fr. ; départements et pays d'Europe faisant partie de l'union postale, 44 fr.
La huitième année est en cours de publication.
Aucune livraison de ces deux recueils n'est vendue séparément.

———

Sens. — Imprimerie A. Clouzard, rue de Lorraine, 45.

www.ingramcontent.com/pod-product-compliance
Lightning Source LLC
Chambersburg PA
CBHW070410090426
42733CB00009B/1613